우물가에서 생긴 일

– 한 젊은 목사의 영혼 사랑과 구원의 선명한 발자취

우물가에서 생긴 일

– 한 젊은 목사의 영혼 사랑과 구원의 선명한 발자취

지은이 · 최재하
초판 1쇄 찍은날 · 2003년 10월 27일
초판 1쇄 펴낸날 · 2003년 11월 1일
펴낸이 · 김승태
출판본부장 · 김춘태
편집 · 선한이웃
표지디자인 · 이줄희
등록번호 · 제2-1349호(1992. 3. 31.)
펴낸곳 · 예영커뮤니케이션
       110-616 서울시 광화문우체국 사서함 1661
       출판유통사업부 T. (02)766-7912 F. (02)766-8934
           E-mail:jeyoungsales@chol.com
       출판사업부 T. (02)766-8931 F. (02)766-8934 E-mail:jeyoungedit@chol.com
       E-mail:jeyoung@chol.com

ISBN 89-8350-293-2   03230

값 9,500원

우물가에서 생긴 일

– 한 젊은 목사의 영혼 사랑과 구원의 선명한 발자취

최재하 지음

예영커뮤니케이션

목차

1부 우물가의 사람들

1장 수령에서 건진 내 딸

2장 내가 섬겨야 할 예수님

3장 아름다운 동역자

3부 도시 부흥을 꿈꾸며

추천사

　최재하 목사는 사랑의교회에서 14년 동안을 한결같이 사역한 종입니다.
　최 목사는 여러 가지 장점이 많은 사람입니다만 무엇보다도 복음에 불
붙은 사람입니다. 나는 최 목사처럼 복음에 열정적이고 헌신한 사람을
보지 못했습니다.

　목사가 되어 여러 해가 지나면 현장과 멀어지게 되고 무감해질 수 있
는데 최 목사는 그렇지가 않았습니다. 시간이 흐르면서 크신 하나님을
더욱 신뢰하게 되었고 영혼에 대한 눈물이 더욱 많아졌고 복음에 대한
열정은 더욱 뜨거워졌습니다. 나는 이 종을 보면서 여러 번 기쁨과 긍지
를 느꼈습니다.

　『우물가에서 생긴 일』은 한 젊은 목사의 영혼 사랑과 영혼 구원의 발
자취가 선명하게 그려져 있는 눈물과 땀의 이야기입니다.

　이제 최 목사는 강남에서의 14년 동안의 사역을 마치고 구로공단 지역
에서 '남부사랑의교회'를 개척했습니다. '남부사랑의교회'는 영혼을 깊
이 사랑하며 평신도를 일으켜 복음 전도자로 세우며 지역 사회를 섬기고

변화시키며 선교의 사명을 잘 감당하는 건강한 교회가 될 것으로 확신합니다.

『우물가에서 생긴 일』은 재미있고 쉽게 읽히는 책이지만 주제가 가벼운 책은 아닙니다.

만약 당신이 그리스도인으로서 "어떻게 살 것인가?"를 묻고 있다면 이 책을 권하고 싶습니다.

2003년 10월

옥한흠 목사(사랑의교회)

옥한흠

머리말

구로동에 한 젊은 전도사가 있었습니다.

그는 밤마다 개척 교회 지하실에 내려가 자신을 인도해 줄 좋은 스승을 만나게 해 달라며 하나님께 부르짖었습니다.

하나님께서 그의 기도에 응답하셨습니다.

하나님은 그를 이 시대 최고의 스승이신 옥한흠 목사님과 사랑의교회로 인도해 주셨습니다.

이제 14년이라는 세월이 흘렀습니다. 그는 다시 구로동 지역으로 하나님의 부름을 받습니다.

그 사람이 바로 접니다.

저는 구로 지역에 사랑의교회와 같은 건강한 교회, 이 사회에 영향력을 끼치는 좋은 교회를 세우고자 합니다. 계속해서 기도해 주시고 후원해 주시기 바랍니다.

그 동안 저를 사랑해 주시고 후원해 주신 여러분에게 진심으로 감사를 드립니다.

안녕히 계십시오.

지난 8월 24일, 14년을 몸담았던 사랑의교회를 사임하면서 교회 앞에 올린 사임 인사말입니다. 나의 인사말이 좀 특이해서도 그랬겠지만 구로 동 지역으로 부름을 받았다고 하니까 성도들은 폭소를 터뜨렸고 뜨거운 격려의 박수를 보내 주셨습니다.

14년 동안 사랑의교회에서 내가 가장 심혈을 쏟아 헌신했던 사역은 우물가선교회 사역입니다. 하나님은 요한복음 4장과 사역의 현장을 통해 나를 가르치시고 인도하셨습니다.

예수님은 수가성 우물가에 한 여인을 찾아가셨습니다. 먼저 나는 한 영혼을 사랑하시는 예수님의 마음을 배울 수 있었습니다. 예수님은 잃어버린 한 마리 양에게 마음을 빼앗기신 분이시며 그 한 영혼을 위해서도 충분히 십자가에 오르실 분이시며 그 한 영혼 밖에는 이 세상에 아무도 존재하지 않는 것처럼 사랑하시는 분이라는 것을 배웠습니다. 뿐만 아니라 그 한 영혼을 사랑하시기 때문에 그를 세워서 예수님 자신의 동역자로 삼기를 원하시는 분이라는 것을 배웠습니다.

예수님은 여인을 인격적으로 만나 자신이 메시아인 것을 밝혀 주셨고 여인은 변화되었습니다. 다음으로는 나는 누군가가 누군가에게 줄 수 있는 최고의 것은 복음이라는 것을 배우게 되었습니다. 뿐만 아니라 복음을 받아들이도록 전하기 위해서 예수님은 성육신하셨고 성령을 보내 주셨습니다. 주님은 내게 문화를 사용하여 들리고 보이는 복음을 전하도록 인도하셨고, 마침내는 이 모든 노력 위에 성령의 기름 부으심을 추구하게 하셨습니다.

여인의 증거를 들은 마을 사람들은 예수님을 만났고 예수님을 마을로 초대했고 그 마을에는 부흥이 일어났습니다. 마지막으로 하나님은 당신의 꿈과 비전을 가슴에 새겨 주셨습니다. 바로 도시 부흥입니다. 전도자가 나서지 않아도 사람들이 밀물처럼 교회로 몰려들고 어디를 가든 예수님에 대한 이야기로 꽃을 피우는 부흥 말입니다. 죄악이 관영하고 사람들이 몰리는 도시에 한 영혼이라도 더 구원하시기를 원하시는 주님께서 부흥을 부어 주시리라 나는 확신합니다.

이 책은 우물가를 중심으로 하는 사역의 발자취를 스케치한 것입니다. 그러나 나의 발자취가 아니라 오직 예수님의 흔적만 남기를 소망합니다.

2003년 10월

최재하 목사

1부
우물가의 사람들

1장 수렁에서 건진 내 딸

1) 순자가 돌아왔어요

−1995년 11월 00일

우물가선교회의 홈 공동체인 '아름다운집'에서 살고 있는 순자가 가출을 했다. 가출은 '아름다운집'에서 빈번하게 있는 일이었다. 그들은 아무리 도와주려고 해도 자유(?)를 찾아 다시 사창가로 가출을 한다. 그러나 순자는 2년을 잘 견뎌 오지 않았던가! 그럼에도 불구하고 이번 가출 사건을 대하는 내 마음이 예전 같지가 않았다. 내 영혼의 붉은 신호등이 아닐까? 마음이 이렇게 담담해도 되는 것일까?

−1995년 12월 20일

기도회를 마치고 집에 들어가니까 밤 열두 시다. 전화가 걸려 왔다. 임 전도사다. 그녀의 목소리는 매우 격앙되어 있다.

"순…순자한테서 연락이 왔어요."

가출 한 달 만에 연락이 온 것이다. '아름다운집'의 식구들은 시간을 정해 놓고 기도했었다.

"신길동 텍사스 골목에 있대요. 데리러 가야겠어요. 지금 가 볼래요.

… 손님이 전부 다 나로 보여 더 있을 수가 없대요.”

나에게 먼저 파고든 것은 매우 피곤하고 귀찮다는 느낌이었다. 가려면 함께 가야지 그녀만 보낼 순 없다. 나는 임 전도사를 만류했다.

“그곳은 상식과 법이 통하지 않는 곳입니다. 무작정 가서 순자를 데리고 오는 것은 불가능합니다. 감정만 가지고는 안 돼요. 지혜롭지 않으면 당해요.”

당한다는 말에 그녀는 한 걸음 물러섰다.

“…목사님 말씀을 듣고 보니 그런 거 같네요.”

내 말은 아마도 사실일 것이다. 그리고 유흥가 선교가 감정만 가지고는 안 된다는 그 말도 틀리지는 않는다. 그러나 고백하건대 그것이 전부였던가? 아니다. 초기엔 자매 하나가 다시 사창가로 되돌아가면 금식도 했고 밤새워 울기도 했었다. 나의 심령은 지금 메마를 대로 메말라 있는 것이다. 나는 의무적으로 순자를 위해 5분 정도 기도한 후 잠이 들었다.

−1995년 12월 21일

목요일 중보 기도회를 위한 준비 기도회 시간이다. 순자에게서 연락이 없었느냐고 임 전도사에게 물었더니 전화가 왔었단다. 이번에는 자기가 일을 하고 있는 업소의 위치까지 가르쳐 주었다는 것이다. 기도회 시간에 순자를 위해 기도를 하기로 하고 성경을 폈다.

“맏아들을 낳아 강보에 싸서 구유에 뉘었으니 이는 사관에 있을 곳이 없음이러라”(눅 2:7)

이 말씀이 내 가슴에 비수처럼 꽂혔다. 예수님은 구유에 나셨다. 낮고 천한 곳에 그분은 오셨다. 나는 지금 어디에 있는가? 그리고 우물가는? 사관에서 바리새인들과 어울려 파티를 즐기며 숙박을 하고 있는 것은 아닌가? 메시아도 없는 그곳에…. 나는, 그리고 우물가는 유흥가 선교를 위해 부름을 받았다. 그럼에도 불구하고 나는 나의 사역이 좀 더 화려한 무대 위에 서기를 은근히 원했던 것이다. 내 마음의 문이 삐걱 열리면서 주님의 빛이 들어왔다. 갑자기 눈물이 쏟아지기 시작했다. 회개의 눈물이었다. 나는 순자를 위해 처음으로 눈물 흘리며 기도했다.

기도회가 끝나고 임 전도사와 함께 신길동 텍사스로 순자를 찾으러 가기로 했다. 몹시 두렵고 떨렸다. 나는 출발하기 전에 순자를 만날 수 있도록 우물가 중보기도 팀에게 계속해서 기도할 것을 부탁했다. 아무래도 안심이 안 되는지 젊은 청년 안상현 형제가 함께 가겠다고 따라 나섰다.

드디어 신길동이다. 임 전도사는 차안에 남아 있고 나와 상현이는 텍사스 골목으로 들어섰다. 유곽 안에는 눈부시게 조명이 현란했다. 가슴이 다 드러나도록 야한 드레스를 입은 누이들의 눈길이 일제히 우리에게 쏠렸다. 동전으로 유리문을 두드려댔다. 기웃거리며 이 집 저 집 유곽을 살폈으나 순자는 눈에 들어오지 않는다. 그 집이 그 집 같고 그 사람이 그 사람 같았다.

한 펨푸가 쫓아와서 놀다 가라며 나를 안으로 끌고 가려고 붙잡는다. 놓아 주지를 않는다. 한쪽에서는 펨푸가 나를 잡아끌고 다른 한 쪽에서는 상현이가 나를 끌어당기고 이렇게 실랑이를 벌이는데 나의 점퍼가 우두둑 찢어졌다. 그제야 펨푸는 멈칫하며 나를 놓는다. 나와 상현이는 도망치듯 신길동 텍사스를 빠져나왔다. 아, 어떻게 순자를 찾을 수 있을까?

−1995년 12월 24일

교회에 경찰 관계 공무원이 있나 조사를 해 보았으나 마땅한 사람도 없었고 영등포경찰서 경목실에 전화를 걸어도 통화가 되지 않았다. 차일피일 시간은 자꾸 흘러가고 순자에게서는 아무런 소식도 없다. 애가 탔다. 그런데 며칠 전부터 하나님께서는 자꾸만 아침 큐티 시간에 신길동 텍사스를 방문하라는 사인을 보내 오셨다. 지혜도 주셨다. 크리스마스이브에 우물가 사람들과 함께 촛불과 선물을 들고 크리스마스 캐럴을 부르면서 텍사스 안으로 들어가라는 것이다. 크리스마스이브니까 텍사스 골목 안으로 들어가는 것이 가능할 것 같았고 여러 사람이 함께 들어가면 순자를 발견해 내기가 한층 쉬울 것이다.

사실 우리 모두는 크리스마스이브에 밤새도록 교회에서 지낼 성탄 축하 계획을 세워놓고 있었다. 장기자랑도 하고 선물도 교환하고 떡국도 먹는 신나는 계획을 스태프들이 열심히 짜 놓았던 것이다. 나는 스태프들을 불렀다. 성탄의 의미를 잠깐 설명한 다음 한 마리 잃어버린 양 순자를 찾아 가장 낮은 곳 신길동 텍사스를 방문하는 것이 어떻겠느냐고 의견을 내놓았다. 내가 옷이 찢기는 수모를 당하고 왔기 때문에 스태프들에게 부담이 됐을 법도 한데 고맙게도 반대하는 사람은 한 사람도 없었다.

그들은 선물 교환을 하기 위해 가져온 선물들을 앞으로 다 내놓았다. 어떤 사람은 인형을, 어떤 사람은 양말을, 또 어떤 사람은 포켓성경을…. 그러나 그것으로는 부족했기 때문에 선물을 더 사고 카드를 정성껏 쓰고 초와 장미꽃도 준비했다.

밤 11시, 바람이 몹시 불고 날씨는 고춧가루처럼 매웠다. 나와 우리 서른 명의 우물가 사람들은 신길동 텍사스 골목 앞에서 초에 불을 붙이고 순자를 발견할 수 있게 해 달라고 하나님께 간절히 기도를 드린 다음 순자를 발견하면 즉시 내게 알려 줄 것을 당부했다. 그녀를 발견하기만 하면 우리들 속으로 끌어들여 탈출시키겠다는 어설픈 007작전도 생각해 놓고 있었다. 우리는 "고요한 밤 거룩한 밤"을 부르면서 과감하게 텍사스 골목으로 들어섰다.

성탄절 전야이기 때문에 그럴까? 텍사스의 누이들은 퍽이나 우호적이었다. 마치 우리를 기다리고 있었던 것처럼 환대했다. 어쩌면 그들은 사람이 그리운 사람들인지도 모른다. 한둘은 "놀다가라."며 조롱을 하기도 했지만, 어떤 누이는 손을 흔들었고 어떤 누이는 "메리 크리스마스!" 하고 함성을 질렀고 어떤 누이는 우리를 졸졸 따라왔고 또 어떤 누이는 손수 만든 크리스마스트리를 보여 주며 우리가 사라질 때까지 망부석처럼 처연한 눈빛으로 가만히 서 있기도 했다. 또 어떤 누이는 고개를 숙이고 눈물 그렁그렁한 눈으로 "죄송합니다! 죄송합니다!"를 되뇌었다. 우리는 골목을 샅샅이 누비며 두 번씩이나 돌아다녀 보았지만 순자는 찾을 수가 없었다. 속이 쓰리고 아팠다.

우리는 텍사스 골목 입구 차가운 얼음바닥에 무릎을 꿇었다. 그리고는 울면서 하나님께서 이 신길동 텍사스를 받아 거룩하게 만들어 주시고 우리의 누이들을 구원해 주시고 순자를 돌려달라고 기도했다. 우리의 기도는 간절하고도 절박했다.

-1995년 12월 26일
성탄 축하 예배를 드리고 사무실로 올라오니 전화가 왔다. 순자였다. 그녀의 목소리는 담담했으나 떨리고 있었다.

"목사님, 신길동에 오신 것 봤어요. 무릎 꿇고 기도하는 것도 다 봤어요."

'오, 주님!'

순자는 어딘가에 숨어서 우리의 일거수일투족을 다 본 것이다. 나는 흥분한 나머지 말까지 더듬거리며 순자와 다음 날 저녁 일곱 시에 텍사스 골목 입구에 있는 고려당 제과점에서 만나자고 약속을 했다.

'집으로 돌아가자고 하면 녀석이 어떻게 나올까? 강제로라도 끌고 와야 하나?

잠이 오지 않았다. 나는 하나님께 무릎을 꿇었다.

"주님! 순자의 마음을 돌이켜 주셔서 '아름다운집'으로 데리고 돌아올 수 있도록 해 주세요. 그 동안 화려하고 인기 있는 곳에 외도하려 했던 저의 간사한 마음을 회개합니다. 우물가의 누이들을 마음 바깥으로 밀어 놓았던 것을 용서해 주십시오."

-1995년 12월 27일

늦지 않도록 서둘러 약속 장소로 나갔다. 6시 55분에 순자가 나왔다. 야하게 옷을 입고 야한 화장을 하고 텍사스 특유의 빨간 외투를 입고…. 나는 집으로 돌아가자고 그녀에게 말했다. 그녀는 고개를 흔든다. 계속해서 설득했지만 그녀는 단호했다.

"목사님, 저를 돌이키려고 하지 마세요."

나는 할 말을 잃었다. 그녀를 멍하니 건너다볼 뿐. 마침내 그녀가 일어섰다.

"가겠어요."

나의 대답도 듣지 않고 그녀는 일어서서 문을 밀치고 텍사스 골목 안으로 사라졌다. 다시 순자를 만날 수 있을까? 숨이 콱 막혔다. 나는 그 자리에서 꼼짝 않고 얼마 동안 가만히 앉아 있었던 것 같다. 순자가 다시 돌아왔다. 이번에는 그녀가 나를 설득했다. 마음이 내키지 않는데 돌아간들 무슨 의미가 있느냐는 것이다. 떨어져 있으면서 자신을 좀 생각해 보겠다는 것이다. 그녀의 말이 맞는 것 같다는 생각이 들었다. 그녀 앞에서 펑펑 울기라도 했으면 좋으련만…. 녀석이 자리에서 일어섰다. 나는 빵을 이것저것 담아서 녀석의 품에 안겨주었다. 내가 그녀에게 해 줄 수 있는 것이라곤 그것밖에 없었다. 빵 밖에는 사 줄 수가 없는 무력한 목사, 나는 참담하고 비참했다.

내 앞에서 순자는 다시 텍사스로 돌아갔고 나는 차에 시동을 걸었다. 그제야 눈물이 쏟아지기 시작했다. 나는 울면서 기도했다.

"하나님, 나는 순자에게 아무것도 할 수가 없습니다. 이처럼 무력할 수가 있습니까? 그녀를 돌려주세요."

나는 집으로 돌아갈 수가 없었다. 십자가 불빛이 빛나는 어느 교회당으로 들어갔다. 예배가 끝나가고 있었다. 맨 뒤쪽 구석에 앉아 순자를 돌려달라며 오래 기도했다. 11시가 조금 넘어 집에 돌아왔다. 전화벨이 울었다. '아름다운집'의 리더인 유 집사였다. 그녀의 목소리는 떨리고 있었다.

"목사님, 순자가 돌아왔어요!"

며칠 후 순자를 만나 물었다.

"너 오지 않겠다더니 어떻게 된 거니?"

순자는 겸연쩍게 웃으며 말했다.

"마담 언니가 나를 부르더니 '너 누가 찾아 왔다며?' 하고 묻는 거예요. '목사님이요.' 하고 대답했더니 집으로 가라지 뭐예요. 그래서 쫓겨왔어요."

지금 순자는 마음씨 좋은 신랑을 만나 아들 셋을 낳아 잘 기르고 있다. 건강한 가정의 아내이며 어머니가 되었다. 그리고 신길동 텍사스는 그 차가운 얼음바닥에 무릎을 꿇고 기도했던 그대로 사창가는 사라졌다고 들었다. 그 일이 선례가 되어 우리는 성탄절 전야에는 매년 선물과 카드를 들고 사창가를 찾아간다. 그곳 누이들과 함께 크리스마스 캐럴을 부르고 선물을 나누어 주며 성탄의 참 의미를 설명해 주는 것이다.

2) 영미 씨의 눈물

주일 날 오후 최정훈 씨 부부와 상담실에 앉아 즐겁고 가슴 설레는 꿈(비전)을 꾸고 있는데 영미 씨가 케이크를 들고 들어왔다. 나는 최정훈 씨 부부와 이야기를 중단하고 영미 씨를 마주했다.

"목사님, 저 아기를 가졌어요. 낳을까요?"

"……."

나는 얼른 대답을 하지 못했다. 영미 씨는 올해 마흔이다. 괜찮을까? 얼마 전에도 아기를 가졌었는데 유산이 되었다고 들었다. 그녀의 허약한 골반이 태아를 감당할 수 없었던 것이다.

삼 년 전 일이다. 영동 세브란스 병원에 근무하는 백 집사에게서 전화가 왔다. 중환자가 앰뷸런스에 실려 들어왔는데 직업이 화류계 여성이라고 했다. 워낙 상태가 급해서 수술을 서두르기는 했으나 알고 보니 환자는 보호자도 없을 뿐더러 치료비를 지불할 능력도 전혀 없더라는 것이다. 이렇게 되고 보니 책임을 지기로 했던 병원 측 관계자가 곤란하게 된 것이다. 그래서 우물가선교회라면 짐을 나누어 질 수 있지 않을까 해서 연락을 취한다는 것이었다.

나는 즉시 병원으로 달려갔다. 병원 측 관계자를 만났더니 아파트 삼층에서 떨어졌는데 오른쪽 발뒤꿈치가 깨지고 골반이 박살났다고 했다. 영미 씨가 누워 있는 중환자실로 올라갔다. 영미 씨는 의식이 돌아오긴 했지만 한쪽 다리는 깁스를 한 채 45도 각도로 침대에 매달아 놓았고 입에서는 끊임없이 고통의 신음소리를 토해 내고 있었다. 나는 영미 씨에게 내가 누구인지 소개했다. "나는 우물가선교회를 담당하는 목사다. 내친구 가운데에는 강남에서 활동하는 마담들이 많다. 나는 당신이 마담이라고 들었다. 나는 룸살롱에서 웨이터를 한 적도 있다. 지금부터 나는 당신의 친구다. 내가 당신을 돕겠다." 그렇게 말하고 나서 그녀의 손을 잡았다. 영미 씨는 나를 신뢰한다는 표시로 손에 힘을 주었다. 나는 성경을 펴서 시편 23편을 읽었다.

"여호와는 나의 목자시니 내가 부족함이 없으리로다 … 내가 사망의 음침한 골짜기로 다닐지라도 해를 두려워하지 않을 것은 주께서 함께하심이라 주의 지팡이와 막대기가 나를 안위하시나이다"

나는 영미 씨가 하나님을 의뢰하기만 한다면 아무리 까마귀가 날고 맹수가 으르렁거리는 죽음의 골짜기를 걸어간다 할지라도 안전하다고 말해 주었다. 그녀의 눈이 매우 진지하고 간절하게 반응했다. 나는 그녀에게 무엇이 가장 불편하고 어디가 가장 아픈지 물었다. 영미 씨는 하체에 감각이 회복되지 않아 소변을 보지 못하기 때문에 호스로 소변을 뽑아내고 있는데 그것이 몹시 불쾌해서 견디기 어렵다고 호소했다. 나는 그녀의 손을 잡고 기도를 시작하자 그녀를 향한 연민이 돌풍처럼 덮쳐왔다. 마음이 내려앉으며 눈물이 솟구쳤다. 그녀도 따라 울었다. 나는 영미 씨의 신경이 되살아나 즉시 소변을 볼 수 있게 해 달라며 하나님께 간절히 기도했다. 나는 영미 씨의 침대 밑에 5만 원이 든 돈 봉투를 찔러 두고 병실을 나왔다.

다음 날 영미 씨를 찾았다. 병실을 들어서자마자 영미 씨가 나를 반가이 맞으며 기적이 일어났다고 호들갑을 떠는 것이었다. 내용을 들어보니 전날 내가 기도를 하고 병실을 나간 직후 신경이 되살아나 호스에 의존하지 않고서도 소변을 보게 되었다는 것이다. 할렐루야! 하나님이 그녀를 긍휼히 여기사 은혜를 베푸신 것이다. 그녀는 웃으면서 하나님이 계시기는 계신가 보다고 말했다.

그날 그녀는 모든 인생 스토리를 내게 털어놓았다. 그녀는 찢어지도록 가난한 시골에서 태어났다. 너무나 가난했기 때문에 그녀는 서울 어느 부잣집에 수양딸로 보내졌다. 그러나 실상은 수양딸이 아니라 종이었다. 그때 그녀의 나이는 일곱밖에 안 되는 고사리였다. 그 나이에 가혹한 시련에 맞선다는 것은 결코 쉽지 않은 일이었다. 그러나 그녀는 잘 견뎌냈다. 비참한 생활이었으나 열다섯이 되었다. 세월은 많이 흘렀으나 현실은 전에 비해 달라지지 않았다. 마침내 그녀는 가출을 결심했다. 이렇게 해서 그녀는 자연스럽게 어린 나이에 화류계 여성이 되었다. 호스티스를 거쳐 새끼 마담, 새끼 마담을 거쳐 대 마담이 되었다. 그녀는 요정, 룸살롱, 안마, 매춘 등을 두루 거쳤다. 그녀가 한창 잘 나갈 때는 그녀가 거느린 아가씨들이 최고 200명에 육박하기도 했다. 대부분의 화류계 여성들이 그렇듯 그녀도 어느덧 꽃다운 청춘은 가고 마침내 빚더미 위에 올라앉은 처지가 되었다.

고리대금업자들이 시시각각 그녀의 목을 조여 왔다. 견디다 못한 그녀는 일본으로 잠적할 결심을 했다. 비밀리에 여권과 비자를 만들고 집도 짐도 다 정리했다. 그녀는 마지막 하루를 친구 아파트에서 보내기로 했다. 마지막 밤이 깊어 가고 있었다. 어느 순간 현관문이 꽈당 열리더니 건장한 청년 둘이 구두를 신은 채 안으로 뛰어들어 왔다. 그들은 고리대금업자들이 그녀가 도망치려 한다는 것을 알고 보낸 어깨들이었다. 그들은 다짜고짜 그녀의 정강이를 걷어찼고 쇠파이프를 휘둘러 대었다. 그리고는 그녀를 어디론가 끌고 갔다. 영동에 있는 Y아파트였다. 그녀는 거기서 짐승처럼 취급당했다. 밤새도록 협박과 구타를 당하던 그녀는 탈출을 결심했다. 밤샘 고문을 하느라 그들이 피곤에 지쳐 방심하는 사이 그녀는 창문을 열고 뛰어내렸다.

나는 그녀의 인생 스토리를 다 듣고 나자 그녀에 대한 연민이 한층 솟구쳤다. 그녀를 돌보는 것이야말로 하나님의 명령이라는 생각이 들었다.

나는 병원 사회사업과 이성희 선생님과 함께 그녀를 적극적으로 돌보기 시작했다. 호스피스 팀에게 연락을 했고(천주교의 자원봉사자들이 헌신적으로 돌봐 주었다.) 새벽기도회 시간에는 성도들 앞에 치료비를 호소했다. 몇몇 분들이 적극적으로 동참해 주었다. 그렇게 사십여 일이 흘렀다. 어떻게 알았는지 빚쟁이들이 몰려왔다. 그녀는 빚쟁이들로부터 시달림을 받으면서도 많은 차도를 보였다. 그러나 여전히 걷지는 못했다. 병원 측에서는 골절을 치료하는 데 더 이상의 입원은 별 의미도 없을 뿐더러 더 이상의 입원은 병원의 형편상 곤란하다는 통보를 해 왔다. 나는 궁리를 하다가 그녀를 내가 알고 있는 한 개인 병원으로 빚쟁이들 몰래 비밀리에 옮겼다. 그녀는 거기서 상당 기간을 입원한 후에 우물가선교회가 운영하는 홈 공동체로 들어왔다. 그녀는 우물가 홈 공동체인 '아름다운 집'에서 쉬면서 회복되어 갔다. 그녀의 영혼은 거듭났고 예수님의 사랑으로 세상에서 받은 상처들은 점차 치유되어 갔다.

그러던 어느 날 '아름다운집'에서 그녀가 갑자기 잠적을 했다. 나는 그 이유가 매우 궁금했고 또 염려스러웠다. 그러나 희망적인 것은 그녀는 빚이 많기 때문에 화류계로 다시 돌아갈 수는 없으리라는 것이었다. 나는 기도하면서 그녀에게서 연락이 오기를 간절히 기다렸다. 드디어 연락이 왔다. 다행히 그녀는 화류계로는 돌아가지 않고 있었다. 왜 집을 나갔느냐고 물었더니 검찰에 출두하라고 전화가 걸려 왔는데 나에게 어떤 해를 줄까 봐 잠적을 했다는 것이었다. 뿐만 아니라 한 남자와 교제를 하고 있는데 곧 결혼식을 올리게 되었다는 소식도 알려 주었다. 남편 될 사람은 밴드마스터였고 어린 두 딸과 함께 살고 있다는 것이었다.

영미 씨의 결혼식이 강남웨딩홀에서 있었다. 그녀가 걱정했던 대로 손님은 많지 않았다. 그래도 신랑 측은 축하객이 있었으나 영미 씨는 고아인데다가 화류계를 떠났기 때문에 청첩장을 보낼 사람이 없는 처지였다.

우리를 제외하면 하객은 거의 없었다. 우리들은 그녀를 위해 축가를 불렀다. 마흔이 다 되어 쓴 면사포인데도 그렇게 아름다울 수가 없었다. 이슬보다 더 투명한 눈물이 그녀의 볼을 타고 내렸다.

영미 씨가 긴장된 얼굴로 대답을 재촉한다.

"팔 주가 됐다는데 아기를 어떻게 하는 게 좋겠어요? 유산시킬까요, 목사님?"

'유산'이라는 말에 잠시 망설이고 있던 내 의식 속으로 빨간 불이 '팍' 하고 들어왔다. 모든 생명은 하나님이 주신 선물이 아닌가? 내가 지금 무슨 생각을 하고 있는 거지? 지금 신성한 생명에 대해서 뭘 망설이고 있는 거지?

"낳아야죠! 하나님이 주신 고귀한 선물인데!"

"그렇죠, 목사님! 낳아야죠?"

그녀는 기뻐서 어쩔 줄 몰라했다.

나는 최정훈 씨와 이야기를 마저 나누어야 했기 때문에 영미 씨를 사무실 문 밖까지 배웅하기 위해 나갔다. 계단을 내려 밟던 영미 씨가 나를 올려다보면서 말한다.

"제가 양복 한 벌 해 드릴게요."

"양복은 무슨. 내 걱정은 하지 말고… 영미 씨 행복하게 사는 것이 내겐 최고의 선물예요."

"목사님, 저는 행복해요. 저축도 하고 살림도 잘 하고 있어요. 아무 걱정 없어요."

'산다는 것은 참 아름다운 일이구나!' 그런 생각이 들었다. 나는 흐뭇하게 미소를 지었다.

"목사님의 은혜를 하루도 생각하지 않는 날이 없어요."

그녀의 눈에 눈물이 그렁그렁 맺혔다.

영미 씨는 지금 수지에 살고 있는데 알뜰하게 저축을 해서 널찍한 아
파트도 분양을 받았다. 정말 행복하게 살기를 간절히 기도한다.
"주여, 영미 씨의 행복을 지켜 주옵소서!"

3) 제발 미아리를 떠나 다오

정수(가명)가 '아름다운집'을 가출했다. 그 녀석에 대해 이야기를 하
자면 길다. 정수는 열여덟 살이었는데 얼굴이 잘 생기고 재능이 있는 아
이였다. 녀석이 사창가에 발을 들여놓게 된 배경은 이렇다.
어릴 때 녀석의 가정은 큰 부자였다. 아버지가 사업을 크게 하고 있어
서 초등학교에 다닐 때 안 받아 본 과외가 없고 고급 승용차로 등하교를
할 정도였으니까. 녀석의 어머니는 자식 교육에 대한 열정이 대단해서
소위 치맛바람을 일으키는 학부모였다. 녀석은 행복했고 모든 것은 잘
되어 가고 있는 것만 같았다.
그러나 실상은 그렇지가 않았다. 녀석이 초등학교 4학년 때 하루는 학
교에서 돌아와 보니 어머니가 눈이 퉁퉁 붓도록 울고 있었다는 것이다.
무슨 큰일이 있구나 싶었다. 아니나 다를까. 어머니는 녀석의 손을 잡고
어디론가 달려가서는 문을 두들겨 댔는데 방 안에서 한 젊은 여인과 아
버지가 나오더니 곧 아수라장이 되었다는 것이다. 그 일로 인해서 어머
니와 아버지는 별거에 들어갔다. 그리고 그 별거는 실질적인 이혼으로
굳어졌다. 녀석과 어머니는 한 동안은 아버지가 보내 주는 생활비를 받
아서 살았다. 그러나 녀석이 중학교에 올라갈 즈음 아버지의 사업은 기
울기 시작했고 생활비도 끊어졌다. 어머니는 막일을 나가야 했고 생활은

궁핍해졌다. 과거와 비교할 때 녀석이 느끼는 환경의 체감 온도는 혹독한 것이었다. 외동딸로 곱게만 자라온 정수가 감당하기에는 너무 급격한 몰락이었으리라. 녀석은 가정과 학교생활에서 회의를 느끼기 시작하면서 불량한 친구들과 사귀게 되었다. 학교생활은 급속히 엉망이 되었고, 마침내 가출을 했다. 정수는 한 남자와의 실연을 경험한 뒤 서울의 미아리 텍사스에서 밤일을 시작했다. 그러다가 경찰 단속에 걸렸다. 녀석은 국가 보호 시설에서 교육을 받게 되었고 나는 그곳에서 정수를 만났다. 녀석은 글재주도 제법 있었고 가치관도 다른 아이들에 비하면 비교적 건강했다. 뿐만 아니라 붙임성도 있어서 유난히 사랑이 갔다. 나는 녀석에게 공부를 계속할 수 있는 길을 열어 주기로 마음을 먹었다. 정수의 어머니도 기쁘게 동의하였다.

일 년의 기간을 마친 따스한 봄날에 녀석은 퇴소를 했다. 정수는 며칠 동안 고향(울산)에 다녀오겠다며 내려갔다. 며칠 후 정수한테서 급한 연락이 왔는데 어머니가 카페에서 일을 하고 새벽에 돌아오다가 교통사고를 당했다는 것이다. 정수의 어머니는 외형적으로는 대수롭지 않아 보였다. 그러나 목을 제대로 가누지 못했다. 병원에서는 어디가 어떻게 되었는지 밝혀내지를 못했다. 나는 정수의 어머니를 서울에 있는 종합병원으로 옮겼다. 그러나 역시 마찬가지였다. 또 내가 아는 성도가 원장으로 있는 개인병원으로 옮겼다. 역시 차도를 보이지 않았다. 지루한 입원 생활이 시작되었다. 정수가 어머니 곁에 붙어 앉아 시중을 들었다. 어머니의 입맛을 돋우기 위해 별미도 만들어 드리고 세면도 목욕도 시켜 드렸다. 그런데 누구나 그렇겠지만 어머니는 병원생활이 계속되면 계속될수록 신경이 예민해졌고 아무것도 아닌 것 가지고 짜증을 냈다. 녀석은 힘이 들었던 것 같았다. 더 이상 지탱하기가 힘이 든다고 판단이 되자 아버지를 찾아 울산으로 내려갔다. 그러나 아버지는 기댈 만한 상황이 아니었다. 그도 풍을 맞아 누워 있을 뿐만 아니라 부인에게 찬밥보다 못한 대우를 받고 있었던 것이다. 그녀는 정수를 보자 되레 모셔 가라고 난리였다. 뿐만 아니라 녀석은 부인에게서 놀라운 출생의 비밀을 알게 되었는데, 병원에 누워 있는 어머니도 친어머니가 아니라는 사실이었다. 과거에 정수 아버지가 술집 여인을 알아 낳아 데려왔다는 것이었다.

서울로 올라온 정수는 그 사실을 자기 어머니로부터 다시 한 번 확인을 했고 그러면서도 녀석은 이상하게도 담담해했다. 오히려 성숙한 태도를 보였다. 한 번은 이런 말을 했다. 어머니의 성격이 이상하게 변해서 하루에도 수십 번씩 병원을 뛰쳐나가고 싶지만, 어머니가 생모가 아니라는 사실을 안 이상 그렇게 할 수가 없다는 것이었다. 그러나 끝내 정수는 가출을 하고 말았다. 아마도 정수는 덮쳐온 역경을 견뎌내기에는 힘과 인내가 모자랐던 모양이다. 나는 당황하기 시작했다.

대부분 사창가 경험이 있는 사람들은 그곳을 탈출구나 도피처로 삼는 일반적인 습성을 가지고 있다. 정수의 어머니도 어머니지만 녀석이 무척 걱정이 되었다. 사창가로 돌아가면 영혼이 얼마나 더럽혀지고 황폐해질 것인지를 나는 너무나 잘 알고 있기 때문이다. 더럽혀진 영혼을 정결케 하는 데는 많은 시간이 걸리지만 다시 더럽히는 데는 한 순간이면 족하다는 사실도 잘 알고 있기 때문이다.

정수는 분명 미아리 텍사스로 다시 돌아갔을 것이라는 판단이 들었다. 그래서 천호동 텍사스에서 밤일을 하는 K자매를 불러내어 정수를 찾기 위해 함께 미아리 텍사스를 뒤졌다. 그러나 녀석을 찾아내지 못했다. 사실 그것은 큰 운동장에서 십 원짜리 동전을 찾는 것만큼 어려운 일이었다. 우리는 허탈하고 아픈 마음으로 돌아왔다. 나는 혹시 정수에게서 전화라도 올까 기대를 했으나 그 기대는 물거품이 되었다.

나는 기도하기 시작했다. 시간을 정해 놓고 기도했고 금식하면서 기도

했다. 뿐만 아니라 모임이 있을 때마다 기도를 부탁해서 여럿이 함께 기도했다.

그날은 목요일, 우물가선교회의 기도회가 있던 날이었다. 그날도 나는 정수의 기도 제목을 내놓았고 우리는 간절히 기도했다. 정수가 어둠 가운데 있을지라도 어둠과 죄의 세력이 건드리지 못하게 해 달라고 기도했다. 사탄을 대적하면서 우리의 딸 정수를 건드리면 가만두지 않겠다고 선언까지 했다. 우리는 기도하면서 참 많이 울었고, 정수의 미래를 생각하면서 울었다.

그로부터 며칠이 지났다. 기적처럼 정수가 돌아왔다.

정수는 울면서 그간 있었던 일을 다 털어놓았다. 녀석은 어머니와 대판 싸우고 병원을 뛰쳐나가 짐작했던 것처럼 미아리 텍사스로 자진해서 들어갔다는 것이다. 처음에는 눈물이 그렇게 나더라는 것이다. 며칠이 지나자 마음을 굳게 먹고 일할 수 있게 되었는데 어느 날부터인가 녀석이 일하는 집에 갑자기 손님들의 발길이 뚝 끊어지더라는 것이다. 그런데 더 희한한 것은 오른쪽 왼쪽 집으로는 손님들이 오는데 이상하게 정수가 있는 집만은 쏙 빼놓더라는 것이었다. 하루는 마담 언니가 아가씨들을 모두 집합시켜 놓고 임신한 사람이 있으면 나오라고 하더라는 것이다. 왜냐 하면 아무리 사창가라도 생명에 대한 경외심은 있기 때문에 임신을 한 아가씨가 손님을 받으면 부정을 타 손님들이 들어오지 않는다는 일종의 미신이랄까 그런 상식 같은 것이 있다는 것이다. 아가씨들이 임신 가능성을 모두 부인하자 이번에는 교회를 다니는 사람이 있는가 묻더라는 것이다. 정수가 지적을 받았고, 과거에는 교회에 다닌 적이 있지만 지금은 아무것도 믿지 않을 뿐만 아니라 하나님을 잊었다는 말을 했다는 것이다. (그러나 실상 그 말은 거짓이었다. 녀석은 하나님을 잊을 수 없을 만큼 은혜를 받았었다. 어쩌면 하나님을 대하기가 부끄러워 잊고 싶

었었는지도 모른다.) 정수의 대답을 들은 마담 언니는 고개를 갸웃거리
며 방을 나가 버렸는데 그 이후에도 손님들은 마치 문 앞에 보이지 않는
어떤 힘이 막아서기라도 한 것처럼 들어오지를 못하더라는 것이다. 그로
부터 며칠 후, 마담 언니가 정수를 부르더니 너 때문에 장사가 안 되는
것 같으니 나가 달라고 오히려 통사정을 하더라는 것이다. 그렇게 해서,
탈출을 결심해도 감시가 워낙 심해 빠져나오기가 힘든 텍사스를 정수는
터벅터벅 걸어나왔다는 것이다. 녀석은 자기를 포기하지 않는 하나님을
경험했다며 다시는 '우물가의집'을 떠나지 않겠노라는 말과 함께 울고
또 울었다. 나는 녀석을 와락 껴안았다.

지금 정수는 결혼한 뒤 울산에서 살고 있다. 아기도 낳았고 어머니도
곁에 모시고 있다. 매화가 피면 커다란 곰 인형을 품에 안고 녀석과 아기
를 보러 울산을 방문해야겠다는 생각을 해 본다.

4) 돌아온 탕자

나는 며칠 전 편지 한 통을 받았다. 그런데 겉봉투를 보니까 이렇게 쓰
여 있었다.
"서울시 서초구 서초동 사랑의교회(강남 지하철역 부근, 뉴욕제과 뒤
편) 최재하 목사님 귀하.
우체부 아저씨, 주소를 모르겠습니다. 꼭 부탁합니다."
발신 주소는 사서함으로 되어 있고 보내는 사람은 장영희였다.

… 너무나도 죄송한 마음으로 목사님께 펜을 듭니다.
무더운 여름 날씨도 한풀 꺾이고 쌀쌀한 가을을 맞이하여 목사님 생각이 너

무나도 간절하여 이렇게 두서없는 글을 띄웁니다. 쌀쌀한 가을 날씨인 환절기에 건강은 어떠신지요? 지금 창가에는 한창 보슬비가 내리고 있는 중입니다. 19년 동안의 모든 죄를 청산하고 모든 잘못을 되새기면서 반성하며 휴양 중에 있습니다. 저의 마음속에 내리는 보슬비가 저의 모든 잘못을 되새기면서 더러운 찌꺼기들을 쓸어내려 갑니다. 이제는 19년 동안의 어두컴컴한 저의 못난 부끄러운 과거들을 청산하고 과거를 교훈 삼아 아름다운 추억들을 만들어 가며 열심히 살아가렵니다. 목사님께 늘 미안한 마음뿐입니다. 목사님께 저지른 저의 못난 행동을 반성하고 또 반성하며 마음속으로나마 용서를 빌고 있습니다.

영희는 매매춘을 하다 경찰에 잡혔다. 열다섯밖에 안 되는 소녀였다. 겨우 중학교를 중퇴한 녀석이 어른들을 상대로 매춘을 했던 것이다. 녀석은 윤락여성보호소에서 1년이 넘게 보호감호 조치를 받았다. 나는 당시 그곳에 매주 한 차례씩 선교하러 들어가곤 했는데 녀석이 눈에 띄었다. 녀석은 성실하게 그곳의 규칙을 준수하는 모범원생이었다. 주변 사람들의 평가도 좋았다. 기간을 마치고 퇴소하게 되었을 때 녀석에겐 마땅히 갈 곳이 없었다. 아버지가 시골에서 홀로 농사를 짓고 계시긴 했지만 여러 가지 형편이 그곳으로 돌아가서는 녀석에게 상처만을 더할 것이라는 결론을 내렸다. 그래서 녀석을 '우물가의집'에 받아들이기로 했다.

녀석에게는 좋지 못한 습관이 하나 있었다. '우물가의집'에서 기거한 지 얼마가 지났을까? 녀석이 가출했다. 사실은 가출할 어떤 이유도 없었다. 기숙사처럼 규율이 엄한 것도 아니고 생활이 불편한 것도 아니고 용돈이 없는 것도 아니었다. 뿐만 아니라 녀석의 가출은 단순히 가출만을 한 것이 아니라 이불 밑에 감춰 둔 리더 자매의 지갑을 들고 나간 것이다. 속이 상했다. 그러나 나는 '우물가의집'에 그녀가 잘못을 뉘우치고 돌아오도록 기도하라고 부탁했다. 그로부터 대략 한 달 정도 흘렀다. 한밤 중에 전화를 받았는데 미아리 쪽 파출소에 근무하는 형사였다. 서초동 삼익상가 앞에서 나는 형사와 만났다. 옆에는 영희도 서 있었다. 녀석은 고개를 푹 숙이고 발끝으로 땅을 헤집고 있었다. 행색을 보니 다시 사창 가로 돌아간 것이 분명했다. 형사는 영희가 어리고 범죄가 경미해서 선 처를 고려하는 중이라고 했다.

나는 형사에게 선처를 부탁했고 그는 나의 신분증을 확인한 후 영희를 나에게 맡겨 주었다. 나는 영희를 양재동에 있는 나의 집으로 데리고 들 어갔다. 녀석이 '우물가의집'에서는 지갑을 훔쳐 달아났기 때문에 어떤 정지 작업을 한 후가 아니면 '우물가의집'도 그렇거니와 녀석도 견뎌내 기 곤란할 것이란 판단이 들었다. 녀석은 며칠 동안 잘 적응해 나갔다. 적어도 표면적으로는 그렇게 보였다. 냉장고에 있는 빵과 우유를 꺼내 마시기도 하고 우리 애들과 함께 놀기도 하고 심심하면 양재공원을 산책 하기도 했다. 내 아내와 이야기를 나누면서 가사를 돕기도 했다.

그날도 나는 여느 때와 마찬가지로 자정이 넘어 집에 들어갔다. 집안 공기가 이상하게 썰렁했다. 벌써 잠이 들어 있어야 할 아내는 소파에 앉 아 매우 심각한 얼굴을 하고 있었다.

나는 "영희는?" 하고 물었다. 아내는 말이 없다.

"무슨 일이 있어?" 재차 물었더니 그제야 아내가 입을 열었다.

은행에서 돈을 찾다가 오십만 원을 지갑에 넣어 안방 화장대 서랍에 두었었다는 것이다. 점심쯤에 아내는 영희와 함께 파를 다듬으면서 인생 살이에 대한 많은 이야기를 나누었고 영희는 "이제는 예수님 잘 믿고 새 인생을 살겠다."고 다짐까지 했다는 것이다. 그때 밖에 생선장수가 왔고 아내는 갈치를 사러 밖으로 나가서 10분 정도 있다가 올라오는데 영희가 조급하게 바람 좀 쐬겠다며 나가더라는 것이다. 뭔가 이상한 느낌이 들긴 했지만 녀석이 빈손인데다가 자기가 입으라고 준 반바지를 입고 있었고 슬리퍼를 신었기 때문에 그 이상한 느낌을 애써 부정하면서 나머지 파를 다 다듬었으나 영희는 끝내 돌아오지를 않더라는 것이다. 그래서 안방으로 들어가 보았더니 지갑은 방바닥에 내동댕이쳐져 있고 그 안을 보니 돈은 온데간데없고 텅텅 비어 있더라는 것이다. 아내는 속이 상한 모양이었다. 배신감을 느낀다고 했다. 욕이라곤 모르는 여자가 "은혜를 원수로 갚는 년"이라며 화를 냈다. 그러면서도 결혼반지는 그대로 있다면서 안도의 숨을 내쉬는 것이었다.

영희의 편지는 계속되었다.

늦었다고 할 때가 가장 빠르다고 하듯이 그 동안의 반항과 방황이 뒤늦은 감은 있어도 새롭게 태어날 수 있다는 각오가 확고하기에 뒤늦게나마 못난 행동을 용서 바라는 마음으로 저의 마음을 담아 봅니다. 목사님, 이제 영희는 인생을 아름답고 알차게 개척해 나가렵니다. 원(비행여성보호소)에서 다 마치지 못한 공부에 다시 한 번 도전장을 걸어 볼 생각입니다. 비록 어려운 과목만 남았지만 목사님의 기도와 함께 많은 격려 부탁합니다. 힘들고 어렵더라도 뒤늦게나마 공부를 다시 해야 한다는 생각이 들었기에, 깨달았기에 어떤 어려움이 닥치더라도 극복하며 영희의 인생을 예쁘게 꾸미렵니다. 아참, 꼬마들은 많이 자랐겠지요? 시간이 꼬마들의 이름까지 잊게 만드는군요. 꼬마들도 목사님처럼 씩씩하게 잘 자라 줄 거예요. 목사님처럼 훌륭하게 키우세요. 지금은 옛날의 모든 것들이 그리운 추억 속으로 묻혀 버렸어요. 목사님께 저지른 잘못들, 목사님 댁에 기거했던 순간들이 그립고도 그리운 추억으로 제 머릿속에 남아 있어요. 저의 못난 과거를 되돌릴 수만 있다면 얼마나 좋을까요? … 목사님께서 저의 무거운 죄를 용서해 주신다면 답장해 주세요. 그리고 즐거운 추석 보내세요.

나는 영희에게 편지를 이렇게 썼다.

영희에게.

너의 편지를 받게 되어 내가 얼마나 기쁜지 모르겠다. 너의 편지를 들고 읽는데 자꾸만 눈물이 흘러내리더구나. 편지지를 적시고 말았다. 편지를 주어서 정말 고맙구나! 네가 떠난 후에도 나는 너를 포기할 수가 없었다. 오랫동안 기억하며 기도했었다. 우물가선교회 기도회 시간에도 너를 위해 언니 오빠들이 함께 기도했었다. 그러나 역시 세월은 사람을 무감각하게 만드는 것 같다. 마음속에 늘 응어리져 남아 있음에도 불구하고 너에 대한 기도를 기도 제목 리스트 뒷전으로 옮기게 된 지도 꽤 오래된 것 같구나.

내가 너를 용서했는지 궁금하니? 용서? 용서하구 말구. 네가 집을 나간 것을 안 그날 밤 자정, 나와 우리 집사람은 속이 아프고 쓰라렸지만 우리는 이미 그런 고통보다 앞서서 너를 용서하고 있었다는 사실을 깨달았다.

영희야, 너 누가복음 15장에 나오는 돌아온 탕자의 비유를 기억하니? 탕자의 아버지가 언제 둘째 아들을 용서했으리라고 생각하니? 그가 객지에 나가 돈을 다 탕진하고 거지나 진배없는 처지가 되어 아버지의 집으로 돌아가기를 결심했을 때일까 아니면 고향으로 돌아와 아버지를 만나서 고개를 떨구고 "내가 하늘과 아버지께 죄를 얻었사오니 지금부터는 아버지의 아들이라 일컬음을 감당치 못하겠나이다 나를 품꾼의 하나로 보소서" 하고 용서를 구했을 때일까? 두 시점 다 아니다. 아버지가 되어 본 사람들은 다 아는 바이지만 아버지는 아들을 용서할 필요가 없다. 왜냐 하면 아버지는 아들을 미워한 적이 없었기 때문이다. 다시 말해 아들이 집을 나간 그 순간에도 아버지는 이미 아들을 용서하고 있었던 것이다. 그래서 아들이 돌아오기를 기다렸고 돌아오자마자 무슨 금의환향하는 아들을 맞듯 좋은 옷을 내어다 입히고 신발을 신기고 가락지를 끼우고 송아지를 잡고 잔치를 벌였던 것이다.

사랑하는 영희야! 적어도 너를 향한 나의 마음에 용서란 단어는 어울리지 않는 것 같구나. 편지를 보내 주어서 고맙다.

우리 집사람도 네 편지를 보여 주자 눈물을 글썽이며 감격하더구나. 우리 부부는 너를 위해 그동안 뒤로 밀어 놓았던 기도를 다시 앞으로 끌어내어 하기로 했다. 네가 견고하게 세워지고 행복한 생애를 살아가는 축복을 받게 되기를 바란다. 검정고시 공부를 하는 네게 하나님께서 지혜 주시기를 기도한다. 내일 모레면 추석이구나. 즐겁고 건강한 추석을 보내기 바란다.

5) 588에서 건진 딸

정미는 커피숍에서 일하는 것이 매우 힘들었다. 다른 일을 찾아보아야 겠다고 생각하고 있던 찬데 주간잡지에 흥미로운 광고가 눈에 띄었다. 적게 일하고 많은 돈을 벌게 해 주겠다는 내용의 매혹적인 광고였다. 전화를 걸었다. 매우 선하게 보이는 언니를 따라 그녀가 도착한 곳은 청량리 588. 한국에서 가장 전통 있는 사창가 가운데 한 곳이다. 정미는 잘못됐어도 뭔가 아주 잘못되었다는 생각이 들었다고 한다. 그곳을 빠져나가야겠다고 마음을 굳힌 정미는 어떻게 하면 그곳을 빠져나갈 수 있는지 한 언니에게 물어보았는데 보호자가 나타나지 않는 한 불가능하다는 것이었다. 더군다나 정미는 주민등록증도 없기 때문에 반드시 보호자가 와야만 한다는 것이다. 정미는 고민했다. 어머니에게 전화를 걸 용기가 나지 않았다. 그래서 평소에 자기를 잘 이해해 주었던 숙모에게 전화를 걸었다. 그녀가 588에 들어온 다음 날 새벽이었다.

정미의 어머니와 숙모 두 분이 대전에서 나를 찾아왔다. 숙모 중에 한 분은 목회자 사모였고 다른 한 분도 매우 신실한 집사였다. 그들은 나에게 청량리 588까지 함께 동행해 줄 수 없겠느냐고 했다. 아마도 글을 통해 나에 대해 읽었던 것 같았다. 나는 그들과 동행하기로 결정했다.

나는 현수호 형제가 운전하는 승합차를 타고 청량리로 향하였다. 나는 봉고 안에서 그들과 대화를 하면서 정미가 가출하게 된 과거에 대해서 대충 들을 수 있었다.

정미가 자라난 환경은 좋지 못했다. 아버지는 심한 알코올 중독자였다. 그녀의 아버지는 평상시에는 무능력할 뿐만 아니라 말수가 적고 어떻게 보면 고요하기까지 한 성품인데 일단 술만 들어가면 달라졌다. 맹수처럼 돌변해서 가족들을 사정없이 구타했다. 할머니는 끊임없이 책망하고 또 책망하는 스타일이었다. 본래도 말수가 적기는 했었지만 정미는 커 가면서 더욱 말을 잃어 갔다. 자기표현은 물론 묻는 말에도 대답을 못했다. 집에 그냥 놔뒀다가는 큰일이 나겠다 싶어 정미의 숙모가 회사에 취직을 시켰다. 회사에서는 야간고등학교를 운영하고 있었는데 한 1년쯤 정미는 힘은 들어하면서도 견뎌냈다. 그러나 결국은 좋지 못한 친구들과 어울리다가 탈선을 하고 말았다. 정미는 2년여 동안 커피숍, 카페, 남자와의 동거, …마침내 청량리 588에 있다며 새벽에 전화를 걸어 왔다는 것이다. 정미는 숙모에게 '집으로 내려가고 싶다. 보호자가 오면 내려갈 수 있다고 언니들이 말하더라. 자기를 데리러 올라오겠느냐?' 그렇게 말하더라는 것이다.

정미의 숙모로부터 이야기를 듣고 나니 속이 상하고 마음이 아팠다. 정미가 가출을 해서 사창가에 빠져 있다는 것도 속이 상한 일이지만 그녀를 데리고 집으로 돌아간다 할지라도 변변히 쉴 수 있는 가정환경이 아니니 그것이 더 딱했다. 아버지는 이전보다도 더 알코올로 중독되어 있는데다가 어머니는 노점에서 야채를 팔아 생계를 꾸려가야 하는 형편이니 정미의 상하고 지친 마음이 안식과 치유를 받기는 불가능한 환경이 아닌가? 그녀가 재 가출을 하리라는 것은 너무나 자명한 결과였다.

나의 경험으로는, 많은 아이들이 어렵게 집으로 돌아갔다가는 다시 가출을 했다. 그럴 수밖에 없는 것이 그들이 탈선한 이유가 거의 가정문제에 뿌리를 대고 있는데 그들이 돌아간다 해도 가정은 바뀌어져 있지 않는 경우가 거의 대부분인 것이다. 독수리는 새끼를 날려 보낼 때가 되면 둥지에 가시나무를 가져다 놓는다. 그 가시는 자꾸 새끼들을 찔러 대서 결국 새끼들을 둥지 밖으로 날려 보낸다. 가정에 이 가시나무를 제거하고 깃털로 깔아 주지 않는 한 돌아왔던 아이들은 다시 가출을 할 수밖에 없는 것이다.

한 시간 남짓 걸려서 청량리 588에 도착했다. 3시 정도가 되었다. 우리는 이미 정미가 일을 하고 있는 곳이 '우성비디오' 근처라는 정보를 가지고 있었기에 '우성비디오'를 찾았다. '우성비디오'가 눈에 들어왔다. 그곳으로 다가갔다. 속이 훤히 들여다보이는 유곽이 양편으로 늘어서 있었다. 그런데 정미는 보이지 않았다. 대낮이었기 때문에 한 집에 한명 꼴로 아가씨들이 홀을 지키고 있었다. 다급한 정미 어머니가 홀의 문을 열고 들어가 정미를 찾기 시작했다. "우리 정미 알아요? 정미 어디 있어요?" 그러나 정미를 안다는 자매는 없었다.

아뿔싸!

뭔가 잘못되어 가고 있다는 생각이 퍼뜩 들었다. 나는 정미와 그들이 그곳에서 만나기로 약속을 하고 있는 줄로만 알았고 정미네 가족들은 나와 함께 가면 시골동네에서 이 아무개를 찾듯이 정미를 찾는 것이 간단한 걸로 생각하고 있었던 모양이다.

우리는 당황하기 시작했다. 바로 그 순간에 포주, 펨푸, 기둥서방으로 판단되는 사람들이 우르르 다가왔다. 그들과 우리 사이에서 실랑이가 벌어졌다. 나는 삼촌이라고 불리는 사내를 데리고 한쪽으로 가서 은근히 협박했다. 솔직하게 나를 소개한 후 '정미는 교회에 나갔던 아이고 어머니와 숙모들이 교회를 나가는 사람들이기 때문에 우리가 기도를 한다. 정미가 있으면 오히려 장사 안 된다.'고 말해 주었다. 그는 나의 말에 긍정을 했고 정미를 찾아보겠다며 어머니를 데리고 안으로 들어갔다. 그러나 그것은 하나의 위장된 행동에 불과한 것이었다. 어디에도 정미는 보이지 않았다. 그는 정미가 벌써 가족을 만나는 것이 창피해서 뛰었을 것이라고 말하면서 밤에 와서 콱 붙잡아야 된다고 충고까지 해 주었다. 그러나 실상은 우리가 실랑이를 하는 사이 포주가 정미를 빼돌린 것이었다 (사창가에는 단속을 대비해서 미로를 만들어 놓고 지하에는 은신처도 만들어 놓고 있다). 우리는 하는 수 없이 588에서 철수하기로 했다. 정미 어머니는 자식을 불구덩이에 두고 있는 사람처럼 발을 동동 구르며 이 사람 저 사람 붙잡고 애원을 했다. "우리 정미 좀 보내 주세요." 사람들이 구름 떼처럼 몰려들었다. 일단 그곳을 빠져나가기로 했다.

저녁 7시쯤 되었을까, '아름다운땅'에 와서 쉬고 있는데 정미에게서 대전 작은 집으로 연락이 왔다며 숙부가 우리에게 전화를 해 주었다. 내용은 이런 것이었다. '어머니와 숙모를 보았다. 집으로 내려가 있으면 곧 돌아가겠다. 집으로 내려가는 것이 나를 돕는 것이다.' 우리는 혹시 포주가 우리를 안심시키고 정미를 다른 곳으로 빼돌리려는 것이 아닌가 하는 생각이 들었고 정미가 협박을 받으면서 우리를 안심시켜 문제를 일으키지 않도록 방어하고 있는 것이구나 하는 판단도 들었다.

우리는 밤 10시쯤 다시 588로 갔다. 유곽에는 불이 휘황찬란하게 밝혀져 있었다. 아가씨들은 짙은 화장을 하고 손님들을 유혹하고 있었다. 아가씨들이 동전으로 창문을 두드리거나 문을 열고 추파를 던지고 있었다. 어떤 남자들은 너무나 자연스럽게 안으로 들어갔고 또 어떤 남자들은 마지못해 끌려 들어갔고 그리고 또 어떤 남자들은 완강하게 버티면서도 즐겁게 끌려 들어갔다. 죄를 범하는 인간의 태도란 참 다양한 것이구나 하는 생각이 들었다.

우리는 한쪽 어두운 곳에 승합차를 세워 놓고 정미를 찾았으나 여전히 정미는 보이지 않았다. 그러기를 1시간 남짓, 정미를 다른 가게로 빼돌렸을지도 모른다는 생각이 들자 588 전역을 수색하기로 했다. 그러나 우리가 할 수 있는 방법이란 기껏 승합차를 타고 사창가를 몇 바퀴 도는 것뿐, 정미는 어디에서도 발견되지 않았다. 마침내 지친 우리는 한 구석에 차를 세우고 하나님께 기도하기 시작했다.

"주님 우리가 할 수 있는 일은 다해 보았습니다. 그러나 이 딸을 찾을 수가 없습니다. 하나님 도와주세요."

정미의 어머니와 숙모 두 분이 울기 시작했다. 정미 어머니는 통곡을 한다. 그 동안 참았던 눈물이 터진 것이었다. 나도 울먹이면서 기도했다.

"정미를 찾는데 우리가 미숙하고 실수가 있었다 할지라도 정미를 데리고 있는 포주들이 두려워하게 하시고 정미를 토해 내게 해 주세요. 고래가 요나를 해변에 토하였듯이 이 어두움의 권세가 정미를 토해 놓게 해 주세요. 예수 그리스도의 이름으로 명하노니 어두움의 권세야 정미를 내놓을지어다!"

기도를 하고 나니까 588이 정미를 삼키지 못할 것이라는 확신이 들었다. 정미를 찾기 위해 다시 사창가를 샅샅이 뒤져 보았으나 그래도 정미는 보이지 않았다. 나는 적이 실망이 되었다. '확신이 들어도 응답이 되지 않을 때도 있구나.' 하는 방정맞은 생각도 들었다. 정미 어머니가 너무 안쓰럽고 미안한 생각도 들었다. 우리는 정미 찾는 일을 포기하고 무거운 발걸음을 되돌려야 했다.

그로부터 이틀이 지났다. 대전에 사는 정미의 작은 숙모로부터 반가운 전화가 왔다.

"목사님! 정미가 돌아왔어요. 어젯밤에요. 지금 우리 집에 있어요. 계속 잠만 자다 이제 일어났어요."

나는 정미를 바꿔 달라고 했다. 어떻게 오게 되었는지 물어보았다. 정미가 대답했다.

"포주가 집에 가고 싶으냐고 물어보기에 그렇다고 대답을 했더니 가라고 그래서 왔어요!"

죽음이 예수 그리스도를 영원히 삼킬 수 없었던 것처럼 사탄의 세력도 눈물로 기도하는 사람들이 있는 한 영혼을 삼킬 수는 없었던 것이다.

6) 포기하지 않은 10년

1990년대 초만 해도 지금과는 달리 매춘 여성들만 단속했었다. 가부장적인 권위 혹은 남성 이기주의를 벗어버리지 못한 남성 집단의 범죄 행위였다. 그래서 경찰들은 전시 행정의 일환으로 속칭 '토끼몰이'라는 이름의 단속을 폈다. 초범인 경우에는 1개월, 재범인 경우에는 1년을 대모산 자락 감옥 같은 곳에 격리되어야만 했다.

나는 찬양 팀과 함께 매주 그들을 방문했다. 간식을 준비해 가지고 자매들을 찾아가 복음을 전했다.

송 자매를 나는 그곳에서 만났다. 그녀는 특별히 관심이 가는 자매였는데, 그곳을 퇴소한 후 감사하게도 친구들을 데리고 나를 찾아왔다. 나는 성경 공부할 것을 제의했고 자연스럽게 성경 공부가 미아리 송 자매의 집에서 시작되었다. 단칸방에 허름한 가재도구들을 보니까 왠지 코끝이 시큰하고 가슴이 아렸다. 나는 자매를 위해 마음을 쏟아 기도했고 정성을 다해 가르쳤다.

그런데 이게 웬일인가? 하루는 성경 공부 시간은 지났건만 방문은 굳게 잠겨져 있었고 아무도 나타나질 않았다. 간신히 전화 연락이 되어 송 자매의 친구와 함께 방문을 열고 들어가 보았더니 편지 한 통이 덩그러 니 놓여 있었다. 장문의 편지였다.

최 목사님께.

참으로 몇 년 만에 남에게 편지를 써 보는군요. 첫 사회생활을 할 때 집에 몇 번 편지를 써 보고는 처음으로 펜을 들었습니다. … 우선 두 가지 잘못을 뉘우치고 있습니다. 하나는 주일날 목사님과 만나기로 한 것이고 두 번째는 목요일의 약속입니다. 정말 실망시켜 드려서 죄송합니다. 제가 목사님과의 대화 중에서 말씀드리지 못한 것이 있어서 이렇게 편지를 드립니다.

방황하던 내게 접근하는 분이 있었습니다. 그는 제게 큰 힘이 되었습니다. 신림동에 살면서 제가 실연을 하고 방탕한 생활을 하려고 할 때 그는 제게 기이한 인연이 되었어요. 항상 우수에 차고 슬픈 모습으로 있는 저를 위로 했고 무언가 도와주려 했어요. 그러다 보니 만나는 횟수가 잦아지고…. 그러나 그는 아이가 둘이나 있는 유부남이었습니다. 그는 집으로 가는 시간보다 나와 함께 있는 시간을 좋아했고 저 또한 그와 함께 있는 것이 좋았어요. 그는 장사가 잘못되는 바람에 구치소에 들어갔고…. 그의 친구를 통해 제가 면회 오기를 요청했어요. 저는 3일에 한 번쯤 면회를 했어요. 그리움을 동반한 만남은 계속되었어요. 1심에서 1년 6월, 2심에서는 집행유예로 추석 며칠 전에 나왔답니다. 첫날부터 그는 이혼을 하겠다며 상의했어요. 그가 그렇게 결사적으로 나오자 그의 친구들은 가정파탄을 막기 위해 저를 찾아 왔어요. 친구의 부인들까지 나서서 설득했어요. 저는 그들의 요청이 당연하 다고 생각하면서도 그와의 이별은 감히 생각조차 하기 싫었어요.

저의 방황은 또다시 시작되었어요. 그는 나와 만나는 것에 방해하면 친구라 도 만나지 않겠다고 하여 말을 막았으나…저는 무척 괴로웠어요. 그래서 일단 그를 떠나기로 하고 유흥가 친구들과 어울렸어요. 밤바다 나이트에 놀러 다니고 그녀들과 어울려 노름을 했어요. 그것이 그를 잊는 유일한 길이라고 생각했어요. 그러나 보니 생활이 말이 아니었어요. 노름빚도 늘고…. 너무너무 괴로웠어요. 그러던 어느 날 그는 수소문해서 저를 찾았고 삼백 정도 되는 저의 빚도 갚아 주었어요.

저는 다시 그를 만났어요. 대신 이혼의 말은 없었던 것으로 했어요. … 그러나 그의 어머니가 암으로 죽자 그는 점점 가정으로 돌아갔고 저는 다시 외롭게 밤을 사랑하는 아이가 되었어요. 그러나 그는 나를 아주 잊지는 못해 일주일에 한 번 정도 왔어요. 그때마다 티격태격 자주 싸우게 되었고 예전의 즐거움이란 찾을 수 없게 되었죠.

저는 그를 아주 떠나기 위해 이곳 미아리로 오게 되었어요. 안정이 되자 저는 신앙생활에 매달리기로 결심했어요. 그러나 나의 연약한 믿음은 다시 깨어졌어요. 포주가 그의 친구일 줄이야 꿈에도 생각하지 못한 일이었어요. 그는 저를 잡고 잘못을 빌었고 저는 다시 그와 죄를 저질렀어요. … 어느 날 저는 교회에 들어가 설교를 듣는데 유부남을 사랑하는 여인의 기도는 응답되지 않는 다는 내용을 듣게 되었어요. 왜냐 하면 그 남편의 아내의 절규가 하나님께 올라가기 때문에 우리와 같은 처지의 여인의 기도가 이루어지지 않는다는군요. 갑자기 제가 초라하고 큰 죄인임을 깨달았어요. 저의 마음은 괴로웠어요. 그러나 그와 헤어지기는 더더욱 싫었어요.

그러던 중 저는 경찰의 단속에 걸려 보호소로 오게 되었어요. 잠이 깨면 예배, 잠이 들기 전에 또 예배. 이런 반복적인 삶은 나를 정신 들게 만들었고 하나님께 매달리게 만들었어요.

한 달이 지나 저는 사회에 나왔고 그를 잊기 위한 각오와 새사람이 될 각오를 단단히 했어요. 그를 완전히 가정으로 돌려보내도 마음이 편할 것 같았고 기뻤어요. 그래서 목사님에게 전화도 드리게 되었고 목사님을 만나니 더욱 가슴 가득 벅찼어요.

그러나 그는 저를 내 뜻대로 가만 두지 않았어요. 내가 나온 첫날부터 전화
를 했죠. 저는 완강히 그러나 기분 상하지 않도록 거부했어요. 그러나 다음
날 다시 전화를 했어요. 너무나 끈질기게 나를 만나기를 원했고 마침내 저도
버티지 못하고 만날 약속을 했어요. 저는 있는 힘을 다해 그를 멀리했어요.
그는 나의 변화를 도와주지 않았어요. … 지난 토요일에 그는 다시 찾아왔
어요. 혼자서 목사님이 주신 테이프(성령의 생수의 강)를 들으며 성경 공부
를 하고 있는 중이었어요. 그는 내게 매달리며 사정했어요. 저는 내일 교회
에 가야 하니 방해하지 말라고 했어요. … 그러나 결국 무너지고 말았어요.
게다가 방 값은 밀리고 빚은 불어나서 독촉이 심하고 방과 짐을 다 정리하
려고 하나 그것도 쉽지가 않아요. 그와의 만남도 완강히 거부하다가도 막상
얼굴을 보면 무너지고….

저는 어떻게 하면 좋을까요?

언제 돈도 사랑도 다 버리고 나의 생명이신 주님만 끊임없이 사랑하며 주님
만을 위하여 일하는 일꾼이 될지….

송 자매는 돌아오지 않았다. 나는 그녀를 위해 기도하기 시작했다. 우
물가선교회가 모임을 가질 때마다 기도했다. 나의 개인기도 시간에도 기
도했다. 그렇게 10년을 기도했다. 왜 그렇게 오랫동안 그녀를 위해 기도
했는지는 모른다. 그렇게 기도하다 보면 언젠가는 그를 옭아매고 있는
사슬이 풀어지고 그는 자유인이 될 수 있을 것으로 믿었다. 그러던 어느
날 전화 한 통을 받게 되었다.

"저를 모르시겠어요?"

친숙하기는 했지만 딱 누구라고 생각이 나지 않았다.

"누구시죠?"

"저 송…."

'아, 그렇구나!'

"송 자매? 맞죠? 그렇죠?"

"네 목사님!"

"무정한 사람!"

"죄송해요."

나는 조심스럽게 물었다.

"그래 어떻게 살아요?"

"아기 둘 낳았고요, 교회 집사가 됐어요. 진작 연락을 드리고 싶었지만 떳떳한 사람이 될 때까지 기다리고 싶었어요."

'오 하나님 감사합니다!'

나는 마음 같아서는 당장 '만납시다.' 그러고 싶었다. 만나서 격려하고 칭찬해 주고 아기 선물도 사주고 싶었다. 그러나 참았다. 그렇게 하는 것이 그녀에게 도움이 될지 확신이 없기 때문이다. 가급적이면 과거를 완전히 잊도록 해 주는 것이 가장 돕는 일이 될 것이다. 나는 아쉽지만 송 자매의 기쁜 소식을 들은 것으로 만족하기로 했다.

"그런즉 누구든지 그리스도 안에 있으면 새로운 피조물이라 이전 것은 지나갔으니 보라 새 것이 되었도다"(고후 5:17).

2장 내가 섬겨야 할 예수님

1) 저만큼 떨어져!

늘 그랬던 것처럼 길 자매는 예고도 없이 나타났다. 밤 열 시, 심방을 나갔다가 사무실로 돌아오니 상담실에 그녀와 오 간사 그리고 우물가선 교회의 홈 공동체 '아름다운집' 의 리더인 유 집사가 심각한 얼굴로 앉아 있었다. 길 자매의 눈은 퀭하고 피골은 상접했으며 혈색은 동남아 사람들처럼 새까맣기까지 했다. 보나마나 어느 사창가에서 마음과 몸 고생을 톡톡히 한 모양이었다. 나를 보더니 눈물을 글썽이며 어렵게 인사를 한다. 간신히 인사를 했다는 표현이 옳을지 모르겠다.

밤이 늦었는데 길 자매를 어떻게 해야 하나? '아름다운집' 으로 들여보내야 할까? 그곳은 다섯 자매들이 공동생활을 하고 있는 곳이다. 그녀는 6개월 전만 해도 '아름다운집' 에서 생활을 했었다. 그런데 어느 날 늘 그랬던 것처럼 우리의 곁을 떠나 사창가로 되돌아갔던 것이다.

나는 유 집사에게 길 자매를 '아름다운집' 으로 데리고 가는 게 어떻겠느냐고 상의를 했다. 그녀는 반대다. 여관에서 재우는 것이 좋겠다는 의견이다.

6개월 전 길 자매는 매독이 심한 상태였었다. 서초구보건소에서는 다른 사람에게 성적인 접촉이 아니고서도 전염이 될 수도 있으니 주의를 하라고 했다. 다시 보건소에 가서 길 자매의 상태를 보고 '아름다운집'으로 들이든지 말든지 결정을 하는 게 좋겠다는 의견이었다.

나는 그렇게 말하는 유 집사가 화가 났다. 그러나 리더인 만큼 그녀의 의견을 존중하는 게 좋겠다는 판단이 들었다. 마음에 내키지 않는 사람을 데리고 들어가면 모든 사람들이 다 불편해질 것이다. 그렇다고 그녀를 여관에서 재우는 것은 도리가 아닐 듯싶었다. 나는 그녀를 우리 집으로 데리고 들어가기로 결정했다. 이미 그런 일에 익숙해진 아내가 힘들어할 일은 없을 것이다.

그러나 정작 힘들어진 것은 나였다. 그녀가 매독이라는 것이 자꾸만 마음에 걸렸다. 나는 괜찮지만 아내나 나의 귀여운 아이들이 매독에 전염된다면? 생각만 해도 끔찍했다. 아내가 저녁상을 차려왔다. 그런데 길 자매가 먹은 반찬에는 내 손이 가지를 않는다. 간신히 저녁식사를 끝냈다. 나는 아내에게 그녀가 먹었던 밥그릇을 삶으라고 명령했다. 아내는 영문을 몰라 어안이 벙벙하다. 나는 또 화장실로 들어가 길 자매가 사용했던 변기를 퐁퐁으로 빡빡 닦아냈다.

잠자리에 누웠다. 잠이 오질 않는다. 나에게 목사의 자격이 있는가? 위선자! 나를 꾸짖고 책망하고 정죄했다. 손양원 목사님은 문둥이와 함께 먹고 마셨다. 다미엔도 그들과 함께 먹고 마시고 잠을 잤다. 그러다 그는 문둥이가 되어 죽었다. 나는 뒤척이다 새벽이 되어 부끄러운 얼굴로 잠이 들었다.

다음 날 아무것도 달라진 것은 없었다. 나는 그녀를 데리고 보건소로 갔다. 내 프라이드에서 내릴 때 보니 그녀의 청바지가 젖어 있었다. 성남에서 서초구보건소까지 가는 동안 삼사십 분을 참지 못하고 청바지에 방뇨를 해 버린 것이다. '차에서 냄새가 날 텐데 어쩌나?' 그게 신경 쓰였다. 의사가 차트를 보더니 나와 길 자매를 번갈아 쳐다본다. 아마도 나를 길 자매의 기둥서방이나 포주쯤으로 이해를 하는 것 같았다. 순간 수치심이랄까 모멸감 같은 것이 얼굴에 확 끼얹어졌다. 길 자매가 의사 앞으로 다가가자 의사가 버럭 소리를 지른다.

"날씨도 뜨거운데 뭐 하러 가까이 와! 저 만큼 떨어져!"

어쩌면 그것은 내가 지르고 싶었던 고함이었는지도 모른다. 병리실로 들어갔다. 대기하는 환자들이 많아서 순서를 기다려야만 했다. 길 자매와 나는 빈 의자에 나란히 앉았다. 시간이 좀 걸렸다.

그녀가 지루한지 일어섰다. 나는 무심코 그녀가 앉았던 그곳에 손을 뻗었다. 그런데 축축하다. 내 손을 보니 오줌이 묻어 있는 게 아닌가. 구역질이 났다. 나는 급히 화장실로 달려갔다. 비누로 손이 벌개지도록 닦았다.

그래도 더럽다. 병리실로 되돌아갔다. 그녀 차례가 되었다. 길 자매는 간호사들에게 말도 안 되는 이야기를 묻고 떠벌린다. 그런 길 자매를 간호사들이 이상한 듯 바라본다. 이상한 듯 바라보는 간호사를 길 자매는 야단까지 친다.

나는 서둘러 길 자매를 끌고 보건소를 나왔다. 그녀를 다시 나의 프라이드 뒷좌석에 태우고 사무실로 향했다. 알다시피 서초구보건소에서 나와 강남대로를 타려면 좌회전 신호를 받아야 한다. 붉은 신호가 들어왔다. 나는 브레이크를 밟았다. 이런 생각이 떠올랐다. 나의 지금 영적 상태는 붉은 신호등일까? 아니면 푸른 신호등일까?

그 동안 사역을 해 오면서 칭찬과 열매들도 있었지만 정작 나의 영적인 상태는 붉은 신호등 앞에 서 있는 것이 아닐까? 나는 조용히 눈을 감았다. 그때 나의 내면 깊은 곳에서 어떤 음성이 들려왔다. 나는 말씀하시는 그분이 나의 주님이라는 것을 금세 알 수 있었다.

"나는 한 상에서 너와 함께 먹고 마셨다. 그러나 너를 단 한 번도 더러워한 적이 없다. 나는 너와 함께 잤고 너와 함께 생활했다. 그러나 너를 단 한 번도 부끄러워한 적이 없었다. 그런데 너는 길 자매가 그렇게도 더럽고 부끄러우냐?"

죄와 매독 중 어느 것이 더 악할까? 매독 때문에 예수님께서 돌아가시지는 않았다는 생각이 들었다. 그러나 나의 죄 때문에는 돌아가셔야 했다.

나의 두 눈에서 눈물이 쏟아지기 시작했다. 나는 나의 주님께 용서를 빌었다. 마태복음 25장의 말씀이 떠올랐다.

"너희가 여기 내 형제 중에 지극히 작은 자 하나에게 한 것이 곧 내게 한 것이니라"

'주님! 그렇습니다. 길 자매야말로 바로 내가 섬겨야 할 그리스도입니다.'

붉은 신호는 꺼지고 좌회전 푸른 신호가 들어왔다. 나는 브레이크를 놓고 액셀을 밟았다. 나는 누추한 나의 프라이드에 변장한 주님을 태우고 강남대로를 달리기 시작했던 것이다.

2) 생일 축하합니다

우물가선교회는 가끔 강남의 명소 '아름다운땅'에 모여서 생일을 맞은 사람들을 축하하곤 한다. 한번은 화란인으로 '아름다운땅'에서 사역을 하고 있는 이번희 선교사의 생일을 맞아 선물도 준비하는 등 정성껏 축하의 자리를 마련했다. 한참 축하 파티가 진행되고 있는데 갑자기 길 자매가 뾰로통하게 돌아앉는 것이었다. 그러더니 소리를 빽 지르면서 판을 뒤덮어 버리는 것이 아닌가!

길 자매가 우물가에 출입하기 시작한 것은 6~7년 전의 일이었다. 그녀는 불우한 가정에서 태어났고 불우하게 성장해서 사창가를 드나들던 여성이었다. 결혼이라는 것도 해 보았지만 번번이 버림을 받고 말았다. 직장에 취직을 하려고 들어가 보아도 사람 관계가 제대로 되지 못하기 때문에 한 달을 채우지 못하고 쫓겨났다. 또 전화걸기를 얼마나 좋아하는지 시도 때도 없이 전화를 하곤 했는데 나에겐 한밤중에 전화를 걸었다. 왜 전화를 걸었느냐고 물으면 "주애(나의 딸)는 뭐 해요?" 하고 뚱딴지같은 질문을 하곤 했다. 주애가 한밤중에 잠을 자는 일 말고 또 무엇을 하겠는가?

그런 가운데도 기특한 것 한 가지는 어디를 갔다가도 지치거나 갈 곳이 없게 되면 꼭 우물가를 찾아왔다. 우물가는 그녀의 마음의 고향과도 같은 곳인지도 모른다. 하여튼 이리저리 방황하기를 몇 해, 불행인지 다행인지 마침내 길 자매는 1년 전부터 김씨 성을 가진 마음씨 좋은 40대 홀아비를 만나 같이 살게 되었는데 이번에는 제법 길게 갔다. 가끔 전화를 걸어 김씨 놈이 때려서 못살겠다고 고함을 치기는 하지만 그러면서도 밥도 짓고 빨래도 하면서 잘 견뎌냈다.

바로 이 길 자매가 우물가에 놀러 와서 생일 축하 파티에 참석을 했던 것이다. 그런데 선교사님이 축하와 함께 선물을 한 아름 받자 심사가 뒤틀렸는지 감정의 통제가 안 되었던 것이다.

판이 이렇게 되자 가장 곤란해진 것은 이번희 선교사님이었다. 내가 길 자매의 생일이 돌아오면 케이크도 준비하고 선물도 준비해서 생일파티를 해 주겠다고 구슬리는 사이 선교사님은 자기가 받았던 선물 가운데 하나를 길 자매에게 주었다. 그제야 길 자매는 표정이 환하게 돌아왔다. 그리고는 자기 생일 때에도 선물을 꼭 주어야만 한다고 재차 약속을 받아 내고서야 안심을 하는 것이었다.

마침내 길 자매의 생일날이 되었다. 아내는 길 자매에게 꼭 전해 주라며 봉투에 돈을 넣어 주었다. 길 자매는 아침부터 우물가선교회로 출근

해서 생일 파티를 기다리는지 서성거리고 있었다. 케이크도 준비하고 선물도 준비했다. 그러나 우리는 여러 사람이 모여서 축하 노래도 불러 주고 선물도 전달할 계획이었다. 그래서 그 시간이 되기까지는 각자 일을 보고 있었다.

스태프들은 사무실에서 행정을 하고 희정이와 양 집사는 '아름다운 땅'에서 주방 일을, 조 집사는 카운터 일을, 자매들은 홀에서 커피를 나르고, 《목마르거든》 편집 팀은 회의를 하고 있었다. 그때 갑자기 '아름다운땅'이 떠나갈 듯한 고함 소리와 욕설이 쏟아져 나왔다. 나는 너무나 깜짝 놀라서 달려 나가 보니 케이크는 내동댕이쳐져 있고 길 자매는 '아름다운땅'의 마룻바닥을 우산으로 두드리며 고함을 쳐대고 있었다.

"씨-팔! 왜 생일잔치 해 준다고 하고서 안 해 주는 거야!"

커피를 마시고 있던 손님들이 눈이 왕방울만 해져 가지고 쳐다보았다. 나는 급히 길 자매를 구슬려도 보고 꾸짖어도 보았지만 도무지 자제시킬 수가 없었다. 한바탕 소란을 피운 길 자매는 "다시 우물가에 오나 봐라." 이렇게 말하고 문을 부서지도록 쾅 닫고 나가 버렸다. 나는 그녀는 쫓아 밖으로 나갔다. 그리고는 그녀를 쫓아가며 다시 한 번 구슬려 보았다. 그러나 그녀는 빗속을 철벅거리며 가버렸다. 나는 얼마나 화가 나는지 길 자매의 뒤에다 대고 소리쳤다.

"너 이제 내 말도 안 듣지! 다신 우물가에 오지 마, 알았어?"

나는 뒤도 돌아보지 않고 사무실로 돌아왔다. 다시 회의를 진행하고 있는데 또 밖이 소란했다. 길 자매였다. 손님들이 일어나 나가는 게 보였다. 나는 참을 수 없을 만큼 화가 치밀어 올랐다. 나는 길 자매를 반 강압적으로 끌고 3층 상담실로 올라갔다. 그녀는 앉혀 놓고 참았던 말들을 쏟아 놓았다.

"야, 네가 무슨 대단한 사람인 줄 알아? 생일을 차려 준다고 했잖아!

왜 못 참아? 설령 상을 안 차려 준다고 해서 네가 생일을 요구할 권리가 어디 있어? 사람이 주제 파악을 해야지. 불쌍해서 오냐오냐 했더니 이게 분수도 모르고…."

차라리 나는 악을 쓰고 있었다. 얼마 동안 그렇게 소리를 질러댔는지 모른다. 얼마나 시간이 지났을까? 길 자매가 고개를 숙이고 눈을 내리깔고 조용히 내 꾸지람을 다 듣고 있는 것이 아닌가! 문득 가엾은 생각이 들었다. 오죽 사랑이 배고프고 그리웠으면 그랬을까 싶었다.

나는 그녀의 생일 파티를 열어 주기 위해 '아름다운땅'으로 내려오면서 하나님께 물었다.

"하나님, 오늘 생일 축하 예배를 위해 어떤 말씀을 주시겠습니까?"

하나님께서 세미한 음성으로 내게 말씀하셨다.

"아들아, 내가 새벽이슬 같은 우물가의 형제자매들을 위해 십자가 위에 죽은 것처럼, 그리고 너를 위해 죽은 것처럼 길 자매를 위해서도 죽었느니라."

갑자기 코끝이 시큰해지면서 눈물이 솟구쳤다. 예배를 드렸다. 본문은 요한복음 3장 16절 말씀이었다. "하나님이 세상을 이처럼 사랑하사 독생자를 주셨으니 이는 저를 믿는 자마다 멸망치 않고 영생을 얻게 하려 하심이니라." 나는 하나님께 들었던 메시지를 전했다. 그 메시지는 모두의 가슴속에 조용하나 파문을 일으켰다. 예배가 끝나자 길 자매가 말했다.

"소란을 피워 죄송합니다. 용서해 주세요."

박수가 터졌다. 축복송이 우리 모두의 가슴 속 깊은 곳에서부터 넘쳐 올라왔다. 우리는 홀에 조용히 커피를 마시기 위해 온 손님들이 있다는 사실도 잊은 채 목청 높여 노래했다.

"아주 먼 옛날 하늘에서는 길 자매 향한 계획 있었죠. 이 세상 그 무엇보다 귀하게 나의 손으로 창조하였노라. 내가 너로 인하여 기뻐하노라.

내가 너를 사랑하노라. 사랑해요. 축복해요. 당신의 마음에 우리의 사랑
을 드려요. …"

3) 가시관을 쓴 태아

드디어 문제가 터지고 말았다. 우리가 태국에 집회를 하러 간 사이에
S가 사고를 치고 만 것이다. 사고의 대략은 이렇다. '아름다운땅'에 온
손님이 잠시 자리를 비운 사이 맡겨 놓은 키를 가지고 나가 차에 시동을
걸고 건물을 향해 돌진한 것이다. 이해할 수 없는 일이 일어난 것이다.
그러나 다행히도 사고는 크지 않았다. 정말 다행한 것은 사람이 다치지
않았다는 것이다. S는 차를 그렇게 망가뜨려 놓고 겁이 나서 가출을 해
버렸다. S는 IQ가 보통 사람보다 조금 떨어졌다.

그녀는 3년 전에 유흥가에 있다가 우물가에 왔었다. 열여섯이었던 그
녀는 3년 동안 많이 성장했다. 키고 훌쩍 컸고 얼굴은 활짝 피었고 한층
여성스러워졌다. 여성 홈 공동체인 '아름다운집'에 함께 살면서 '아름다
운땅'에서 아르바이트를 했다. '아름다운땅'의 조일준 집사는 그녀에게
애니메이션을 배울 수 있는 길을 열고 있었다. 그 분야만은 정상인 이상
의 집중력을 보이기도 했다.

우리가 태국에서 돌아왔을 때는 S가 가출을 해서 사흘 정도가 지나 있
었다. 다행히도 S는 핸드폰을 가지고 있었다. 핸드폰으로 전화를 했더니
S가 받았다. 나는 S를 일단 안심시켜야겠다고 생각하고 되도록 부드럽
게 말했다.

"너 사고를 내서 걱정하는 모양이구나. 걱정하지 마. 차는 이미 다 고
쳐서 주인이 가져갔어. 운전을 무척 해 보고 싶었던 모양이구나. 누구나
그럴 수 있지 뭐. 밖에서 방황하지 말고 어서 들어와. 잠은 어디서 자는

거니?"

"의자에서요."

"의자에서? 춥지 않니?"

"거의 안 자요."

"괜한 고생 말고 어서 들어와. 차 고장 난 것은 우리가 다 처리했으니까 아무 걱정 안 해도 돼. 알았지!"

"예."

그러나 그날 S는 우물가로 돌아오지 않았다. 이틀이 더 지나 수중에 돈이 다 떨어져서야 S는 돌아왔다. 그런데 S를 보고 나는 무척 놀라지 않을 수 없었다. 그녀는 이미 이전의 S가 아니었다. 나는 직감적으로 그녀가 남성을 받아들였다는 생각이 들었다. 얼굴은 진하게 화장을 했고, 입술에는 루즈를 발랐다. 마스카라도 속눈썹도 요염하게 손질했다.

나는 S에게 직선적으로 물었다.

"애인 생겼니?"

"예."

"누구야?"

"오빠예요. 직장 다녀요."

S는 자랑스럽게 말했다.

"어디서 만났니?"

"여의도에서요?"

"어떻게 만났는데."

"제가 앉아 있는데 저한테 와서 예쁘다고 했어요."

"…같이 잤니?"

"아뇨."

"정말?"

"…네."

'너 거짓말하면 안 돼. 사실대로 얘기해!' 그렇게 다그치려다 그만두기로 했다. 어차피 엎질러진 물이 아닌가?

그런데 날이 갈수록 S에 대한 불안감은 자꾸만 커갔다. 그것은 나만의 느낌은 아니었다. '아름다운땅'의 조일준 집사, '아름다운집'의 정성은 간사도 같은 느낌을 말했다. 아, 임신이라도 됐다면 정말 큰일이 아닐 수 없는 것이다.

그로부터 얼마 후 '아름다운집' 리더로부터 전화가 왔다.

"목사님, 아무래도 S가 임신을 한 것 같습니다. 구역질을 합니다."

'올 것이 왔구나.' 하는 생각이 들었다. 나는 담담히 말했다.

"보건소에 가서 검사해 봐."

결과는 역시 예상했던 대로 임신이었다. 도대체 이 문제를 어떻게 해결해야 할 것인지 막막했다. 나는 이 문제를 해결하기 위해 자문을 구했다. 청소년 전문 상담을 하는 집사였다.

그가 말했다.

"해답은 너무나 명백합니다. 낙태를 시켜야 합니다. 산모가 지능이 떨어지는데 아기인들 온전하겠습니까? 본인은 물론이지만 아기도 불행합니다. 만약에 목사님의 딸이라면 어떻게 하겠습니까?"

바로 그 순간, 한 영상이 내 눈앞에 나타났다. 그것은 태아가 가시관을 쓰고 있는 모습이었던 것이다. 내 안에서 뜨거운 것이 솟구쳤다. 그것은 일종의 분노 같은 것이었다.

"똑똑하지 못한 사람은 이 세상에 존재할 가치가 없다는 말입니까? 정신적으로 약한 사람은 아기를 낳을 자격도, 행복해질 자격도 없다는 말입니까? 어떤 것도 생명보다 더 가치 있는 것은 없다고 생각합니다. 생명 앞에 그 어떤 윤리도 자기주장을 내세울 수는 없을 것입니다. 나의 딸이 그렇게 됐다면 답은 너무나 분명합니다. 아기를 낳도록 하겠습니다. 나는 산모의 생명이 위험한 경우가 아니라면 결코 낙태를 찬성 할 수 없습니다."

그렇다. 태아를 보호해야 한다. 태아야말로 가장 약하고 불안한 실존이 아니던가. 편리주의를 추구하는 인간들의 한 순간의 판단에 의해 살기도 하고 죽기도 하는 것이다. 나는 어떻게 하면 S가 좀 더 편안한 분위기 속에서 아기를 낳을 수 있을 것인지 고민하기 시작했다.

2000년 9월 2일 오후 2시, '아름다운땅'.

신부와 신랑이 입장했다. 신랑은 교만하듯 당당했고 신부는 꽃처럼 아름답다. 누군가가 말했다.

"쟤, S 맞아?"

"너무 예쁘다. 저렇게 예쁜 신부는 처음이야. 무척 잘 어울린다. 그렇지? 틀림없이 행복하게 살 거야."

결혼식의 마지막 순서이다. 나는 신랑 신부가 팔짱을 끼게 한 다음 신랑의 한 손에 성경을 들려주었다. 그런 다음 이렇게 말했다.

"신랑이여, 그대는 연약한 사람입니다. 천국에 들어가는 그날까지 성경을 놓아서는 안 됩니다. 신부와 그대는 외로운 사람들입니다. 죽음이 그대들을 갈라놓는 그날까지 신랑의 손을 놓아서는 안 됩니다. 이제 이들 부부가 힘난한 세상을 향해 첫출발을 하고자 합니다. 하나님께서 이들과 동행하실 것입니다. 힘찬 박수로 이들을 격려해 주시기 바랍니다.

신랑 신부 출발!"

4) 채숙이의 결혼식

'삐리릭— 삐리—.'

"저 채숙이에요. 목사님, 저 결혼해용."

혀 꼬부라진 목소리였다. 아마도 술에 취한 것임에 분명하다.

그녀를 안 지도 10년이 되었다. 그녀는 사창가에서 일하던 아가씨였다. 망각의 저편으로 가물가물해져 갈 때면 전화를 해서 자신을 주지시키곤 했다.

그녀가 시집을 간다고 했다. 아직 술도 담배도 끊어 버리지 못한 그녀가 시집을 간다는 것이다.

"그래 축하한다."

말은 그렇게 했지만 내심 불안했다. 그녀가 말했다.

"신랑하고 한번 인사갈게용."

"그래 곧 한번 찾아와."

그녀의 남편 될 사람이 어떤 사람인지 알고 싶었다.

'인내하면서 채숙이를 감싸 줄 수 있는 남자일까? 착한 남자일까? 성실한 남자일까?'

이런저런 생각이 나의 머리를 복잡하게 만들었다. 매춘에 빠졌던 사람들이 탈 매춘하는 가장 확실한 방법은 결혼이며, 아기를 낳는 것이다. 그들의 가장 확실한 치유는 참사랑을 경험하는 것이다. 반면 좋은 남편을 만나지 않으면 산산조각 나고 말 수도 있다. 그러므로 좋은 남자를 만나는 것은 무엇보다도 중요한 것이다.

어느 날 사무실에서 업무를 보고 있는데 그녀가 신랑 될 사람과 함께 찾아왔다. 나는 남자를 본 순간 조리던 마음에 평화가 왔다. 왜냐 하면 매우 믿음직스러워 보였다. 몇 가지 질문을 해 본 결과 성실했고 착했다. 그런 사내라면 맡겨도 좋을 듯싶었다. 나는 그들을 위해 축복 기도를 해 주었다.

그녀가 결혼식을 올리는 날이 되었다. 축의금을 준비해서 주일임에도 불구하고 예식장으로 갔다. 신부 대기실로 가 보았다. 이미 화장을 끝낸 신부가 홀로 초조하게 앉아 있었다. 나는 그녀의 어깨를 두드려 주면서 말했다.

"예쁘구나. 최고의 신부다. 행복하게 살아라."

"네."

그녀가 수줍은 듯 대답했다.

드디어 '신부 입장!'이다. 그녀가 하얀 드레스를 끌며 결혼식장으로 들어섰다. 하객들이 일어서며 박수를 했다. 나는 속으로 기도했다.

'주님 채숙이를 꼭 축복해 주소서. 채숙이의 생애가 오늘처럼 되게 하소서. 무시당하고 손가락질 받는 생애가 아니라 사랑과 박수 받는 생애가 되게 하소서.'

콧잔등이 시큰해지면서 눈물이 흘러내렸다.

크리스마스 때 그녀의 편지를 받았다.

최재하 목사님에게.

목사님을 안 지도 벌써 10년이 넘었네요. 제가 하도 철이 없어서 목사님의 사랑을 잘 몰랐어요. 목사님 말 잘 들었으면 지금쯤 웬만한 미용실 운영하고 있었을 텐데요. 요즘 자꾸 하나님의 말씀이 떠올라요. 그 동안 죄 지은 것들이 저를 두렵게 하고 괴롭힙니다. 성경 구절이 생각날 때마다 제가 얼마나 큰 죄악을 행하였는지 깨닫게 됩니다. 요즘 조금 철이 들었는지 친정

집에도 잘 가고 아버님께 잘 하려고 노력해요. 시댁 식구들에게도요. 하나
님의 법과 부모의 곁을 떠나 방탕한 생활을 죄인지도 모르고 그것을 즐겨
일삼은 저는 참회의 눈물을 흘려요.
새로운 마음으로 하나님 말씀 안에서 거듭나는 삶을 살겠어요. 교회에도 잘
가구요. 결혼식에 와 주신 것을 감사해요. 또한 못 찾아뵌 것이 죄송해요.
목사님 사랑해요~.

나는 주님께 무릎을 꿇고 기도했다.
"주님, 감사합니다. 채숙이를 향한 주님의 은혜를 멈추지 마옵소서. 어
둠과의 싸움에서 승리하는 딸 되게 하소서."

5) 쪽방의 작은 예수

홍 자매에게서 전화가 왔다. 교회 가까운 곳에 있는데 방문을 하고 싶
다고 했다. 어쩐 일인가 싶기도 하고 또 보고 싶기도 했다. 2년 만의 만
남이 아닌가?
우물가선교회 사역 초기부터 나는 그녀를 알았다. 그녀는 소위 유흥
가에서 남성들에게 이리저리 걷어 채이던 여성이었다. 가정은 괜찮은 편
이었으나 신체적인 결함이 있었다. 홍 자매는 그 콤플렉스를 극복해 내
지 못하고 어린 나이에 탈선했다. 그녀는 자기를 인정해 주고 필요로 하
는 사람들에게 마구 몸을 내맡겼다. 그녀는 어느 새 매매춘 여성이 되어
있었을 뿐만 아니라 정서도 형편없이 무너져 있었다. 그녀의 가족들은
홍 자매 하면 고개를 절레절레 흔들 정도였다.
3년 전에 그녀는 한 노총각과 동거에 들어갔다고 연락을 해 왔다. 그
러나 석 달을 못 넘기고 헤어졌다. 남자의 눈이 의안인데 정이 안 가고

밤에는 의안을 보는 것이 너무나 섬뜩하다는 이유였다.

그로부터 얼마 지나지 않아서 그녀는 전화로 나를 불러냈다. 약속 장소로 나가 보니 한 건장한 남자와 함께 앉아 있는 것이었다. 그런데 얼굴을 보니 얼굴에 화상을 입어서 보기가 무척 흉했다. 홍 자매는 자기가 데리고 온 남자를 소개했다.

"제 남편 될 사람이에요."

그가 나에게 인사를 했다. 그는 무척 순진해 보였다. 그는 장롱을 만드는 기술자라고 했다.

홍 자매는 주스를 한 병 건네주면서 주례를 부탁했다. 나는 물론 그렇게 해 주겠노라고 허락을 했다. 그로부터 얼마 후 주례 부탁은 취소되었고 그들은 결혼식을 올리지 않고 대전으로 내려가 동거에 들어갔다. 그로부터 얼마 후에는 음식점을 개업했노라 알려왔다. 나는 홍 자매에게 남편을 잘 섬기고 성실하게 살 것을 부탁하고 기도를 해 주었다.

나는 그녀에게 한번 심방을 가고는 싶었으나 일이 바쁘다는 핑계로 가지를 못하고 있었다. 그런데 바로 그 홍 자매에게서 전화가 걸려온 것이다. 나는 그녀에게 어디냐고 물었더니 이미 사무실 가까이에 와 있다는 것이었다. 그녀에게 사무실로 올라오라고 말하고 전화를 끊었다.

잠시 후에 홍 자매가 사무실로 들어섰다. 그런데 혼자가 아니었다. 처음 보는 남자와 함께였고 그 남자의 품에는 아기가 안기어 있었다. 내가 어리둥절해하자 홍 자매는 재빠르게 그를 남편이라고 소개했다. 그리고 아기도 소개했다. 아기는 무척 귀엽고 사랑스러웠다. 눈은 별처럼 빛나고 있었다.

홍 자매는 주저하거나 부끄러워하지 않고 남편이 옆에 있는데도 대전의 실패에 대해서 말했다. 대전에서 음식점을 하다가 남편과 성격이 안맞아 집을 뛰쳐나왔노라고 했다. 장롱이며 살림살이는 다 놓아두고 백일이 겨우 넘은 아기만을 안고 나왔는데 면목동에서 방황하다 지금의 남편을 만났다는 것이었다. 남편은 고아 출신이며 막노동을 하고 있는데 요즘에는 놀고 있다고 덧붙였다. 이유식을 먹여야 하는데 그럴 만한 돈이 없노라고 말했다.

홍 자매가 이런 말을 하는 동안 남편은 아기가 귀여운 듯 뽀뽀도 하고 어르기도 하고 볼을 비비기도 했다. 자기 자식이 아닌데도 그는 자기 자식 이상으로 예뻐했다. 그 모습이 참 보기 좋았다. 아름다웠다. 그래서 "나는 귀여워요?" 하고 물었더니 그를 대신해서 홍 자매가 말했다.

"나보다 더 예뻐하는 걸요."

그들에게 몇 만 원을 쥐어 주면서 말했다.

"아기에게 우유라도 사 먹여요."

한 달쯤 후에 그녀로부터 또 전화가 왔다. 늦은 밤인데 한번 심방을 와 달라고 했다. 문득 무슨 흉계가 있는 게 아닐까 하는 의심이 들었다. 그녀가 사는 곳은 일종의 슬럼가와 같은 곳이었다. 나는 한번 어떤 자매를 찾으러 그곳에 들어갔다가 곤욕을 치른 적이 있다. 그 후로 조심을 하게 되었다. 그럼에도 불구하고 나는 심방 요청을 거절할 수가 없어서 심방을 가기로 했다. 우물가선교회의 홍 집사가 함께 따라 나섰다.

그들이 나를 맞았다. 그리고는 그들이 살고 있는 곳으로 우리를 안내했다. 길거리에는 아주머니들이 나와서 호객 행위를 하고 있었다. 우리는 좁은 골목을 지나 그들이 사는 쪽방으로 들어갔다. 그것은 방이라고 할 수도 없었다. 방은 그야말로 손바닥만 했고 선반에는 피난민들의 짐을 연상하게 하는 보따리들이 수북하게 쌓여 있었다. 방바닥에는 조그만 텔레비전과 그 위에는 먼지가 앉은 화장품들이 한두 개 눈에 들어왔다. 방바닥에는 밥그릇들이 늘어놓아져 있었다. 방바닥은 차가웠다. 그러나 아기는 마냥 행복한 듯 두 눈을 말똥말똥 뜨고 있었다.

나는 그들과 함께 예배를 드렸다. 성경 말씀은 예수님의 탄생 기사를 읽었다. 예수님께서 탄생한 마구간이 꼭 이와 같은지도 모르겠다는 생각이 들었다. 나는 문득 이들에게 희망이 있다는 생각이 들었다. 그 희망은 바로 아기였다. 나는 이렇게 설교했다.

"베들레헴은 작은 고을에 불과하다. 그러나 성경은 또 '유대 땅 베들레헴아 너는 유대 고을 중에 가장 작지 아니하도다'고 기록하고 있다. 베들레헴이 작지 않은 것은 예수님께서 태어난 마을이기 때문이다. 마구간이 누추하거나 비천하지 않은 것은 예수님이 태어나신 요람이기 때문이다. 이 가정에도 예수님께서 함께하시는 한 결코 비참하거나 작지 않을 것이다."

예배가 끝났다. 그들은 내게 콜라를 대접하겠다고 했다. 그러나 나는 금식 중이었다. 물 한 잔을 놓고 이런 저런 이야기를 주고받았다. 이야기가 한창 무르익어 갈 무렵 홍 자매는 내게 돈을 꾸어달라고 말했다. 얼마 있지 않으면 친정어머니가 돈을 부쳐 준다고 약속했다는 것이다. '홍 자매가 이 말을 하기 위해서 이 밤에 나에게 심방을 요청했던 것이구나.' 하는 생각이 들었다. 기분은 좀 상했다. 나는 무엇이 옳은가를 생각했다. 돈을 꾸어 주는 것도 옳은 것 같고 꾸어 주지 않는 것도 옳은 것 같았다. 그때 아기가 방긋 웃었다.

그 순간 아기의 얼굴 위로 황금과 유향과 몰약을 들고 절을 올리는 동방박사가 떠올랐다. 더 이상 무엇인가를 망설일 것인가? 나는 그들에게 돈을 내어 주며 이렇게 기도했다.

"주님, 이 아기가 누추한 곳에 누워 있습니다. 그러나 이 세상을 밝히는 등불이 되게 하소서. 작은 그리스도가 되어 이 아이가 가는 곳마다 절망과 어둠이 떠나가게 하소서!"

6) 죄송해요, 미안해요

예수님은 수가 성 여인에 물을 달라고 요청했다. 여인은 놀라서 이렇게 묻는다.

"당신은 유대인으로서 어찌하여 사마리아 여자인 내게 물을 달라고 하나이까?"

당시의 문화적 배경은 유대인이 사마리아 사람과는 상종치 않았을 뿐만 아니라 그들과 접촉하는 일은 있을 수 없는 일이었다. 유대인들은 사마리아 사람들이 사용한 그릇이나 물건은 깨뜨리거나 소각하는 것이 상식이었다. 더군다나 이 사람은 여자가 아닌가.

왜 예수님은 사마리아 여인에게 파격적인 요청을 한 것인가? 인생의 힘들게 살아가는 이 여인을 사랑하였기 때문이다.

사랑은 주는 것만을 의미하지 않는다. 받기는 거절하고 주는 것만을 의미한다면 그것은 사랑이 아니라 지배이며 폭력이다. 하나님은 우리에게 베푸는 것이 다가 아니다. 우리를 필요로 한다. 우리의 사랑을 필요로 하고 우리의 헌신을 필요로 하고 우리의 찬양을 필요로 한다. 우리도 하나님이 안 계시면 못살지만 우리보다 훨씬 하나님은 우리가 없으면 못사신다. 그래서 예수님이 죽으신 것이다. 참된 사랑은 나 역시 그대를 필요로 하는 존재라는 것을 솔직히 고백하는 것이다.

목회자로서 나는 섬기고 사랑하는 일에 여러 번 실수가 있었다는 것을 고백하지 않을 수 없다. 누군가를 이해하지 못하면 섬김이나 사랑이 오히려 상처를 줄 수도 있는 것이다.

우물가선교회를 처음 시작했을 때 내 주변에는 마담들이 퍽 많았었다. 하루는 마담 중 한 분과 대화를 나누게 되었다. 나이가 꽤 많은 분이었는데 과부였다. 그녀는 마담 생활을 하면서 남매의 뒷바라지를 하고 있었다. 대화가 한창 무르익어 가고 있을 때 그녀가 이런 말을 했다.

"하나님은 고아와 과부 편이시다. 고아와 과부를 편애하신다."

나는 그분의 이야기를 가만히 듣고 있다가 말을 가로막고 나섰다.

"그렇지 않습니다. 하나님은 공의의 하나님이십니다. 누구나 똑같이 사랑하십니다. 결코 누구를 더 사랑하고 누구를 덜 사랑하지 않습니다."

나는 자신만만하게 전문적인 용어도 좀 섞어 가면서 말했다. 한참 나를 바라보던 그녀는 뼈에 박히는 말 한 마디를 했다.

"목사님, 과부에게 한번 져 주시면 안 돼요?"

한번은 한 성도가 나를 보자 반갑게 달려와서 봉투를 내밀었다. 엉겁결에 받았다가 후에 속에 들은 것을 꺼내 보니 10만 원 권 수표가 들어 있었다. 사랑의교회에서는 개인적으로 성도들에게 돈을 받는 것을 금하는 분위기였고 또 그분의 힘든 환경을 잘 알고 있어서 부담이 되었다.

그녀는 가장으로서 가정 경제의 책임자였다. 그야말로 생존을 위해 쉰을 넘긴 여성 가장으로서 험한 일을 하지 않으면 안 되는 환경이었다.

그러나 기왕 받은 것이니 돌려주고 싶었지만 어쩔 수가 없었다.

그로부터 얼마 후 길에서 또 그분을 만났는데 지갑을 열더니 이번에도 10만 원 권 수표를 꺼내 내게 건네는 것이었다. 나는 거절했다. 완강히 거절했다. 그 성도는 계속 주려고 하고 나는 거절하고 잠시 실랑이가 벌어졌다.

결국 내가 이겼다. 나는 당연히 그래야 된다고 생각했다. 그것이 깨끗한 목회자가 되는 길이며 그분을 위한 길이라고 생각했던 것이다.

그런데 그게 아니었다. 그 성도님은 무척 당황하는 표정이 되었다. 그녀는 상처를 받은 것 같았다. 나는 돈을 거절한 것이었지만 그분은 자신이 거절당하는 기분을 느꼈는지도 모른다. 아니면 그분의 직업이 좀 그런 것이었는데 '건전한 직업을 통해 번 것이 아니라서 그러는구나?' 하는 자괴감을 느꼈는지도 모른다.

이 사건으로 나는 얼마나 오랫동안 그 귀한 성도님과 어색한 시간을 보내야 했는지 모른다. 죄송해요.

유 집사를 생각하면 아직도 안타깝다. 마음이 아프고 내 자신이 미워지기까지 한다. 유 집사는 육적으로나 정신적으로 허약했다. 그러나 노래를 참 잘 불렀다. 기타를 잘 쳤고 섬세한 목소리를 가지고 있었다. 그녀는 처음에는 우물가에서 상담을 받다가 우물가 찬양 팀의 일원으로 들어오게 되었다.

나는 유 집사가 연약한 사람이기 때문에 특별히 보호가 더 많아 필요하다고 생각했다. 뿐만 아니라 직장이 변변하지 않았기 때문에 '아름다운땅'에서 일을 하게 했고 집도 없어서 '아름다운집'에 들어와 살 수 있도록 배려했다.

그런데 이러한 배려가 문제를 일으켰다. 유 집사는 나를 믿고 의지하는 것을 넘어서서 이성적인 감정을 품게 되었다. 그것을 알게 되자 나는 당황했고 아침마다 아내와 함께 그 문제가 하나님의 손에 의해 처리되도록 기도했다.

하루는 그녀를 불러서 그러한 감정은 사악한 마귀의 짓인 것을 알려주었고 하나님께 도움을 구하도록 촉구했다. 그럼에도 불구하고 그녀는 자신의 감정을 자제하지 못했고 심지어 아내가 있을 때조차 이해할 수 없는 행동을 취하곤 했다.

그러는 사이 언제부턴가 이상한 소문이 떠돌기 시작했다. 유 집사와 내가 성 관계를 가졌다는 소문이었다. 더 이상 덮어 두어서는 안 되겠다는 판단이 들었다. 진화에 나기로 했다. 일단 그러한 소문은 퍼져나가면 급속히 번질 것이고 사실의 진위에 관계없이 파괴력은 치명적일 것이다.

그런데 고민이 되는 것은 장본인인 유 집사가 그것이 드러났을 경우 이겨낼 수 있을까 하는 것이었다. 그녀가 자신을 용납하고 이해하는 공동체를 떠나게 되면 어떻게 될 것인가 하는 염려도 되었다. 그 문제를 놓고 고민하고 고민했으나 묘수가 떠오르지 않았다.

그러나 결국 나는 그 소문을 공개적으로 드러냈다.

그 일이 있은 지 얼마 후에 유 집사가 나에게 면담을 요청했다. '아름다운땅' 을 그만 두고 우물가를 떠나겠다고 말했다. 나는 그녀를 말리지 못했다. 다시는 비열한 구설수에 휘말리고 싶지 않았다.

그녀가 우물가를 떠나고 나는 홀가분해졌다. 그러나 예상했던 대로 그녀는 급속히 무너졌다. 누가 자기를 감시하고 있다며 집 안에 있는 가전제품이란 제품은 다 깨트리고 앰뷸런스에 강제로 태워져서 결국에는 정신병원으로 실려 갔다는 이야기를 들었다.

그녀를 생각하면 지금도 마음이 아프다. 지금이라도 심방을 가고 싶다. 그러나 그것이 그녀를 진정 돕는 길인가 싶어 그만두기로 한다. 하나님께 기도할 뿐이다.

"주여 당신이 맡기신 연약한 한 영혼을 잘 돌보지 못했음을 용서하여 주옵소서."

"유대인들에게는 내가 유대인과 같이 된 것은 유대인들을 얻고자 함이요 율법 아래 있는 자들에게는 내가 율법 아래 있지 아니하나 율법 아래 있는 자같이 된 것은 율법 아래 있는 자들을 얻고자 함이요 율법 없는 자에게는 내가 하나님께는 율법 없는 자가 아니요 도리어 그리스도의 율법 아래 있는 자나 율법 없는 자와 같이 된 것은 율법 없는 자들을 얻고자 함이라 약한 자들에게는 내가 약한 자와 같이 된 것은 약한 자들을 얻고자 함이요 여러 사람에게 내가 여러 모양이 된 것은 아무쪼록 몇몇 사람들을 구원코자 함이니"(고전 9:20-22)

7) 거인과 아이들

주일이었다. 날씨는 화창했다. 뉴욕을 방문한 흑인이 예배를 드리기 위해 숙소 가까운 곳에 있는 아담하고 예쁜 한 교회를 찾아갔다. 그런데 그는 교회 정문에서 제지를 당했다. 이유인즉 흑인이기 때문이라는 것이다. 그 교회는 백인들의 교회여서 흑인과는 함께 예배를 드릴 수 없다는 이야기였다. 그는 자신이 처한 여러 사정들을 이야기하면서 들여보내 달라고 애원을 했지만 "쾅!" 하고 닫힌 문은 다시 열리지 않았다. 아마도 그 흑인은 절망과 슬픔으로 교회 정문 계단에 앉아 오래 울고 있었던 듯하다. 누군가가 흑인 곁으로 다가왔다. 그는 울고 있는 그 흑인에게 물었다.

"당신은 왜 여기에서 울고 있소?"

흑인이 말했다.

"내 피부가 검다고 들여보내 주질 않습니다."

그가 말했다.

"너무 슬퍼하지 마시오. 나도 이렇게 들어가지 못했지 않소."

흑인은 고개를 들어 그를 바라보았다. 그의 얼굴은 슬픔으로 얼룩져 있었으나 한없이 자비롭고 온유하며 겸손했다. 그는 예수 그리스도였다.

이 이야기가 실화인지 아니면 꾸며낸 이야기인지는 잘 모르겠다. 그러나 그 내용이 시사하는 바는 너무나 의미심장하다. 예수님은 왕궁에서 비단옷을 입기보다는 마구간에서 태어나셨다. 머리 둘 곳조차 평생 마련하지 못하였고 병자와 죄인들과 함께 머무셨다. 뉴욕의 세련되고 웅장한 찬양대에 머무시기보다는 한 흑인의 눈물 가운데 머물기를 원하셨던 모양이다. 그분은 이 땅에서도 당당하게 어깨를 쭉 편 기득권자들보다는 소외되고 비천한 한 영혼과 함께 머물기를 더 원하시지 않을까?

일에 대한 효율성을 생각하다 보면 종종 사람을 가볍게 취급하는 실수에 빠진다.

나는 민이를 상담실로 불렀다. 나는 그녀가 마음에 들지 않았다. 한번 눈에 벗어나기 시작하면 걷잡을 수 없는 것이 인간관계인지도 모른다. 언제부터인가 그녀의 모든 행동거지가 눈에 거슬렸다. 건강한 몸을 가지고도 직장을 갖지 않고 빈둥대는 것이며 무례한 언동, 또 마음씨 좋은 집사에게 손을 벌린다는 소문도 한두 차례 들려왔다. 얼마 전에는 고삐 풀린 망아지처럼 안하무인인 그녀의 고삐를 쥘 적절한 찬스를 잡아 사무실로 불러들였으나 바쁘다며 달아나 버리는 것이 아닌가. 그렇다면 금족령 외에 달리 방법이 없다는 생각이 들었다.

민이가 상담실로 들어왔다. 그녀가 앉자 호흡을 가다듬고 나서 나는 선고했다.

"너 다시는 쓸데없이 사무실에 나타나지 마!"

그녀의 표정이 굳고 차갑게 돌변했다.

"목사님이 하나님이세요? 교회가 뭐 목사님의 개인 집이에요? 나를 오라 가라 할 자격이 어디 있어요?"

"이 선교회의 리더는 나다. 나는 하나님께서 우물가를 이끌어 가는 책임을 주셨다고 믿는다."

"좋아요. 나를 쫓아내시는 이유가 뭐죠?"

나는 궁색한 변명을 해야 했다.

"네가 아는 것처럼 사무실은 일을 하는 곳이다. 네가 쓸데없이 사무실에 와서 잡담이나 하고 컴퓨터 가지고 게임이나 하는 그런 곳이 아니야."

나를 빤히 올려다보던 그녀가 정면으로 도전해 들어왔다.

"그게 전부예요?"

"…좋아. 말할게. 너는 우물가에 별 도움이 안 될 뿐만 아니라 솔직히 말해서 나는 너를 감당할 수가 없어."

그녀가 나의 말을 알아들은 것 같았다. 노여움과 슬픔으로 굵은 눈물이 뚝뚝 떨어졌다. 눈물을 보자 가슴이 싸알하게 아려왔다. 나는 마음이 약해지지 않기 위해 마음을 여미었다.

"…솔직히 말해 줘서 고맙군요. 다시는 오지 않겠어요. 영원히 오지 않겠어요. 죽을 때까지 목사님을 용서하지 않겠어요."

"미안하다. 이렇게밖에는 결정할 수 없는 것이 나의 한계이다. 이해해 다오."

그녀는 우물가선교회 문을 쾅 닫고 나갔다. 그녀가 나타나지 않자 내 마음은 가을 호수처럼 시원하고 편했다. 그러나 그것은 잠깐일 뿐 나의 마음이 답답하고 눌리는 것을 느끼기 시작했다. 뭔가 잘못됐다는 생각이 들었다. 그것은 내 영적 경험에 의하면 하나님과 바른 관계에 있지 못하다는 징조였다. 그러나 나는 무엇이 잘못됐는지 깨닫지 못했다. 나는 경건의 연습이 부족한가 해서 기도와 말씀의 시간을 대폭 늘렸으나 답답하기는 여전했다. 나는 하나님께 뭐가 잘못되었는지 물었다. 그러나 하나님은 얼른 답을 주지 않았다.

어느 한가한 월요일 오후, 나는 거실 소파에 앉아 딸아이의 동화책을 펼치게 되었는데 오스카 와일드의 동화 「거인과 아이들」이 눈에 들어왔다. 읽어 보니 그것은 초등학교 2학년 때인가 국어 교과서에서 읽었던 동화였다.

옛날, 한 거인이 살고 있었다. 거인의 집에는 아주 넓은 뜰이 있었고 뜰에는 갖가지 나무와 꽃들이 활짝 피어 있었다. 어느 날 거인이 친구 집에 놀러 갔다 와 보니 마을 아이들이 뜰에 들어와 뛰어놀고 있는 것이 아닌가?

거인은 아이들을 모두 쫓아 버렸다. 그리고는 아이들이 들어오지 못하도록 울타리를 만들었다. 겨울이 가고 봄이 왔다. 그런데 거인의 집에는 이상한 일이 벌어졌다. 봄이 오질 않는 것이었다. 겨울만이 계속되었다. 눈은 휘날리고 겨울바람은 휘몰아쳤다. 그러던 어느 날 울타리의 작은 구멍을 통해 아이들이 거인의 뜰로 기어들어갔다. 아이들이 나무로 기어오르자 나무들은 잎이 돋고 꽃을 피웠다. 새들은 날아와 노래를 부르기 시작했다. 창 밖을 바라보던 거인은 자기 집에 봄이 온 것을 발견하고 뜰로 나갔다.

아이가 오르지 못한 그 나무는 아직 눈에 덮여 있었다. 거인은 그 아이를 번쩍 들어 나뭇가지에 올려주었다. 그러자 나무는 기다렸다는 듯이 꽃을 활짝 피우는 것이 아닌가? 거인은 아이들이 마음껏 뛰어놀도록 울타리를 모두 부숴 버렸다.

민이를 몰아낸 내 마음속에 겨울이 시작되고 있다는 생각이 들었다. 어쩌면 나는 거인이고 민이는 울타리 밖으로 쫓겨난 아이일지도 모른다는 생각이 들었다. 아니면 적어도 눈이 덮인 나무 아래서 울고 있는 키 작은 꼬마일지도 모른다는 생각이 들었다.

문득 내 머릿속에 성경 한 구절이 떠올랐다.

"어느 때나 하나님을 본 사람이 없으되 만일 우리가 서로 사랑하면 하나님이 우리 안에 거하시고 그의 사랑이 우리 안에 온전히 이루느니라" (요일 4:12)

사랑이 있는 곳에 하나님은 찾아가 거하시고 그곳에 사랑을 완성하신

다는 말씀이었던 것이다. "사랑이 있는 곳에 신이 있다." 피자스트의 말
도 떠올랐다. 죽어 가는 행려병자들을 가리키며 "저들은 변장한 예수 그
리스도입니다."라고 말했다는 캘커타의 수녀 마더 테레사에 대한 글도
떠올랐다.

나는 울타리를 부숴 버리기로 마음먹었다.

민이에게 전화를 걸었다.

"너 그래 우물가에 오지 말라고 정말 안 오는 거니? 너에게 너무 못되
게 군 것 같아 미안하구나. 나를 용서해 주겠니?"

그렇게 말하기는 힘이 들었고 또 계면쩍고 어색했다. 민이가 웃으면서
(그렇다고 생각이 되었다) 말했다. "그거 보세요. 목사님, 하나님은 제 편
이시잖아요."

그 말은 맞았다. 하나님 확실히 민이 편이셨다. 아니 모든 약한 자의
편이셨다. 강하고 힘 있는 자로 하여금 자신을 허물고 깨뜨려 사랑의 밀
알이 되기를 원하시는 것이다. 민이의 음성은 거룩한 하나님의 음성이
되어 내 가슴을 때렸다.

그리고 며칠 후 나는 민이와 저녁식사를 함께 했다. 메뉴는 콩비지찌
개, 그날 콩비지찌개는 어린 시절 어머니가 김치를 숭숭 썰어 넣고 화롯
불 위에 올려놓아 보글보글 끓여 주시던 그것만큼이나 맛이 기가 막혔
다. 민이에게 사랑을 전한다.

낮은 곳으로 가라

-최재하

주님은 내게 말씀하셨네
나의 종아

낮은 곳으로 가라.

나는 주님께 대답했네
그건 곤란해요 주님
아끼는 자동차도 버려야 하고
33평 아파트도 포기해야 하고요
좋은 교우들과도 더 이상 어울릴 수도 없게 된다구요.

주님은 또 말씀하셨네
사랑하는 종아
너는 나의 종이니
낮은 곳으로 내려가라.

나는 주님께 대답했네
그곳엔 이해하기 힘든 사람들이 살아요
그들과 함께 사는 것이
얼마나 힘든지
얼마나 답답한 일인지
주님은 모르신 단 말예요?

주님은 또 내게 말씀하셨네
나의 사랑하는 종아
더 낮은 곳으로 내려가라.

나는 주님께 소리쳤네

못해요 주님!
내가 고생하는 것은 좋지만
나의 아내
나의 아이들을 고생시킬 순 없다구요.

온유하고 겸손하게
나를 건너다보시던 주님은 이렇게 말씀하셨네
종아 나의 사랑하는 종아
두려워 마라
내 이름은 임마누엘이니
어서 오라
이 낮은 이곳으로.

3장 아름다운 동역자

1) 민석이를 장가보내 주세요

뼛속으로 병균이 침투했다. 뼈가 오그라들고 고열로 온몸이 끓기 시작했다. 의학으로써 고치는 것은 고사하고 진전되는 것을 막을 수도 없다는 결론을 내렸다. 의사가 포기하자 이상한 사람들이 몰려들어 마귀를 내쫓는다고 야단법석을 떨었다. 민석은 자기의 현실을 받아들일 수도 없었고 마귀를 내쫓는다며 손뼉을 치고 안수를 하는 그들로부터 등을 돌렸다. 그는 점점 세상과 사람들에게 담을 쌓았다. 그러던 어느 날 조용한 전도자가 나타났다. 그는 큰 소리 내지 않으면서도 예수님에 대한 갈증을 충분히 일으키게 하는 사람이었다. 민석이는 마침내 그에게 구원에 대해 묻게 되었고 주님을 영접하게 되었다.

내가 민석을 만난 것은 십이 년 전이다. 벌써 세월이 그렇게 흘렀다. 그러고 보니까 지금 민석의 나이는 서른여섯이 되었다. 내가 조그만 개척교회 교육 전도사로 부임했을 당시 그는 주일학교 교사였다. 그는 환자였다. 그는 전신관절염을 앓고 있었는데 균이 뼛속으로 침투해서 고통을 주었을 뿐만 아니라 체형까지 무너뜨리고 있었다. 그래서 걷는 모습을 보면 마치 거위가 걷는 것 같은 느낌이 들었다.

그에게는 사람을 흡입하는 매력 같은 것이 있었다. 주일학교 아이들이 그를 무척 좋아했고(그때 주일학교에서 가르친 아이들이 성인이 다 된 지금도 그를 찾아오고 있다.) 예쁜 여선생님은 그를 사랑했다. 그녀는 백치미가 있는 여성이었는데 다소 비현실적인 데가 있기는 했지만 상당한 미인이었다. 그녀가 얼마나 미인이었는가 하면, 또 얼마나 매력적이었는가 하면(이건 고백하기 매우 힘든 사실이지만 고백한다.) 그녀를 몇 번 본 후에 나 역시 사랑에 빠지고 말았던 것이다.

그러나 민석이가 그녀를 사랑하고 있었고, 그녀도 민석이를 사랑하고 있었기 때문에 내 감정을 더 이상 진전시킨다는 것은 죄악처럼 여겨졌다. 더군다나 나는 전도사가 아닌가? 무엇보다 목회자적인 양심과 자존심이 민석이가 사랑하는 그녀를 나로 하여금 사랑하도록 내버려두지 않았다. 민석은 그녀를 매우 사랑하게 되었다. 그녀는 민석에게 희망이 되었고 기쁨이었고 삶의 의미가 되었다.

그런데 사랑에 빠진 민석은 차츰 교회생활을 게을리하게 되었다. 그는 그녀에게 어울리는 반듯한 자격을 갖추기 위해 검정고시를 공부하기 시작했다. 그는 좀 무리했던 것 같다. 아니 표면적으로는 그런 이유였는지 모르겠으나 그 내면에는 아마도 하나님의 큰 계획이 담겨 있었던 듯하다. 그는 자리에 눕고 말았다. 10여 년을 누워 있던 그 침상으로 2년 만에 다시 되돌아간 것이다. 날마다 고열이 오르는가 하면 방안에서 겨우 움직일 수 있는 정도가 된 것이다. 그렇게 되니 바깥출입도 곤란하게 되고 교회도 다닐 수 없게 되었다. 거기다 민석의 전부나 다름없던 그녀가 그의 곁을 떠났다. 자세한 이유는 모르지만 마음 아프게도 민석이 혼자 침상에 남겨지고 말았다. 그 후 세월이 지나 나는 그를 가끔 생각했을 뿐 잊고 지내고 있었는데 어떻게 알아냈는지 이사 간 집으로 전화가 왔던 것이다.

그때 마침 나는 우물가선교회를 책임 맡게 되었다. 선교회를 담당하면서 가장 큰 문제는 찬양이었다. 나는 자타가 공인하는 음치였다. 학교 성적을 보면 유일하게 음악만이 '미' 혹은 '양'인데 실기 때문이었다. 그러나 목회를 하는 데 찬양은 빼놓을 수 없는 요소가 아닌가?

나는 찬양 팀을 구성하기로 했다. 생각만 했는데도 자연스럽게 찬양 팀 멤버들이 모여들었다. 나는 민석이를 이 팀에 끌어들이기로 작정했다. 나는 민석에게 길바닥에 쓰러지는 한이 있더라도 우물가선교회로 나오라고 명령했다. 그는 순종했다. 그는 땀을 뻘뻘 흘리며 목발을 짚고 나타났다. 집에서 택시를 타고 교회까지 나오고 3층 우물가선교회 사무실로 올라오기까지는 한 계단을 올라오고 쉬고 또 한 계단을 올라오고 쉬고 하면서 사무실로 들어섰던 것이다.

처음 찬양 팀이 구성되었을 때 마땅한 인도자가 눈에 들어오지 않았다. 성악을 전공한 사람이 있기는 했지만 힘이 달리는 여성이었고, 남성이라고는 기타를 치는 전직 룸살롱 악사 출신의 집사 한 사람과 색소폰을 부는 정신분열증을 앓고 있는 형제, 그리고 민석이가 전부였는데 모두 다 인도자가 될 수준이 아니라고 판단되었다. 그래서 나는 하나님께 찬양 인도자를 보내 달라고 기도했다. 참 많이 기도했다. 혼자서만 기도한 것이 아니라 찬양 팀에서도 기도하고 우물가 전체 기도회에서도 기도하고 부르짖었다. 나는 기도만 한 것이 아니라 외부에서 몇몇 사람을 만나 보기도 했다. 그러나 하나님의 허락이 떨어지지를 않는 것이었다. 어떻게 된 일인지 하나님은 아무 말씀도 하지 않으시는 것이었다. 하는 수 없이 민석이를 찬양 인도자로 세웠다. 그는 음악을 좋아하고는 있었지만 실력이 부족했고 리더십도 부족했다. 가장 부족했던 것은 편견과 자아가 강했던 것이다. 그러나 하나님은 자비하셔서 결국은 그를 무너뜨리셨고 찬양 인도자로서 기름을 부어 주셨다. 물론 이런 은혜를 받는 데는 해산하는 고통이 따랐다. 때로는 주로 여성들인 찬양 멤버들의 구설수와 반란이 있었고 심지어는 내가 안식년을 쉬는 동안에는 찬양 팀이 와해되기도 했다. 그러나 문제가 생길 때면 나는 언제나 한 사람 리더를 중심으로 일을 처리한다. 이것은 내 사역의 철학이다. 사람은 금방 만들어지는 것이 아니다. 그러기 때문에 끝까지 인내하고 기다려야 한다고 나는 생각한다. 홍해 바다를 가르고 반석에서 물을 내는 것은 순간에 되는 일이지만 모세가 훈련되는 데는 40년이 걸렸다. 다만 나는 기다릴 뿐, 기도하고 기다리다 보면 하나님이 그를 간섭하여 청아하게 빚어진 인간 청자 하나를 보게 되는 것이다.

우물가선교회 드라마 전도단은 집회를 자주 한다. 토요일마다 열린 집회(오후 다섯 시, '아름다운땅'에서)를 가지기도 하지만 외부 집회도 잦다. 지금 민석이는 이런 잦은 사역을 문제없이 감당하고 있다. 문제없이 감당하는 정도가 아니라 훌륭하고 능력 있게 감당하고 있다.

그가 찬양을 인도할 때는 하나님의 기름 부으심이 특별하다. 아마 그런 것을 두고 은사라고 하는지도 모른다.

어제는 일원동교회에서 중고등부 전도 집회를 인도했다. 80명 이상이 주님을 믿기로 영접했다. 놀라운 일이었다. 집회를 끝내고 친교실에서 떡볶이와 수박과 콜라를 먹는데, 초청한 교회 성도들 사이에서 아주 자연스럽게 민석에 대한 이야기가 나왔다. 찬양이 너무나 은혜로웠다고 한다. 장애를 가지고 있으면서도 기쁨에 넘쳐 하나님을 찬양하는 것이 더욱 은혜가 되었다고 한다. 그에 대한 칭찬은 나를 여간 기쁘게 하는 것이 아니다. 곁에 있던 중보기도 스태프장인 지영 자매가 입을 열었다.

"민석 형제처럼 쓸모없는 자를 발견해서 유능한 일꾼으로 길러내는 것은 목사님의 은사예요."

그것은 과분한 평가였다. 그러나 나는 그런 사람이 되고 싶어서 진심으로 "아멘!" 했다.

"저도 형편없었는데, 목사님을 만나 이렇게 쓰임 받고 있어요. 감사드려요."

나는 그녀를 보고 씩 웃었다.

'그래, 내가 아는 하나님은 그런 분이지. 아무리 나무토막 같은 자라도 올바르게 드려지기만 하면 그를 들어 기적을 낳는 종으로 만들어 가시는 분이지.'

나는 나와 함께 사역하는 형제들이 마침내 사탄을 공포로 떨게 만들고 지옥문을 뒤흔들어 놓고 물이 바다를 덮음같이 예수 그리스도의 이름을 가지고 아시아와 세계를 뒤흔드는 복음 전도자들이 되기를 소원한다.

앞으로 나는 만나는 사람들에게 자랑스럽게 내 아우 민석에 대해서 이렇게 자랑하리라.

"민석이는 하나님이 살아 계신다는 증거입니다."

나는 기적의 하나님께 또 이렇게 기도하리라.

"하나님, 내 아우 민석이를 장가보내 주세요!"

이 글은 1996년도 8월호 《낮은울타리》에 연재했던 칼럼이다. "하나님 내 아우 민석이를 장가 보내 주세요."라고 기도했던 나의 기도는 현실적으로는 응답되지 않았다. 영원히 이루어질 수 없게 된 것이다.

1996년 12월 28일, 우리는 우물가선교회 송년의 밤을 가졌다. 우물가 송년의 밤은 좀 특별한데가 있다. 그날은 일종의 홈커밍데이(home coming day)가 되는 것이다. 우물가선교회와 관련된 모든 사람들이 모여 한 해 동안 역사하시고 축복하신 하나님을 찬양하고 감사하는 예배인 것이다. 그날은 동역자도 만나고 헤어졌던 이산 가족도 만나는 것이다.

그날도 민석이는 찬양을 인도했다. 민석의 찬양은 능력이 있었다. 구부러진 손, 뒤틀린 다리, 땀을 뻘뻘 흘리면서 찬양을 부를 때 사람들은 민석이를 보면서 용기를 얻었고 치유를 받았고 헌신했다. 예배가 끝나면 자주 사람들이 내 방으로 얼굴이 눈물이 범벅이 되어 들어오곤 했다. 대화를 나누다 보면 찬양하는 시간에 큰 은혜를 받은 것이다.

그가 1996년에 들어서 찬양을 인도할 때마다 자주 부르던 노래가 있다. 돌이켜 생각하면 그가 이 노래를 이토록 즐겨 불렀던 이유를 이미 그의 영혼은 알고 있었던 것이 아닐까?

하나님께로 더 가까이 갑니다
고통 가운데 계신 주님
변함없는 주님의 크신 사랑
영원히 주님만을 섬기리

이 노래를 부를 때 그는 성령에 사로잡히곤 했다. 은혜가 강물처럼 흘러서는 회중을 압도했다. 그날도 그는 훌륭하게 찬양을 인도했다. 모두 하나님의 은혜에 흠뻑 젖었다. 나는 그가 찬양하는 모습을 보면서 새해에는 새 양복을 하나 선물해 주어야겠다고 마음먹었다.

그 다음 날은 주일이었다. 아침 7시에 드리는 1부 예배를 드리고 일찍 사무실로 올라가 보니 민석이가 거기에 앉아 있는 것이 아닌가?

나는 화가 났다.

"너 어제 집에 또 안 들어갔구나!"

"지체들하고 이야기 좀 하느라고요."

안색이 안 좋아 보였다.

나는 소리를 냅다 질렀다.

"그렇게 건강을 안 돌보려면 사역이고 뭐고 다 집어치워!"

나보다도 민석이는 사람들의 고통을 이해했다. 아니 이해하는 정도가 아니라 그 고통을 나누어 갖는 사람이었다. 기쁨은 나누면 배가 되고 슬픔은 나누면 반이 된다고 했던가! 그는 그런 사람이었다. 그러다 보니 힘든 사람들과 밤을 새우는 것이 예사였다. 우물가의 형제자매들은 자신을 감싸고 끌어안는 민석이에게 자신의 심정을 다 털어놓았다. 게다가 그의 장애는 상담자로서 좋은 조건이 되었다. 그러니 무리를 하는 일이 종종 있었고 무리를 하고 나면 일년에 한두 번씩식은 1주일씩 꼼짝 못 하고 앓아눕는 일이 생겼다. 그래서 늘 민석이의 건강이 조심스러웠다.

"죄송해요. 목사님!"

"얼른 집에 들어가! 택시비 있니?"

"돈 있어요."

택시비를 손에 쥐어 주려고 했지만 한사코 사양했다.

3부까지 예배 안내를 하고 다시 사무실로 올라오니 민석이가 몸이 너무 안 좋아 우물가의 승합차를 타고 집으로 갔다고 오 간사가 전해 주는 것이었다. 민석에게 전화를 걸어 좀 어떠냐고 안부를 물으니 괜찮다고 며칠 지나면 나을 거라고 대답했다. 나는 늘 그래 왔던 것처럼 며칠 지나면 거뜬히 털고 일어나겠거니 생각했다.

그해 12월 31일은 교회에서 송구영신 예배를 드리고 청계산으로 모여 새해를 사역하기 위해 성령의 기름 부으심을 받는 산상기도회를 갖기로 계획되어 있었다. 밤 12시가 되어 우리 모두는 청계산으로 모였다. 우물가선교회를 놓고 기도하고 경제 위기를 맞은 나라와 민족을 놓고 기도하고 또 한 사람 한 사람을 놓고 기도했다. 새벽 아침 동이 터오도록 기도했다.

그런데 무엇인가 이상했다. 뭐라고 표현할 수 없는, 나로서는 처음 경험해 보는 희한한 느낌이었다. 무슨 일이 일어나고 있는 것은 분명한데 나는 그것이 무엇인지 감도 잡을 수 없었다.

아침이 되어 집으로 돌아왔다. 밤을 꼬박 새웠기 때문에 나와 아내는 깊은 잠에 떨어졌다.

누군가가 초인종을 눌러댔다. 아파트 경비 아저씨였다.

"아무리 전화를 해도 안 된다고 이걸 전해 달라는군요."

그가 건네준 쪽지에는 이렇게 적혀 있었다.

"이민석 찬양 인도자님 소천. 1월 1일 새벽."

도대체 이게 무슨 내용이란 말인가? 처음으로 내게 든 생각은 '누가 장난을 치는 것인가?' 하는 것이었다. 그러나 다음 순간 청계산에서 느꼈던 그 느낌이 바로 이것을 예고한 것인지도 모르겠다는 생각이 들었다. 그러나 이 비보가 잘못된 거짓 정보이기를 간절히 바라면서 우물가로 전화를 걸었다. 누군가가 전화를 받았다. 그가 내 목소리를 듣자 울기 시작했다.

"목사님… 이민석 찬양 인도자님이 소천했대요."

그러나 민석이가 소천했다는 것은 믿어지지 않았다. 우물가선교회로 차를 몰았다. 우물가선교회에 도착해 보니 출입문에 "고 이민석 찬양 인도자님께서 오늘 새벽에 소천하셨습니다"라고 적힌 안내문이 적혀 있었다. 사무실로 들어가 보니 형제자매들이 울고 있었다. 그제야 민석이의 죽음은 돌이킬 수 없는 현실이라는 생각이 들었다. 온몸에 힘이 빠지면서 눈물이 쏟아졌다.

우물가 승합차에 올라 인천 길병원으로 가면서 나는 하나님께 계속해서 질문했다.

"주님, 어떻게 이런 일이 일어날 수 있는 겁니까? 도무지 이해할 수가 없습니다. 그가 얼마나 하나님께 유익한 사역자인지 모른단 말입니까? 그는 찬양과 간증을 하고 저는 복음을 전하면서 전 세계에 하나님의 영광을 높이고 싶었는데요. 왜 이 일이 일어난 것입니까?"

하나님은 침묵하시다가 승합차가 병원에 도착하자 이렇게 말씀하셨다.

"하나님이 세상을 이처럼 사랑하사 독생자를 주셨으니 이는 저를 믿는 자마다 영생을 얻게 하려 하심이니라"(요 3:16)

"민석의 죽음을 이해하려고 하지 마라. 나의 사랑 안에서 수용하도록 하라."

나는 첫 예배를 드리면서 이렇게 설교했다.

"저는 솔직히 왜 이런 일이 일어났는지 모르겠습니다. 그리고 받아들일 수도 없습니다. 그러나 하나님은 사랑이십니다. 이 세상의 모든 사건은 우리로서는 이해되지 않을지라도 하나님이 사랑하신 결과입니다."

설교는 이렇게 했지만 나는 하나님을 원망하는 마음을 가지고 있었다. 슬픔은 꼭 파도와 같았다. 점점 밀려와서는 와락 눈물이 쏟아지고 또 밀려와서는 쏟아지고 그러기를 반복했다. 어디서 그렇게 눈물이 많은지 한도 끝도 없었다. 수원 친척집에 갔던 민석이 어머니가 도착하자 또 한 바탕 울음바다가 되었다. 어머니는 나를 끌어안고 통곡을 했다.

많은 사람들이 와서 그의 죽음을 애도했다. 우물가선교회를 중심으로 평소에 그와 알고 지낸 모든 사람들이 달려와 울었다. 누구보다도 놀란 것은 가족과 친척들이었다. 그저 한 불행한 장애자의 죽음 정도로만 알았다가 그렇게 많은 사람들이 울며 애도하는 것을 보고는 충격을 받는 눈치였다.

다음 날 나는 입관예배를 인도할 수가 없었다. 여전히 하나님에 대해 따지고 대들고 싶은 마음만 들었다. 나는 위로하는 사람이 아니라 위로 받아야 할 사람이었다. 예배를 장례 전담 목사에게 부탁했다. 그날은 캄캄한 슬픔의 골짜기를 온종일 헤매야 했다.

발인하는 날이다. 마찬가지로 힘들고 슬펐으나 내가 예배를 인도하지 않으면 안 된다는 판단이 들었다. 하나님은 네게 계시록의 말씀을 주시면서 나의 입장에서가 아니라 그의 입장에서 이 죽음을 바라보도록 하셨다.

"모든 눈물을 그 눈에서 씻기시매 다시 사망이 없고 애통하는 것이나 곡하는 것이나 아픈 것이 다시 있지 아니하리니 처음 것들이 다 지나갔음이니라"(계 21:4).

하나님께서 말씀을 주셨음에도 불구하고 나의 눈에서는 눈물을 씻어 주시지 않았다. 도무지 북받쳐 오르는 슬픔을 억누를 수가 없었다. 예배를 인도해야 하는 입장이니 참으려고 하면 참으려고 할수록 꽉 깨문 이와 입술 사이로 울음이 터져 나왔다. 눈물을 왁 쏟아 놓고 예배를 인도하려고 하면 또 눈물이 쏟아졌다. 말 한마디 하고는 한참을 울고 또 한마디 하고는 한참을 울고 그러기를 반복했다.

"우리 모두는 이민석 찬양 인도자의 갑작스런 죽음을 이해할 수 없고 받아들일 수 없습니다. 이것이 솔직한 우리의 심정입니다. 그러나 그는 가장 좋은 곳으로 갔습니다. 눈물도 없고 곡하는 것이나 애통하는 것이나 아픈 것이나 죽음이 없는 곳입니다. 저는 민석이에게 양복 한 벌을 꼭 해 주고 싶었는데 이제 영원히 그럴 기회를 가질 수 없게 되었습니다. 그것이 속상하고 마음이 아픕니다. 우리는 이해할 수 없지만 이민석 찬양 인도자는 더 이상 그러한 양복이 필요하지 않은 곳에 갔습니다. 다시는 연약한 육체 때문에 고통스러워하지 않아도 되는 그곳 말입니다. …"

장례식장은 울음바다가 되었다. 우리는 그의 유해를 싣고 인천화장장으로 갔다. 그를 화구로 운구하기 전에 그의 관을 붙잡고 둘러서서 마지막 예배를 드렸다. 누군가가 찬송을 시작했다.

하나님의 나팔소리 천지 진동할 때에 예수 영광 중에 구름 타시고

천사들을 세계 만국 모든 곳에 보내어 구원 얻은 성도들을 모으리

나팔 불 때 나의 이름 나팔 불 때 나의 이름

나팔 불 때 나의 이름 부를 때에 잔치 참여하겠네

무덤 속에 잠자던 자 그때 다시 일어나 영화로운 부활 승리 얻으리

주의 택한 모든 성도 구름 타고 올라가 공중에서 주의 얼굴 뵈오리

나팔 불 때 민석 이름 나팔 불 때 민석 이름

나팔 불 때 민석 이름 부를 때에 잔치 참여하겠네

당장 하늘에서 천사들이 나팔을 불고 우리는 민석의 이름을 호명하기라도 하는 것처럼 온 힘을 다해서 찬송했다. 하늘에서 흰눈이 쏟아지기 시작했다. 그는 설악산 오색 약수터 뒷산에 뿌려졌다.

그 다음 날은 토요일이었는데, '아름다운땅'에서 우물가선교회 정기 예배가 있는 날이었다.

"그러나 너는 모든 일에 근신하여 고난을 받으며 전도인의 일을 하며 네 직무를 다하라. 관제와 같이 내가 벌써 부음이 되고 나의 떠날 기약이 가까왔도다 내가 선한 싸움을 싸우고 나의 달려갈 길을 마치고 믿음을 지켰으니 이제 후로는 나를 위하여 의의 면류관이 예비되었으므로 주 곧 의로우신 재판장이 그날에 내게 주실 것이니 내게만 아니라 주의 나타나심을 사모하는 모든 사람에게니라"(딤후 4:5-8)

이 말씀을 통해 하나님은 나에게 '왜'라는 질문에 응답해 주셨다.

'민석이는 바울 사도처럼 선한 싸움을 싸우고 달려갈 길을 마치고 믿음을 지켰다. 그러므로 그는 의의 면류관을 받았을 것임에 틀림이 없다. 그러나 누구나 이런 의의 면류관을 다 받는 것은 아니다. 인간은 하나님

께서 정하신 것만큼 산다. 인간이 더 살겠다고 더 사는 것도 아니요 덜 살겠다고 덜 사는 것도 아니다. 그러나 어떻게 사느냐 하는 것은 정해진 것은 아니다. 민석은 하나님께서 정한 38년의 생애를 살았다. 그는 병상에서 혹은 침대 위에서 일생을 마칠 수도 있었다. 그러나 하나님께서는 그에게 은혜를 베푸셨다. 그를 병상에서 일으키시고 찬양하고 사역하는 영광스러운 생애를 살게 하셨다.'

이런 생각을 하자 갑자기 하나님의 은혜가 밀물처럼 밀려왔다. 하나님은 그와 그의 생애에 최선을 다하셨던 것이다. 나는 드디어 민석을 데려간 하나님께 감사 찬양을 올릴 수 있었다.

"하나님, 내 아우 민석이를 장가보내 주세요."

생각해 보면 나의 이 기도는 응답이 안 된 것이 아니다. 응답된 것이다. 한 여성의 지아비로서 장가를 간 것은 아니지만 예수님의 순결한 신부로서……

2) 장애인의 간증

우리 그리스도인들이 약하고 부족한 것을 부끄러워해서는 안 된다. 우리가 연약함을 고백할 때 그 연약함은 주님 손에 들려지게 되고 모세의 마른 지팡이처럼, 오병이어처럼 쓰임 받게 되는 것이다.

승희가 우물가선교회의 문을 노크한 것은 7년 전쯤으로 기억된다. 나는 그녀가 우물가 사무실로 들어섰을 때 장애인이라는 것을 금방 알아볼 수 있었다. 그만큼 승희의 장애는 표시가 났다. 승희는 힘겹게 말했다.

"봉사하고… 싶어서… 왔어요."

"잘 왔어요."

나는 반갑게 승낙했다.

나는 이미 여러 번 경험하고 있었다. 사람 눈에는 '저 사람이 뭘 할 수 있을까?' 하는 생각이 들지라도 하나님은 그를 훌륭하게 사용했다. 교통사고 때문에 바보(?)가 된 성수를 배우로 훌륭하게 사용했고, 어려서 보약을 잘못 먹는 바람에 지능이 더 이상 성장하지 못한 자매 또한 연극에서 멋있게 사용하셨다. 뿐만 아니라 지금은 하늘나라에 가 있는 민석은 뼈마디가 녹는 장애자였으나 영감 있는 찬양 인도자로 사용하셨다. 그가 찬양을 인도할 때면 많은 사람들이 위로를 받았고 많은 사람들이 은혜에 감격해서 울었다.

그날부터 승희는 열심히 우물가를 섬겼다. 처음에는 편지로 선교사를 맡았다. 교도소에 편지를 보내고 책을 발송하는 그런 직무였다. 승희는 최선을 다했다. 우물가에 오면 자주 그녀를 볼 수가 있었다. 1995년에는 우물가전도학교에서 훈련을 받았다. 나는 전도학교 졸업생들이 중심이 되어 준비한 열린 전도 집회를 잊을 수가 없다.

사람들이 많이 와서 본당을 가득 채웠다. 프로그램은 찬양, 드라마, 간증, 설교, 구원 초청 순이었다. 이 집회를 통해서 참 많은 사람들이 구원을 받았다. 예수님을 영접하기로 결심하여 자리에서 일어난 사람이 자리에 앉아 있는 사람들보다 많았다. 그때 장로였던 남창희 선교사가 그 자리에 있었는데 "사랑의교회 역사상 이렇게 한 집회에서 많은 사람이 구원받기는 처음입니다."는 말을 했을 정도였다.

이 집회를 하나님께서 축복하신 이유는 기도로 준비한 것도 있겠지만, 집회에 영적 흐름이 성령에 의해서 사로잡히는 기점이 있었다. 집회를 해 보면 하나님의 임재가 시작되는 어떤 기점이 있다. 하나님께서 임재하시면 그 다음은 하나님을 방해하는 방해거리만 없다면 식은 죽 먹기가 된다. 너무나 쉽고 충만한 사역이 되는 것이다. 열매가 풍성한 사역이 되

는 것이다. 그 집회에서의 그 기점은 바로 승희 자매의 간증이었다. 제자
훈련에는 간증문을 받고 서로 간증을 나누는 시간이 있다. 승희의 간증
을 읽는데 가슴에 알 수 없는 전류 같은 것이 흘렀다. 나는 열린 전도 집
회에 승희를 간증자로 세우면 좋겠다는 생각을 했다.

찬양이 끝나자 승희가 강단으로 올라갔다. 그녀는 중증장애자였다. 걸
음걸이도 불안하고 말소리는 어눌했다. 단지 예수님을 사랑하는 자매였
다. 그녀가 강단으로 올라가자 예배당은 갑자기 찬물을 끼얹은 것처럼
조용해졌다. 그녀가 입을 열었다. 그녀의 간증은 단순했으나 솔직한 것
이었다.

"저는 보시다시피 장애잡니다. 부모님을 원망하고 세상을 미워했습니
다. 저 자신을 저주하며 욕했었습니다. 그러나 예수님을 믿고 보니 모든
것이 아름답고 감사합니다. 저는 이제 저 자신을 사랑합니다. 예수님을
사랑합니다. …"

예배당 안은 숙연해졌다. 갑자기 여기저기서 훌쩍이며 우는 소리가 들
리기 시작했다. 성령의 임재가 회중 가운데 충만하였다. 승희의 간증을
통해 하나님께서 회중에 치유의 손을 폈던 것이다. 축제가 끝났을 때 승
희에게 다가가 어깨를 끌어안고 말했다.

"멋있었어! 하나님께서 승희 자매를 통해 큰일을 하셨어!"

나를 올려다보던 그녀의 상기된 볼에 눈물이 흘렀다.

천사가 그처럼 아름다울 수 있을 것인가?

3) 편지

길 자매는 거의 매일 편지를 보내온다. 어떤 때는 선물을 가져온다. 뿐
만 아니라 전화도 자주 건다. 시도 때도 없다. 특별히 새벽에 전화를 거

는 것은 일종의 자명종처럼 규칙적이다. 한번 새벽에 전화를 걸었길래 아침 일찍 깨워 주어서 고맙다고 말했더니 그것을 곧이듣고 그 시간이면 세상없어도 전화벨을 울린다.

나는 그녀에게 오는 편지를 언제부턴가 거의 읽지 않았다. 그녀의 편지는 읽기가 너무나 힘들었다. 맞춤법도 틀릴 뿐만 아니라 글씨체가 마치 지렁이 같았다. 읽다 보면 짜증이 나고 화가 났다. 그런데 어느 날인가는 그 편지를 쓰기 위해 길 자매가 얼마나 고생을 했을까 생각을 하니 안쓰러운 생각이 들어 읽으려고 노력은 해 보지만 짜증스럽기는 마찬가지였다.

뮤지컬 "그(He)"를 공연하고 나서였다. 나는 시험에 빠졌다. 큰일을 치르느라 탈진한데다가 중요한 동역자로부터 마음의 상처를 받았고 극단 우물가를 해체하라는 교회의 지시를 받았다. 하나님은 극단을 만들어 기독교 문화를 창출할 것과 우수한 인재들을 길러낼 것과 훈련된 인재들이 각 극단으로 들어가 문화계를 복음화시킬 것을 말씀했었다. 그런데 결과는 하나님의 약속과 다른 것이었다.

하나님은 내게 "기다려라." 하고 말씀하셨지만 하나님 나라에 대한 나의 열정은 식었고 비전은 희미해졌으며 하나님을 은근히 원망하고 있었다.

나는 사무실이나 정리해야 되겠다고 생각하고 먼지들을 털어 내고 겨우내 쌓였던 공문이나 문서들을 폐기 처분하고 있었다. 그런데 편지 하나가 책상 서랍에서 나왔다. 오랫동안 읽지 않고 처박아 두었던 것인데 겉봉투를 보자 길 자매가 보낸 편지라는 걸 단박 알아차릴 수 있었다. 봉투를 찢자 역시 길 자매 특유의 난 필체로 "목사 잘 있어요. 나 잘 있다. 참 보고 싶다..."고 쓰여 있었다. 나는 길 자매의 편지를 쓰레기통에 던지려고 하다가 봉투 속에 또 무엇인가가 들어 있다는 것을 알아차렸다. 꺼내 보았더니 청색 용지에 이런 것이 인쇄되어 있었다.

'당신의 꿈을 이루는 8가지 성공 법칙'

사람은 누구에게나 꿈이 있습니다. 그러나 모든 사람이 꿈을 이루는 것은 아닙니다. 여기 당신의 꿈을 이룰 수 있는 여덟 가지 법칙이 있습니다.

1. 나도 할 수 있다는 생각을 새롭게 하십시오. 당신에게는 무궁무진한 잠재력이 있다는 것을 기억하십시오. 목표한 일이 불가능해 보이더라도 오히려 '그것은 가능해.'라는 생각을 거듭하십시오. 적극적인 사고방식은 위대한 창조의 원동력입니다.

2. 당신의 목표를 당신의 소원과 일치시키십시오. 이미 결정한 목표가 마음의 원함과 전혀 다른 것이라면 지금 곧 목표를 수정하십시오.

3. 부정적인 생각을 버려야 합니다. '나는 안 돼. 할 수 없어. 나 같은 게.'라는 소리가 들려오거든 '이전의 나는 무능했지만 그러나 이제는 달라 새사람이 되었어.'라고 응답하십시오.

4. 언제나 긍정적인 말을 매일 반복하십시오. '나는 성장하고 있다. 나도 성장할 수 있다. 해낼 수 있고말고.'라고 다짐하는 말을 합시다. 말은 힘과 용기를 더하는 영양소입니다.

5. 대가를 지불하십시오. 진정한 성공은 땀과 수고를 통해서만 완성됩니다. 심는 대로 거두는 법입니다.

6. 문제가 생기고 어려움이 닥쳐도 낙심하거나 포기하지 맙시다. 일곱 번 넘어져도 여덟 번 넘어선다는 용기와 신념을 가집시다.

7. 될 수 있는 대로 꿈을 크게 가지십시오. 꿈꾸는 데는 땀도 수고도 필요치 않습니다. 그 큰꿈을 하나님 품으로 가져가십시오. 인간에게는 불가능한 일도 하나님에게는 아주 쉽습니다.

8. 모든 일을 감사하십시오. 그리고 기회라고 생각하십시오.

'당신의 꿈을 이룰 수 있는 8가지 성공 법칙'은 내게 큰 위로가 되었고 힘이 되었다. 그 글을 읽자 알 수 없는 힘이 속에서 솟구쳤다. 생기가 돌았다.

그런데 길 자매는 어떻게 그걸 편지에 그걸 넣어 보낼 생각을 한 것일까? 혹시 "목사님, 문제가 생기고 어려움이 닥쳐와도 낙심하거나 포기하지 마세요. 꿈은 반드시 이루어진답니다."라는 내용을 쓰고 싶었으나 글을 쓰지 못하기 때문에 '당신의 꿈을 이룰 수 있는 8가지 성공 법칙'이라는 인쇄물을 넣어 보낸 것은 아닐까? 혹 하나님께서 나를 위로하고 새 힘을 주시기 위해 한 천사를 선택했는데 그 천사가 바로 길 자매였던 것은 아닐까?

4) 박옥규 씨의 방문

수요일이었다. 나는 영혼이 매우 핍절해 있었다. 하나님의 은혜가 필요한 상태였다. 자연적인 나는 매우 불안정했다. 박옥규 씨가 사무실로 들어섰다.

"목사님, 그 동안 잘 지내셨습니까?"

인사를 깍듯이 했다.

"그럼 잘 지냈지. 박옥규 씨는?"

나는 서류를 정리하면서 적당히 인사를 받았다.

"잘 지냈습니다."

그러나 겉모습을 보니까 잘 지내고 있는 것 같지는 않았다. 그의 옷은 꾀죄죄했고 몸에서는 고약한 냄새가 났다. 그 냄새는 어찌나 독한지 골이 딱딱 아팠다. 뿐만 아니라 입에서는 술 냄새까지 푹푹 풍겼다.

그는 부랑자였다. 그는 40여 일을 유치장에 들어갔다 나온 후에 나를 찾아왔다. 그와 만나서 대화를 해 보니까 대화가 되었다. 조금만 도와 주면 될 것 같았다. 그래서 방도 얻어 주고 일도 시켜 보았다. 그는 일어 서는 것 같았다. 그러나 다시 그를 무너뜨린 것은 술이었다. 그는 일어섰 다가는 무너지고 또 일으켜 세워 놓으면 무너졌다.

그는 술을 몹시 좋아했다. 그가 술에 빠지게 된 것은 오래되었다. 그는 가정환경이 그다지 좋지 못한 집안에서 자라났다. 어머니는 일찍 돌아가 셨기 때문에 계모 밑에서 자라났다. 그는 고등학교를 졸업하고 직장생활 을 좀 하다가 목돈을 벌기 위해서 중동 근로자로 나갔다. 그런데 돈을 벌 어 가지고 돌아와 보니 결혼을 약속했던 여자가 이미 다른 남자의 아내 가 되어 있는 것이 아닌가? 그는 분노와 절망을 주체할 수 없었다. 그는 주머니에 돈도 있고 해서 밤낮을 가리지 않고 술을 마셔대기 시작한 것 이 오늘에 이르렀다는 것이다. 그때의 상처 때문인지 그는 여성들에게 대해서는 이유 없이 꼬투리를 잡는다. 물론 꼬투리라고 해 봐야 별 것은 아니지만. 어찌 보면 박옥규 씨는 천성이 그렇게 모질 수 없는 사람인지 도 모른다.

얼마 전에 박옥규 씨는 무슨 광고 회사에 입사를 했다며 전화를 했었 다. 내심 축하를 받고 싶다는 뜻을 내비쳤다. 아마도 사람들에게 이렇게 자기를 축하해 주는 사람들이 있다는 것을 보이고 싶었는지도 모른다. 나는 회사로 축전을 띄워 주었다. 그랬더니 박옥규 씨는 대번에 전화통 에 대고 어린아이처럼 비명을 질러가며 기뻐하는 것이었다. 나는 속으로 그가 그 광고 회사의 판촉 및 영업 사원으로서 오래 견뎌 주기를 기도했 다. 나는 그를 건너다보며 물었다.

"직장에 들어갔다는 사람이 몰골이 그게 뭐요?"

"……."

그는 내 질문에는 대답을 않고 엉뚱한 질문을 내게 건넸다.

"사모님은 잘 계세요? 주호는요?"

나는 더 이상 그를 곤란하게 만들고 싶지 않았다.

"저녁 먹었어요?"

나는 저녁식사 시간도 되고 해서 박옥규 씨를 데리고 음식점으로 들어가 갈비탕을 시켜먹었다. 그는 며칠 동안 굶기라도 한 듯이 허겁지겁 먹는다. 식사를 끝낸 후에 나는 예배를 드리러 교회로 향했다. 내가 막 교회 로비로 들어서는데 박옥규 씨가 뒤쫓아 와 나를 붙잡는다.

"목사님 돈 좀 주세요!"

"왜?"

"꼭 필요해요."

'술 마시려고 그러지? 안 돼!'

이 말이 목구멍으로 올라왔다. 나는 그 순간 박옥규 씨의 손에 들려 있는 《목마르거든》을 발견했다. 《목마르거든》은 우물가에서 발간하는 소책자이다. 나는 《목마르거든》에 대해서 긍지를 가지고 있다. 왜냐 하면 이 책은 복음과 함께 구체적으로 사랑을 실천하고 있다. 《목마르거든》에서는 특별히 어려움을 당하고 있는 사람들이나 고통 가운데 있는 사람들의 이야기가 소개되고 있다. 이 글을 읽는 많은 사람들이 후원금을 보내 주신다. 어떤 사람은 수술비를 충당하기도 하고 또 거리에 나앉게 된 어떤 사람은 조그마한 전셋집을 얻기도 하는 것이다. 추석 못 미쳐서도 나는 두툼한 후원금 봉투를 들고 두 집을 다녀왔다. 한 집은 장애인 가정인데 남편은 꼽추이고 아내는 하반신을 사용하지 못하는 가정이었다. 그들에게는 7살짜리 딸과 갓난이 아들이 있었는데 딸아이는 벌써 빗나가고 있었다. 유치원에서 다른 아이들에게 욕설을 퍼붓고 때리는 통에 선생님이 보통 곤혹스러워하는 것이 아니라고 했다. 또 한 분은 젊어서 남편에게 버림을 받은 여성이었는데 서초동 꽃동네에 살고 있었다. 그분은 열여섯

되는 아들과 함께 살고 있는데 당뇨 때문에 일을 전혀 할 수 없을 만큼 심한 무력증에 빠져 있었다. 나이가 마흔을 갓 넘었음에도 불구하고 이는 송곳니 하나만이 남아 있을 뿐이었다. 이분들에게 《목마르거든》을 통해 얻어진 후원금은 보통 귀중하게 쓰임을 받는 것이 아니었다.

그런데 이렇게 후원금이 모금되기 시작한 것은 정말 우습게 시작되었다. 그 출발은 박옥규 씨다. 박옥규 씨의 이야기가 《목마르거든》에 실렸다. 그런데 그 글을 읽은 어떤 성도가 그에게 오만 원을 전해 달라고 보내 주었다. 나는 박옥규 씨에게 전한 다음 《목마르거든》에 미담을 몇 줄 적게 되었는데, 그 다음부터 어려운 사람들의 이야기가 전해지면 후원금이 들어왔다. 뿐만 아니라 점점 액수가 높아졌다. 어떤 때는 천만 원을 넘는 경우도 있었다. 그렇데 놀라운 것은 후원금의 규모가 어떤 보이지 않는 손에 의해 적절히 통제되고 있는 것이 역력하다. 한번은 교통사고를 당한 분이 계셨는데 그분은 가해자에게서 한 푼 받아 낼 수 없는 상황이었고 또 혈혈단신이었다. 그에게는 사백만 원이 필요했는데 하나님은 정확하게 채워 주셨다.

박옥규 씨에게 주려고 지갑을 열어 보았다. 지갑이 비었다. 나는 박옥규 씨에게 돈이 없어서 안 되겠다고 말했다. 그러나 그는 물러서지 않고 돈을 좀 달라고 계속 졸라대는 것이었다. 나는 좀 귀찮은 생각도 들었으나 한편으로는 나를 필요로 한다는 것이 무척 고맙게 느껴졌다. 그래서 주변을 둘러보았더니 안타깝게도 아는 사람이 눈에 들어오지를 않았다. 그렇다고 아무 성도에게나 돈을 빌릴 수도 없고 사무실 직원은 이미 예배를 드리러 예배당으로 내려간 후였다.

나는 박옥규 씨에게 사정을 했다.

"박옥규 씨, 지금은 돈이 없어. 돈이 있어야지."

그러나 박옥규 씨는 아랑곳하지 않고 계속 강청했다. 나는 '박옥규 씨 나에 돈 맡겨 놓은 것 있어?' 하고 말을 하려다 그만 두었다. 나에 대한 믿음이 참 좋다는 생각이 들었다. 박옥규 씨는 나한테 요구하면 결국 어떻게 해서든 나올 수 있다고 믿고 있었던 것이었다. 그때 갑자가 한 방법이 떠올랐다. 뜻을 정하면 방법은 떠오르게 마련이다. 우물가선교회에서 운영하는 '아름다운 땅'(커피숍)에서 돈을 빌려 주면 되겠다는 생각이 들었다. 나는 '아름다운 땅'으로 전화를 걸어 박옥규 씨를 보낼 터이니 5만 원을 주라고 부탁했다. 그는 싱글벙글 사라졌다. 나는 박옥규 씨의 등에다 대고 소리쳤다.

"박옥규씨! 그 돈 가지고 술 마시면 안 돼!"

나는 그 저녁 예배를 마치고 심야 기도회 시간에 큰 은혜를 받았다. 하나님께서 박옥규 씨의 사건을 통해 내게 깨닫게 해 주신 것이 있었다. 누가복음 11장의 말씀이었다.

"또 이르시되 너희 중에 누가 벗이 있는데 밤중에 그에게 가서 말하기를 벗이여 떡 세 덩이를 내게 빌리라 내 벗이 여행 중에 내게 왔으나 내가 먹일 것이 없노라 하면 저가 안에서 대답하여 이르되 나를 괴롭게 하지 말라 문이 이미 닫혔고 아이들이 나와 함께 침소에 누웠으니 일어나 네게 줄 수가 없노라 하겠느냐 내가 너희에게 말하노니 비록 벗됨을 인하여서는 일어나 주지 아니할지라도 그 강청함을 인하여 그 소용대로 주리라 내가 또 너희에게 이르노니 구하라 그러면 너희에게 주실 것이요 찾으라 그러면 찾을 것이요 문을 두드리라 그러면 너희에게 열릴 것이니 구하는 이마다 받을 것이요 찾는 이가 찾을 것이요 두드리는 이에게 열릴 것이니라 너희 중에 아비 된 자 누가 아들이 생선을 달라 하면 생선 대신에 뱀을 주며 알을 달라 하면 전갈을 주겠느냐 너희가 악할지라도 좋은 것을 자식에게 줄 줄 알거든 하물며 너희 천부께서 구하는 자에게 성령을 주시지 않겠느냐"

나는 그날 하나님께 성령을 구하며 강청하는 기도를 드렸다. 하나님은 침묵을 깨고 응답하셨다. 성령으로 충만한 복된 시간이었다. 박옥규 씨는 그날 나를 깨닫게 하시기 위해 하나님께서 보내신 사자는 아니었을까?

테레사는 인도 가난한 사람들에게 많은 것을 주었다. 그러나 사실은 인도의 가난한 사람들이 테레사에게 더 많은 것을 주었다. 우리 주변에 우리에게 도움을 구하러 나타나는 모든 사람들은 사실은 우리에게 무엇인가를 주기 위해 오신 '변장한 그리스도'인지도 모르잖는가!

5) 상순의 머리카락

하루는 하도 이상해서 홍 집사에게 물어보았다.
"홍 집사, 왜 모자를 썼어?"
"아무 일 아니에요."
"아무 일 아니라니…. 그런데 그 나이에 모자를 쓰고 다녀?"
"머리가 좀 빠져서요."
"머리가? 머리가 빠져?"
나는 그의 모자를 들춰보았다. 아니 세상에, 듬성듬성 빠져나간 머리카락 때문에 보기 민망할 정도였다.
"왜 머리가 빠지는 거야?"
"신경성이라나 봐요."
"신경성? 무슨 고민이라도 있어?"
"없어요."
"뮤지컬 준비하느라고 스트레스 받은 것이 이제 나타나는 모양이구나."

"그런가 봐요. 하하."

가슴이 아리고 콧잔등이 시큰했다. 얼마나 힘이 들었으면 저렇게 머리카락이 빠질까 생각하니 안타깝기 그지없다.

홍성헌 집사.

그는 나의 동역자이다. "그는 나의 동역자입니다." 이렇게 자신 있게 말하기는 쉬운 것이 아니다. 그러나 나는 그를 "나의 동역자입니다."라고 자신 있게 말한다.

그와 만난 것은 1990년도이다. 그러니까 햇수로는 11년이 된다. 우물가에서 사역을 시작한 지 올해로 11년이 되니 내 사역의 나이와 맞먹는 셈이다. 처음 우물가를 시작했을 때 나는 무엇을 어떻게 시작해야 할지 몰랐다. 하루는 크리스천신문사의 주필인 강정규님을 만나러 갔다가 《크리스천》 신문 주최 성극제의 참가 요청을 받게 되었다.

얼떨결에 대답은 했지만 난감했다. 나의 능력으로서는 연극을 만들 수 있는 재주가 없었다. 그러나 글을 쓰는 사람이니 아직 희곡을 써 보지는 않았지만 쓸 수는 있을 것 같았다. 나는 하나님께 기도했다. 만약 연출자를 보내 주시면 크리스천 연극제에 참가하라는 하나님의 뜻으로 알겠다는 기도였다. 하나님은 즉시 응답하셨다.

그와 함께 만들었던 최초의 작품은 "창녀 마리아1"이었다. 대본은 내가 썼고 연출은 홍 집사가 맡았다. 연기를 우물가의 여인들이 맡았다. 그러니까 자신들의 이야기를 자신들이 연기를 한 것이다. 그 작품은 배우와 관객 모두를 사로잡았다. 백주년기념관을 온통 울음바다로 만들어 놓았던 것이다. 작품의 구성이나 연기력은 어설펐는지도 모른다. 그러나 작품 속에는 진실과 고통이 있었고 성령의 축복이 있었다.

그 다음으로 "창녀 마리아2" "십자가에 달린 창녀", 국민일보와 공동으로 주최하고 KBS가 후원한 뮤지컬 "그(He)", 뿐만 아니라 대천해수욕장 집회와 같은 기적의 현장에 언제가 그는 있었다. 자신을 드러내지는 않았지만 결코 없어서는 안 될 사람이었다.

사역자에게 동역자가 있다는 것은 얼마나 즐거운 일인가? 믿을 수 있는 동역자가 있다는 것은 얼마나 든든한 일인가?

며칠 전 홍 집사에게 물었다.

"머리는 좀 어때?"

"많이 났어요. 보세요."

가만히 들여다보니 솜털 같은 머리카락이 빼곡히 올라오고 있는 것이 아닌가. 문득 삼손이 생각났다. 머리털을 밀린 후 힘을 잃었던 삼손. 그러나 머리가 자라자 다시 힘을 되찾은 삼손. 성경은 이렇게 기록하고 있다. "삼손이 죽은 때에 죽인 자가 살았을 때 죽인 자보다 더욱 많았더라." 하나님께서 홍 집사를 통해 하실 일들을 생각하면 가슴이 뛴다.

(2000. 10)

6) 아름다운 동역자

그것은 아무리 하찮은 것이라 할지라도 누구의 손에 들려졌느냐에 따라 그 결과는 엄청나게 달라질 수 있다. 아마도 보통의 소년에게 물맷돌 다섯이 들려졌다면 그것은 공깃돌로밖에는 사용되지 못했을 것이다. 그러나 다윗이라는 소년에게 들려졌을 때 전 이스라엘을 공포의 도가니로 몰아넣었던 골리앗이라는 거인을 넘어뜨리는 병기로 사용되었던 것이다. 모세의 지팡이는 어떠했는가? 아마도 보통의 노인이 그 지팡이를 손에 들었다면 자신의 몸을 지탱하는 도구 정도로 혹은 들판에 곡식을 쪼아먹는 새떼를 휘이휘이 쫓는 역할을 했을 것이다. 그러나 모세 할아버지에게 들려졌을 때 그것은 변하여 뱀이 되었고 강물을 피로 변하게 만들었고 홍해 바다를 갈랐고 반석에서 샘물을 터뜨렸던 것이다. 오병이어의 기적을 보라. 그것이 한 소년의 손에 머물렀다면 그것은 한 끼 식사로 마침표를 찍었을 것이다. 그러나 그것이 제자들의 손을 거쳐 예수님의 손에 들려졌을 때 5천 명을 먹이고도 남는 기적을 일으켰던 것이다.

연극이라고 하는 것도 그렇다. 연극쟁이들의 손에 들려졌을 때 그것은 단순히 연극이다. 사람들에게 즐거움을 주고 인생의 가르침을 깨닫게 한다. 그러나 그것은 하나님의 기름 부으심을 받은 사람들의 손에 들려졌다면 사람들을 거듭나게 하고 강력하고도 효율적인 도구가 되는 것이다.

나의 동역자 이정남은 바로 그런 사람이다. 그는 시골에서 고등학교를 우수한 성적으로 졸업하고 서울예전을 역시 우수한 성적(?)으로 졸업했다. 그리고는 그녀의 친구들의 말처럼 광신자가 되었다. 그렇다. 그녀는 지금 예수에게 미쳐 있다. 이 세상 사람들이 제대로만 미친다면 무슨 문제이겠는가? 헛된 것에 미치니까 문제가 되는 것이다. 한동안 그녀가 "우리를 사랑하사"라는 연극을 통해서 많은 영혼들을 울게 만들었고 예수님 앞에 굴복하도록 만들었다.

요즈음은 "구속"이라는 작품을 통해 사람들을 잠에서 깨어나도록 만들고 있다. 여기서 그녀는 사탄의 역할을 해내고 있는데, 인간의 비극과 하나님의 사랑을 표현하기 위해서는 반드시 부각되지 않으면 안 되는 존재인 것이다. 이 작품은 국내 집회는 물론이고 해외 선교에서도 그 위력과 진가를 유감없이 발휘해 왔다. 이번 11월 20~24일까지 노방 전도 및 해외 선교를 위한 드라마 워크숍을 갖는데 "우리를 사랑하사"와 "구속"을 텍스트로 배우게 된다.

그녀가 이렇게 영혼을 구원하는 데 쓰임 받게 된 이유가 무엇인가? 그것은 연극에 대한 지식과 기량에 있는가? 물론 그것도 무관하지는 않으리라. 그러나 진정한 이유는 그녀가 성령의 사람이라는데 있다. 정남이는 누구보다도 예수님을 사랑한다. 누구보다도 성령을 의지한다. 성령의 능력이 아니면 안 된다는 것을 너무나도 잘 안다. 경험을 통해 아무리 연극적으로 잘 준비를 해 놓았어도 성령의 임재가 없다면 황무지 같은 시간이 될 수밖에 없다는 것을 그녀는 아는 것이다. 이런 의미에서 채드윅은 우리에게 경고한다.

"하나님은 기계에 기름을 붓지 않으신다. 프로그램이나 건물에 기름을 붓는 것도 아니다. 오직 그분은 프로그램을 만드는 사람들에게 기름을 부으신다."

그리고 보면 복음의 도구를 사용하는 사람들이 얼마나 성령 충만하지 않으면 안 되는가를 가슴속 깊이 되새기게 되는 것이다. 우물가선교회는 연극을 의지하는 사람들이 오면 먼저 그들에게 연극을 버리라고 말한다. 그렇게 말하는 이유는 하나님을 의지하도록 하기 위해서인 것이다. 하나님이 기름을 부으시지 않는다면 하나님의 능력이 연극을 통해서 나타날 수 없기 때문이다. 며칠 전인가 정남이가 천안대학교의 채플을 섬기고 다녀오는 길에 이렇게 말했다.

"목사님 제가 어떻게 우물가에 오게 되었는지 아세요? 저는 연극을 전공한 사람이기 때문에 처음에 왔을 때 '어떻게 하나 보자.' 그런 마음이었어요. 그런데 첫날 목사님의 메시지에 박살이 나고 말았어요. 오병이어와 칠병이어에 대한 메시지였는데요. 오병이어가 칠병이어보다 더 많은 사람들을 먹이잖아요. 예수님 손에만 제대로 들려진다면 인간의 재능이나 경험이 큰 문제가 되지 않는다는 내용이었지요. …"

그대가 있음으로 나는 행복하다. 물이 바다를 덮듯 여호와의 이름을 찬송하는 물결이 오대양 육대주를 뒤덮는 환상을 그대와 함께 그려 본다. (2000. 12)

7) 어머니

어머니는 가장 믿음직한 나의 동역자이시다. 그러나 사역에 관해서는 언제나 나의 그늘 뒤에 숨어 계셨다.

어머니께서 올라오셨다. 어머니는 청주 형님 댁에 사신다. 어머니께서 들어오시는데 보따리를 하나 들고 들어오셨다. (어머니는 자식을 위해 항상 무엇인가를 들고 다니신다.) 열어 보니 늙은 오이와 작은 단지였다. 늙은 오이는 내가 무척 좋아하는 음식이다. 나는 시골에서 자랐는데 보리밥에 늙은 오이 무침을 넣고 고추장을 섞어 비벼먹으면 두세 사발을 거뜬히 해치운다. 그런 나의 식성을 잘 아시고 텃밭에서 기른 무공해 늙은 오이를 안 먹고 오이 잎 뒤에 감추어 놓았다가 칠순이 넘은 노인께서 들고 올라오신 것이다. 이번에는 단지를 열어 보았다. 거기에는 대추와 검은깨와 인삼을 갈아서 버무린 것이 들어 있었다. 나는 그것을 보자 코끝이 찡하게 달아올랐다. 얼마 전 어머니가 병환이 나셨었다. 그 소식을 듣고 마침 어디 가서 설교를 했는데 인삼을 한 갑 선물로 받은 것이 있어서 그것을 들고 어머니에게 내려가서 삶아 잡수시고 기운을 차리도록 신신당부하고 올라왔다. 그런데 어머니께서는 그것을 잡수시지 않고 꼭꼭 감추어 두었다가 아들의 건강을 위해 건강식품으로 만들어 가져오신 것이다.

이런 일도 있었다. 나는 어머니에게 용돈을 조금씩 드리고 있다. 그 액수라는 것이 적어서 공개하기가 부끄러울 정도인데도 어머니는 용돈을 받을 때마다 감사하다고 표현을 하시곤 하신다. 어머니는 용돈을 받으시면 그 작은 것을 아버지와 반으로 나누시고 그 반액의 용돈으로 헌금을 하시고 교회 마리아회 회비도 내신다. 그런 쓴쓴이 속에서 돈을 조금씩 모아 가지고 보약을 지어서 오셨던 것이다.

어머니는 기도를 많이 하시는 분이다. 어머니는 예수님을 영접한 날부터 일곱 자녀를 위해 10여 리나 되는 밤길을 걸어 비가 오나 눈이 오나 새벽마다 성전에 엎드리셨다. 어머니는 한 시간 전에 나가 7남매를 빼놓지 않고 기도하신다. 그 결과 7남매 중 4남매가 목회자가 되었다. 7남매 중에서도 나에 대한 어머니의 기도는 가장 절박했고 우선되었다. 아마도 어머니의 기도가 없었더라면 이미 이 세상 사람이 아니거나 폐인이 되었을 것이다. 뿐만 아니라 나의 사역도 훨씬 힘들어졌을 것이다. 나는 어머니의 기도가 얼마나 힘이 있는지 체험적으로 안다. 그래서 지금도 무슨 일이나 집회가 있을 때면 꼭 어머니에게 기도를 부탁드린다. 어머니가 기도하는 집회는 하나님의 축복이 넘친다. 성령의 기름 부으심이 가득하다. 어머니에게 기도를 부탁드리면 어머니는 꼭 철야를 하기 때문에 그것이 죄송스럽고 미안해서 부탁하는 일 포기할 때도 있지만 그런 때는 표가 난다. 그래서 나는 꼭 집회를 앞두고 기도를 부탁하게 되는 것이다.

어머니가 우리 집에 1년 동안 머무신 적이 있다. 아내가 직장(초등 교사)을 나가는 바람에 딸아이를 돌봐 달라고 부탁을 드렸던 것이다. 어느 날부턴가 어머니의 표정이 매우 어두운 것을 발견하게 되었다. 어머니는 아무리 기분 나쁜 일이 있어도 내색을 하는 그런 분이 아니었다. 나는 아내가 출근을 하고 어머니와 단둘이 남게 되었을 때 어머니에게 그 이유를 물었다. 어머니는 아무것도 아니라고 말씀하셨지만 아무것도 아닌 것 같지가 않았다. 뭔가 대단히 섭섭한 것이 있는 게 틀림없었다. 내가 계속해서 그 이유를 캐묻자 어머니는 마침내 그 이유를 털어놓으셨다. 언젠가 내가 실물 설교를 준비하기 위해 한밤중에 향수병을 가지고 어머니가 주무시는 방(방이 둘밖에 없어서 어머니는 나의 서재에서 주무셨다.)에 들어가 준비를 했던 적이 있었다. 나는 향수병을 열어 냄새도 맡아 보고 색깔도 불에 비추어 보았다. 그런데 어머니가 그런 나의 행동을 보시고 늙은 어미의 냄새가 얼마나 싫으면 저렇게까지 할까 오해를 하셨던 모양이다. 이야기를 다 듣고 나자 무엇보다도 어머니도 이젠 다 늙으셨구나 하는 생각이 들었다. 아무리 짜증을 부리고 골을 내도 묵묵히 바다처럼 다 받아 주시던 어머니가 어느 새 이렇게 늙으셨단 말인가? 내 속에서 뜨거운 연민과 아픔이 솟구쳤다. 마침내 한 줌으로 남으신 나의 어머니!

"내가 어머니 몸에서 태어났고 어머니 몸에서 자라났는데 어떻게 어머니를…." 나는 말을 다 마치지도 못하고 그만 어머니의 품에 쓰러지면서 울음을 터뜨렸다. 그 눈물은 어머니와 나를 가로막고 있던 벽들을 순식간에 무너뜨렸다. 어머니는 나의 등을 쓸어내리시면서 "됐다, 됐어. 이젠 됐다. …" 하고 말씀하셨다. 나의 뺨 위에 뜨거운 눈물이 떨어졌다. 어머니의 눈물이었다.

인도의 성자 산다 싱의 고백이 기억난다.

"나는 천국에 가서 어머님이 안 계시면 어머니가 계시는 지옥으로 가겠다."

이제는 어머니가 살아 계신 것만으로도 나에게 큰 힘이다.

8) 아내

어머니에게서 전화가 왔다. 충주에 참한 규수가 있는데 한번 와서 선을 보라는 것이다. 형수와 같은 학교에 근무하는 교사라고 했다.

나는 거절했다. 왜냐 하면 서울에 사는 세련된 여자와 결혼을 하겠다는 생각을 하고 있었기 때문이다. 그런데 충주 여자라니 '충주에서 무슨 선한 것이 날 수 있겠는가?' 하는 생각이 들었다.

그러나 어머니는 애원하듯이 말씀하셨다.

"아들아 제발 내려와라. 이 어미의 간절한 소원이란다."

나는 더 이상 어머니의 간곡한 소원을 거절할 수가 없었다. 왜냐 하면 어머니는 내가 장가가도록 새벽마다 새벽기도회에 나가 부르짖고 그것도 모자라 철야를 하였고 심지어는 금식까지 하시는 분이었다.

나는 울며 겨자 먹기로 선을 보러 충주로 내려갔다. 낡은 운동화를 신고 낡은 점퍼를 입고 수염은 덥수룩했다. 상대방에서 포기하도록 하기 위한 전략이었다. 어머니는 나를 보더니 형의 양복을 입고 가든지 옷을 사 입고 나가라며 또 성화였다.

"이렇게라도 선을 보든지 그냥 올라가든지 하겠어요."

내가 단호하게 나가자 이번에는 어머니가 양보했다.

'모임' 이라는 커피숍에 앉아서 형수를 기다렸다. 얼른 후딱 선을 보고 치우리라 생각을 하면서 기다렸다. 시간이 되자 형수가 앞장서서 커피숍으로 들어섰고 뒤에 아내가 따라 들어왔다.

그런데 내 속에서 이런 기도가 갑자기 터져 나왔다.

"하나님 감사합니다!"

아내는 나의 예측과는 너무나도 달랐다. 고상하고 부드럽고 아름다웠다. 깊은 산 속에 있는 들꽃 한 송이를 보는 것 같았다. 그때나 지금이나 아내 무척 잘 웃는데 가지런한 이를 드러내며 경쾌하게 웃는 게 일품이다. 백만 불짜리다. 뿐만 아니라 반달 같은 눈은 들여다보고 있노라면 한없이 편안하고 행복해진다.

그래서 나는 자주 아내에게 말하곤 한다.

"예수님 곁에 있으면 당신하고 같이 있는 것처럼 편안하겠지?"

나는 그녀의 사랑을 얻기 위해서 편지를 쓰기 시작했다. 아침에 한 통, 점심에 한 통, 저녁에 한 통…. 나는 아침, 점심, 저녁에 각각 한 통을 쓰지만 받는 그녀는 동시에 세 통의 편지를 받게 되는 것이었다. 어떤 날은 전보를 치기도 했다. 수업을 하고 있는데 전보가 와서 아내는 무척 놀랐다고 한다. 당시만 해도 전보는 위급한 상황이 아니면 치지 않았다. 그런데 전보를 열어보니 나로부터 "사랑합니다."가 들어 있더라는 것이다. 너무나 감동이 되어 수업을 제대로 못 했노라고 고백했다. 저녁 10시만 되면 나는 항상 전화를 걸었다. 마침내 그녀는 나의 끈질긴 구애 세례에 항복했다.

결혼하고서 우리 가정에 재정적으로 힘든 시절이 있었다. 우리가 결혼을 한 이듬해는 가장 가난한 해였다. 내가 1년 동안 사역을 쉬고 있었기 때문이다. 재정은 바닥이 났고 아내는 임신을 한 상태였다. 무엇보다도 아내를 힘들게 만들었던 것은 그렇게 가족들의 반대를 무릅쓰고 한 결혼인데 남편이 실직(?)을 했으니 이걸 친정 식구들에게 말할 수도 없고 말하지 않을 수도 없는 눈치였다. 장모님이나 처형은 종종 전화를 걸어 "그래 네 남편은 교회 잘 나가고?"라고 묻곤 하는 눈치였는데 그럴 때마다 쩔쩔매는 아내가 안쓰러웠다.

크리스마스이브가 되었다. 거리에는 크리스마스 캐럴이 은은하게 울려 퍼지고 있었다. 아내를 기쁘게 해 줄 생각으로 지갑을 탈탈 털어 보았더니 레스토랑에 가서 돈가스를 시켜먹을 정도가 되었다.

나는 아내에게 고생을 시켜서 미안하다고 말했고 아내는 괜찮다고 대답했다. 집으로 손을 잡고 돌아오는 길에 아내는 어느 노점상 앞에 서더니 목걸이를 사 달라고 요청하는 것이었다. 물론 그것은 모조품으로 아주 값싼 것이었다. 그러나 나에는 그것조차 사 줄 수 있는 돈이 없었다. 비참한 생각이 들었다.

"여보, 저건 너무 싸구려잖아. 당신에게 어울리지 않아. 나중에 진품으로 사 줄게."

아내가 나를 위로하듯 말했다.

"약속하는 거지?"

아내는 그렇게 넘어갔지만 나는 마음이 아팠다. 그때의 그 일이 있은 후 나는 물론 비싼 것은 아니지만 외국에 나갔다가 들어올 때나 또 아내의 생일 때 혹은 결혼기념일 같은 때 목걸이를 여러 번 선물했다.

'모조품도 하나 못 사 주는 무능한 남편.'

그런 생각이 자꾸 나를 짓눌렀다.

집에 돌아와 잠시 앉아 있는데 누가 벨을 눌렀다. 문을 열어 보니 전보가 왔다. 《기독신문》의 독후감 공모에서 당선되었음을 알리는 내용이었다. 아내와 나는 그 전보를 들고 얼마나 기뻐하였는지 모른다. 상금 25만 원은 우리의 두 달 치 생활비였던 것이다.

둘째 아이가 태어난 후 아내는 뭔가 이상해졌다. 둘째가 태어났을 때 "십자가에 달린 창녀" 연극 대본을 쓰느라 여관에 틀어박혀 아내가 퇴원하는 것도 도와주지 못했고 연극 연습에 들어가면서는 보통 12시가 넘어야 집에 들어갈 수가 있었다.

어느 날부터인가 아내는 혹시 내게 좋아하는 여자가 생긴 것 아니냐면서 나를 의심하기 시작했다. 처음에는 농담인 줄 알았는데 그게 아니었다. 시간이 흐를수록 점점 심해졌다. 틀림없이 여자가 생긴 것이 분명하다고 단정하는 것이었다. 나는 안 되겠다 싶어 성경 말씀을 앞에 놓고 사역을 방해하려는 마귀의 공격이라고 목청을 높였다. 그러나 아내의 의심은 점점 심해만 갔다. 이제는 나를 의심하는 것으로 만족하지 못하고 밤늦게 돌아오면 식탁에 편지가 놓여 있기 일쑤였는데 편지에는 입에 담기 어려운 욕설이 쓰여 있었다.

하루는 밤 12시가 넘어 들어와 보니 아내가 나를 기다리고 있었다. 그런데 이상한 것은 거실에 여행용 가방이 놓여져 있는 것이 아닌가? 어떤 느낌이 들면서 가슴이 철렁 내려앉았다. 아내는 나하고는 이제 더 이상 살 수가 없으니 집을 나가겠다고 말했다. 아내는 나의 답변을 기다리지도 않고 가방을 집어 들었다. 기가 막혔다. 정말 아내가 집을 나간다면 그건 수습이 불가능한 사태가 발생하게 되는 것이다. 나는 아내의 뒤통수에 대고 소리쳤다.

"좋아. 나가! 지금 나가면 당신 발로 이 집에 들어설 생각은 말아!"

아내는 현관문을 열고 밖으로 나가는 대신 안방으로 들어가더니 곧이어 통곡이 터졌다. 나도 뒤따라 들어가 아내를 끌어안고 용서를 빌면서 울었다. 이 일이 있은 후 아내는 어떻게 된 것인지 그 증상이 점점 사라졌다.

그로부터 얼마 후 나는 자매들의 성경 공부 반에 들어가 이 내용을 나누게 되었는데, 여성들이 아기를 낳고 나면 산후우울증이라는 것이 있어서 평상시와는 매우 다른 감정을 가지게 된다고 말해주었다. 그 후로 아기를 낳은 형제들에게 집에 일찍 귀가할 것과 아내에게 각별히 애정 표현을 하도록 나의 경험을 이야기해 준다.

둘째 아이가 자라면서 우리는 자주 싸우게 되었다. 내가 가정에 충실하지 못한 결과였다. 밤 늦게 들어오고 툭하면 금식하고 가족들과 한 끼의 식사도 못 하는 날이 대부분이었다. 이렇게 되니 대화가 끊어지고 점점 서로에 대한 불만은 쌓여 갔다. 나의 안식 기간이 되었을 때 드디어 터질 것이 터지고 말았다,

나는 안식 기간을 3개월 가지게 되었는데 가정은 내팽개치고 기도원으로 들어가 버렸다. 너무 지쳐 있었고 새로운 충전을 받지 않으면 안 되었다. 그렇게 되니 아내가 어린 남매를 데리고 집을 지켜야 하는 형편이 된 것이다. 이러한 상황에 기도원에서 내려오자마자 청주에 계시는 부모님을 뵈러 가기로 결정을 했으니 어찌 아내의 마음이 편했겠는가? 그러

나 미련하게도 나는 성령 충만한 기분에 내 입장만 생각했고 아내는 힘겹게 순종해 주었다.

우리는 청주에서 어머님과 함께 만두를 빚어 삶아 먹고 집으로 돌아오기 위해 나의 프라이드에 올랐다. 아마 서청주를 지나고 있었던 것으로 기억이 된다.

어린 주호가 콜록거리니까 뒷자리에 앉은 아내가 다소 짜증스럽게 툴툴댔다.

"괜히 내려왔나 봐! 애 콧물 나잖아."

그 말을 듣자 욱 하고 화가 났다. 아내는 사실을 말한 것이다. 보통 때 같으면 그게 그렇게 나를 화나게 만들지는 않았을 것이다. 마치 장작더미에 기름을 뿌리고 불을 붙이듯 화가 치솟았다.

나는 화를 참지 못하고 아내에게 소리쳤다.

"솔직히 말해! 시집에 오는 게 싫었지?"

내가 소리를 치며 화를 내자 그렇지 않아도 골이 나는 판에 아내도 화를 벌컥 냈다.

"그래요 싫었어요. 싫다는 사람 왜 끌고 내려와서 야단이에요!"

"친정에 가는 것이었다면 좋아했겠지? 당신은 이기적인 여자야! 아주 못된 여자야!"

나는 비수처럼 날카롭게 인신공격을 했고 아내도 참으려고 하지 않았다.

"당신은 어떤 사람인데요. 남자가 속이 좁쌀 같아 가지고!"

그날 우리가 입에 올렸던 비참한 내용들을 여기에 공개하는 것은 너무 수치스럽다.

아마 '뚜껑이 열린다' 는 말이 바로 이런 경우를 두고 하는 말인지 모르겠다. 어느 순간 액셀을 콱 밟아 우리 모두가 죽어 버리고 싶은 충동에 사로잡혔다. 다행히 내가 밟은 것은 급브레이크였다. 나는 안전벨트를

막 잡아 흔들면서 고래고래 고함을 치기 시작했다. 그것도 모자라 나는 문을 열고 밖으로 뛰쳐나갔다. 나는 앞에 있는 산을 향해 고함을 치기 시작했다. 흰눈이 내리기 시작했다. 비참한 생각이 들었다.

차로 돌아왔다. 아이들은 두려움에 떨며 울고 있었고 아내는 분노를 이기지 못해 울고 있었다.

그날 어떻게 집까지 왔는지 모른다. 아주 천천히 왔다. 속도를 내면 무슨 일을 저지를 것 같았다. 서로 한 마디 말도 않고 속으로만 서로를 저주하고 결혼을 후회하면서.

나는 내 서재로 들어갔고 아내는 아이들을 데리고 안방으로 들어갔다. 나는 잠을 잘 수가 없었다. 첫째는 아내가 미워서 견딜 수가 없었고, 둘째는 아무것도 아닌 것을 가지고 화를 내고 그것을 풀지 못하는 나 자신이 죽이고 싶도록 미웠다. 나는 그 밤에 얼마나 나 자신을 저주했는지 모른다. 아내를 향하던 분노가 나 자신을 향해 쏟아졌다. 너무나 괴로운 나머지 나는 '살려 달라.'며 기도도 하고 성경도 읽어 보았지만 말씀이 마음에 들어오지 않았다.

아침이 되자 나는 가출을 결심했다. 대충 가방을 챙겨 가지고 집을 나섰다. 그런데 목사가 가출을 하면 어디로 가겠는가? 안식 기간 동안에 머물렀던 연천 밀알기도원으로 차를 몰았다. 성남에서 연천을 가자면 동부간선도로를 타야 빠르다. 동부간선도로를 타자면 잠실대교를 건너서 강북 강변도로를 타야 하고 잠실대교를 타려면 송파대로를 타야 하는 것이다.

잠실사거리, 그러니까 잠실 롯데백화점 앞에 도달했다. 마침 붉은 신호등이어서 잠시 대기하고 있는데 갑자기 하나님이 나를 찾아오셨다. 하나님께서 내게 질문하셨다.

"네 아내가 몇 살이냐?"

나는 하나님께 말했다.

"하나님 아무렴 제가 아내 나이를 모르겠습니까? 제 아내는 서른다섯입니다."

그러나 하나님은 만족한 대답이 아니라는 듯 다시 질문했다.

"아들아 네 아내가 몇 살이냐?"

하나님께서 재차 질문하자 나는 하나님께서 질문하는 요지가 무엇인지 깨달았다.

하나님은 아내의 여자 나이를 묻는 것이 아니라 아내의 아내 나이를 묻는 것이었다. 왠지 갑자기 콧등이 시큰해졌다. 나는 울먹이면서 대답했다.

"일곱 살입니다!"

하나님은 이번에는 나의 나이를 물었다.

"그러면 너는 몇 살이냐?"

나의 볼을 타고 눈물이 흘러내리기 시작했다.

"일… 일곱 살입니다."

하나님께서 나의 어깨를 감싸며 말씀하셨다.

"이놈아 일곱 살짜리가 싸우는 것은 너무나 당연하지 않으냐? 어서 집으로 돌아가라."

울음이 터졌다. 나는 핸들에 고개를 묻고 엉엉 울었다. 아내에게 미안했고 나 자신이 용서가 되었다. 신호등이 바뀌었을 때 나는 핸들을 꺾어 유턴했다.

문을 열고 집으로 들어갔다. 아내가 나오는데 기도를 하고 있었던 모양이다. 젖은 얼굴로 내 방에서 나왔다. 나는 달려가 아내를 덥석 끌어안고 말했다.

"여보 미안해. 용서해 줘."

아내가 울면서 말했다

"아니에요. 제가 잘못했어요. 용서해 주세요."

그 사건 이후 우리는 많이 변했다. 서로를 용납하게 되었고 또 자신을 용납하게 되었을 뿐만 아니라 우리 부부는 계속 성장해야 할 어린 나이라는 겸손한 마음을 가지게 되었다. 그 후에도 가끔 싸우는 일이 있었지만 어린아이들처럼 금방 화해할 수 있었다. 나는 결혼을 주례할 때마다 이렇게 말한다. "오늘 결혼하는 신랑과 신부는 이제 갓 태어난 것입니다. 신랑과 신부의 나이는 서른이 되었지만, 남편으로서 그리고 아내로서 그대들의 나이는 한 살도 안 되는 것입니다. 미숙하기 이를 데 없을 것입니다. 자주 싸우는 일도 생기게 될 것이며 실수도 있게 될 것입니다. 그러나 세월이 가고 나이가 들어 성장하게 되면 달라질 것입니다. …너무 조급하게 생각하지 마십시오. 너무 많은 것을 요구하지 마십시오. …"

2부
물동이를 버려 두고

1장 사역을 위한 준비

1) 허무주의자

예수를 믿기 전 나는 중병을 앓고 있었다. 나의 병명은 허무주의와 자살 병이었다. 어떻게 그 병이 시작되었는지는 모르겠다. 나의 삶이 특별히 고달프거나 험했던 것은 아니다. 그러나 나의 내면은 어떤 사람보다도 어둠으로 꽉 차 있었다. 그저 산다는 것이 허무하고 무의미했다. 돈을 벌면 뭘 하고 권력을 가진다면 무슨 의미가 있겠는가? 결국 모든 것이 사라지고 없어질 것을…. 광대한 우주를 올려보고 있노라면 나는 울고 싶어졌다.

나의 자살병도 꽤 심한 편이었다. 물 속으로 뛰어들었다가 그만 친구에게 발각이 되어 끌려나왔다. 수면제를 사먹고 잠이 들었는데 깨어 보니 신경안정제였다. 죽기 위해 일부러 단식을 해 보기도 했는데 실패해서 위만 버렸다.

"죽자. 죽어 버리자."

나는 그런 생각과 말을 입에 달고 다녔다. 그날도 나는 구로동의 한 뒷골목을 터벅터벅 걷고 있었다. 새벽이었다. 그날따라 하늘의 별들이 청명하게 눈에 들어왔다. 십자가가 눈에 들어왔다. 작은 지하 개척 교회였다. 나는 바닥에 무릎을 꿇고 신에게 기도했다.

당신께서 실존하신다면 나에게 당신을 나타내 보여 달라고 기도했다.

캄캄한 어둠 속에서 얼마간의 시간이 흘렀다. 어느 순간 정말 나의 의식 속에 너무나도 뚜렷하고 선명하게 어떤 메시지가 왔다.

'너를 사랑한다.'

그것은 마치 수동 타자로 하얀 백지 위에 글자가 타닥타닥 찍히는 것처럼 명확하고 선명했다. 온 우주의 창조자이신 하나님이 나를 사랑하신다면 더 이상 나는 허무한 존재일 수 없다는 생각이 들었다. 내 눈에서 눈물이 쏟아졌다. 나는 오랫동안 목 놓아 울었다. 그 일이 있은 후 나의 내면은 무엇인가로 채워졌고 나를 괴롭히던 허무주의는 관속으로 그리고 나를 죽음으로 끌어가려고 했던 자살병은 무덤으로 들어가 매장되었다.

2) 구로동 시대

예수님을 만나자 나는 변화되었다. 첫번째로 나에게 든 생각은 과거의 모든 죄를 회개하는 것이었다. 술 좋아한 것, 성실치 못한 것, 부모님 속 썩힌 것, 거룩하게 살지 못한 것 등. 나는 입술로만 회개해서는 안 된다고 생각했다. 용서를 구해야 할 한 사람이 떠올랐다.

나는 청주로 내려갔다. 그녀의 직장에 전화를 걸었다. 나는 그녀에게 내게 일어난 일들과 과거에 대해 용서를 구했다. 뿐만 아니라 청혼을 했다. 조용히 나의 이야기를 들으며 눈물을 떨구던 그녀가 말했다.

"너무 늦게 오셨어요."

"……."

"좋은 목회자가 되세요."

그녀는 나를 남겨 두고 갔다.

두 번째로 든 생각은 성실해야 되겠다는 생각이었다. 더 이상 부모에게 용돈을 타서 쓰는 일은 없어야 되겠다고 생각했다.

나의 첫번째 직업은 고물장수였다. 리어카에다가 소금이나 강냉이를 가지고 다니면서 고물들과 바꿔오는 것이었다. 빈 병, 고철, 폐지 같은 것을 수집하는 것이다. 강남에 살면서도 아침이면 고물장수를 보게 되는데 마음이 남 같지 않았다. 그래도 강남의 고물장수는 여건이 무척 좋았다. 리어카도 전기모터를 달아서 끌고 다녔고 그냥 버리는 것을 줍는 것 같았다. 그러나 그 당시 구로동은 그렇질 않았다. 다들 어렵게 살아서 빈 병 하나라도 그냥 주려고 하지 않았다. 참 좋은 세상이 되었다. 지금은 무엇을 버리려고 하면 오히려 돈이 드는 세상이 아닌가.

고물장수는 잘 되면 하루에 1만 원 정도는 벌었다. 그러나 대부분은 3천 원 정도 벌었다. 한번은 아주 고물을 많이 수집할 수 있었다. 어떤 단독 주택 앞을 지나가는데 주인이 불러서 들어갔더니 옷가지와 밥그릇, 전기제품들을 많이 내놓았다. 얼마를 주면 되느냐고 물었더니 그냥 가져가란다. 얼마나 기뻤던지 춤이라도 추고 싶었다. 나중에 알고 보니 그 부인의 장성한 아들이 죽은 것이었다.

그날은 일찍 집으로 돌아올 수 있었다. 우리 4남매는 그 돈으로 삼겹살 파티를 할 수 있었다. 지하 단칸방에서 다리도 뻗지 못하고 함께 살던 동생들은 지금은 둘은 목사 사모가 되었고 하나는 은행 차장의 사모가 되었다.

나는 고물장수를 하면서 고물장수를 사귀었다. 둘은 서로 친구였는데 하나는 사장의 친동생이었다. 시골에서 고등학교를 졸업하고 올라온 것이었다. 나도 고물장수였기 때문에 그들을 잘 이해할 수 있었고 그들도 나를 스스럼없이 대했다. 나는 그들에게 예수님을 전하였고 교회로 인도했다. 지금은 소식이 끊어졌으나 그들 중에 하나는 신학교에 들어갔다.

나의 직업은 고물장수뿐만이 아니고 화장지 장수도 했다. 이것도 자본 없이 할 수 있는 것이었다. 주민등록증만 맡기면 리어카와 화장지를 공급해 주었고 팔다 남은 것은 반품이 되었다. 한번은 화장지를 도둑맞은 일이 있다. 김씨는 이천이 고향인 사람인데 술주정뱅이였다. 그가 사는 곳을 방문했는데 그야말로 개집만한 쪽방에 살고 있었다. 돈이 생기면 술을 퍼마시고 돈이 떨어지면 공사장으로 일을 하러 나가는 막노동꾼이었다. 그런 그를 전도해서 교회에 데리고 나갔는데 어떻게 된 일인지 한 주를 결석한 것이다. 마침 화장지를 팔고 있는데 길에서 그를 만난 것이다. 그는 낮술에 취해 있는 상태였다. 나도 물론 반가웠으나 그는 나를 보더니 막무가내로 술집으로 끌고 들어가 끝없는 이야기를 늘어놓았다. 그 이야기를 다 듣고 나와 보니 이미 밖은 캄캄해졌고 누군가가 화장지를 들고 가 버린 후였다.

　나는 아파트 공사장에서 잡부로 일을 하기도 했다. 특별한 기술이 없었기 때문에 하루에 8천 원을 받고 일했다. 내가 하는 일은 그야말로 잡다한 일들이었다. 심부름을 하거나 못을 줍는 일 정도였다. 그때 나는 최씨로 불렸었다. 그 호칭이 왜 그렇게 싫고 어색한지 마음고생을 했다. 그때 함께 잡부로 일을 하던 사람이 있었는데 성이 박씨였다. 나와는 동갑이었고 결혼해서 자녀를 두고 있었다. 우리는 늘 붙어서 일을 했기 때문에 대화를 나눌 시간이 많았다. 나는 그에게 자연스럽게 예수님에 대해서 이야기해 줄 수 있었다. 처음에는 완강히 거부했지만 결국 그는 예수님을 믿고 내가 다니는 교회의 신자가 되었다. 그가 믿음을 가지고 나서 이런 고민을 털어놓았다. 전 같으면 아무렇지도 않을 일인데 친구 집에서 포르노 비디오를 보게 되었는데 예수를 믿고 나니까 얼마나 역겨운지 고통스럽다는 이야기를 털어놓았다. 그는 확실히 거듭난 사람이었다. 얼마 후 그는 고향인 삼척으로 떠나게 되었고 소식이 끊어지게 되었다. 아마 지금은 어느 교회 안수집사나 장로쯤 되었으리라.

목회자가 되기로 했다. 아버지는 반대였다. 아버지는 믿음이 없는 분이셨다. 우리 집이 예수 믿어 망한다고 생각하고 있었다. 믿음 좋은 누이들이 고난의 골짜기를 통과하는 중이었기 때문이다. 게다가 나까지 신학을 하겠다고 하니 기가 막히셨던 것이다. 그러나 형과 어머니는 찬성했다. 어머니는 내가 그 길을 가기를 내심 바라고 있었고 형은 나의 방황을 알고 있었기 때문에 언제나 벼랑 위에 서 있는 것처럼 불안했는데 신앙을 갖고 성직자가 된다고 하니 "휴!" 했던 것이다. 게다가 고등학교 시절 신부가 되겠다고 일기장에 적어 놓았던 내용들을 떠올리면서 '애가 갈 길을 가는구나.' 생각했는지도 모른다.

내가 신학대학원을 간다는 이야기를 듣고 시골에서 쫓아 올라온 아버지가 물었다.

"정말 목사가 되려고 하느냐?"

"예."

"안 된다!"

"아버지가 말리셔도 저는 갑니다."

"내가 너를 삼십 년이 다 되도록 먹이고 입히고 가르쳤는데 너의 장래에 대해서 아무 권한이 없단 말이냐?"

"죄송합니다."

아버지는 더 이상 아무 말씀도 하지 않으셨다. 그토록 완고하고 엄하신 아버지께서 그때 이후로 단 한 번도 나의 가는 길에 대해서 반대를 하시거나 부정적인 말씀을 하지 않으셨다. 자주 이렇게 말씀하신다.

"아들아, 하나님의 일도 좋지만 몸을 생각하거라. 그렇게 굶으면서까지 해야 되는 거냐? 몸이 망가지면 하고 싶은 일도 못 하느니라."

아버지가 하나님의 부름을 받으시면 나는 많이 울 것만 같다.

"아버지, 사랑합니다."

총신대 신학대학원에 합격을 했다. 어머니가 입학금을 가지고 올라오셨다. 어머니는 나를 유별나게 아끼고 사랑하셨다. 나는 어머니에게 말했다.

"이 등록금을 받지 않겠습니다."

어머니는 섭섭해하는 눈치였다.

"저는 이제 하나님의 종입니다. 그렇다면 당연히 하나님이 책임지셔야 마땅하지 않겠습니까? 저를 포기하세요."

어머니가 눈물을 흘리셨다.

어머니가 자식으로부터 그런 말을 듣는 것보다 더 아픈 말이 있을까?

"아들아 이것만이라도 받아 다오."

나는 그 등록금을 받았다. 그 후로 어머니는 나에게 돈을 주시려고 하시지는 않았다. 대신 이른 새벽에 하나님께 나가서 나를 위해 기도하는 어머니가 되셨다. 어머니가 자식에게 줄 수 있는 모든 것 가운데 기도보다 큰 것이 있을까?

3) 총신

신학대학원에 합격을 하고 교육 전도사로 부임을 했다. 사례비는 한 달에 5만 원이었다. 그것을 고스란히 모으면 6개월에 30만 원이 된다. 십일조를 3만 원 떼고 나면 27만 원이 되었다. 등록금이 60만 원이었으니 등록금의 절반도 못 되었다. 그런데 도둑질을 한 것도 아닌데 어떻게 등록금을 내고 공부를 할 수 있었는지 정말 모르겠다.

한번은 등록금을 내야 하는데 준비가 되지 못했다. 금식을 하기로 했다. 3일을 금식했는데 등록금이 급했기 때문에 물 한 방울 마시지 않고 굶었다. 금식을 하는데 친구들이 라면을 삶아 먹었다. 그게 얼마나 먹고 싶었는지 지금도 그 라면만 생각하면 군침이 돈다. 금식이 끝나고 교무과에 올라갔더니 장학금이 나와 있었다. 나는 등록금 때만 되면 돈이 없어서 번번이 쩔쩔 매었으나 하나님께서는 매번 해결해 주셨다.

그날은 수요일이었다. 학교에서 수업을 마치고 교회를 가야 하는데 주머니를 뒤져 보니 버스 토큰이 하나밖에 없었다. 그 토큰을 사용하면 예배를 마치고 집으로 돌아갈 때 8km는 걸어서 가야 했다. 성격상 나는 누구에게 토큰 하나 달라고 말할 사람이 못 된다. 갈등이 생겼다. 교회는 안 가도 되는 상황이었지만 예배가 끝나고 걸어올 생각을 하고 버스에 올랐다. 차에 올라 막 버스 토큰을 통에 넣으려는 순간 누군가가 나를 제치고 토큰 두 개를 넣었다. 돌아보니 언제 왔는지 친구인 계송민 전도사였다. 그는 이 선행을 곧 잊었겠지만 나에게는 평생 잊혀지지 않는 사건이 되었다.

나는 매형이 목회하는 교회의 옥상에서 살았다. 우리 4남매가 지하 단칸방에 살다가 바로 아래 여동생이 결혼을 하면서 흩어지게 되었다. 누이 네도 교회의 한 구석을 막아 사택으로 쓰고 살았기 때문에 사택에 들어가 신세를 질 처지는 아니었다. 옥상에는 저수탱크가 있는 좁은 공간이 있었는데, 나는 그것을 반으로 막아 누가 버린 침대를 가져다 놓고 살았다. 여름에는 찜질방이었고 겨울에는 냉장고였다. 식사는 반찬이 없어서 우유에 밥을 말아먹곤 했다. 그때 그 맛을 익혀서 지금도 우유에 밥을 말아먹는 것은 내게 별미다.

생활은 궁핍했지만 내게는 꿈이 있었다. 그 당시 매형과 함께 삼각산으로 기도를 하러 자주 다녔었는데, 밤새도록 기도하고 여명이 밝아 오는 서울 하늘을 바라보면서 "주여 서울을 내게 주시옵소서. 어둠 속에 사는 저들을 구원하여 주옵소서." 하고 부르짖곤 했다.

저녁에는 조카들이 옥상으로 올라오면 동화를 들려주며 그들에게 꿈과 환상을 심어 주곤 했다. 나는 조카들에게 들려주던 이야기를 크리스천신문사에 보내서 '제7회 신인문예상' 창작동화 부문에 당선되어 동화 작가가 되었다. 지금 큰조카는 결혼해서 행복한 가정주부가 되었고 작은 조카는 지금 미국 오하이오주립대학 국제학 석사 과정에 유학 중이다.

"꿈은 이루어진다."

하나님과 함께 꾸는 꿈은 반드시 이루어진다. 당신의 진짜 꿈은 무엇인가?

4) 실직

초등학교 교사인 아내와 결혼을 하고 아내는 경기도로 내신을 내었다. 지금과는 달리 당시만 해도 교사들의 타 시도 전출이 열려 있었다. 아내는 충주에서 경기도로 내신을 내었는데 경기도 용인군 왕산초등학교로 발령이 났다. 너무나 멀리 떨어져 있어서 퇴직을 하든지 이사를 가야 했다.

내가 담임 목사에게 이사를 가겠다고 했더니 교회의 사임을 권고했다. 이렇게 해서 나는 결혼 3개월 만에 실직자가 된 것이다. 지금 같으면 온 세상 천지에 불신자들인데 실직이란 말은 가당치도 않은 것이다. 주님께 "가라!"고 말씀하셨는데 믿지 않는 세상 모든 족속에게로 가라는 뜻이다. 그러나 그때만 해도 나는 주어지는 사역밖에는 몰랐다. 복음과 사역의 문을 열기에는 너무나 어렸다.

나는 하나님께 울면서 매달렸다.

"저를 살려 주십시오!"

나는 그만큼 힘들었고 절박했다.

결혼한 지 3개월 만에 실직을 했으니 아내에게 너무나 미안했다. 더구나 친정은 믿지 않는 가정이고 결혼을 반대했었다. 장모께서 아내에게 "사위는 직장 잘 다니고 있지?" 하고 물으면 절절매었다. 사실을 말할 수도 없고 거짓말을 할 수도 없었던 것이다. 출근하는 아내를 위해 아침을 먹고 설거지를 할 때면 너무나 비참한 생각이 들었다.

나는 그때 사역자에게는 급여 조건과 관계없이 사역할 수 있는 현장이 있다는 것은 큰 축복이라는 것과 사역자에게는 하나님께서 맡겨 주신 사역이야말로 생명처럼 소중한 것이라는 생각이 들었다.

"하나님, 저에게 사역을 허락해 주세요."

나는 강청하는 여인처럼 하나님께 매달렸다.

5) 야학

하나님께서는 나에게 사역의 길을 열어 주셨다. 그런데 그 길은 너무나 보잘것없어 보였다. 어떤 것은 처음에는 화려해 보이나 그 끝은 초라하고 또 어떤 것은 그 시작은 미약하나 끝이 창대한 것이 있다.

인천에 있는 한솔청소년학교에서 국어를 가르치는 것이었다. 동화를 쓴다고 하니 국어 교사로 초청을 한 것이다. 사실 말이 국어 교사이지 월급은커녕 내 돈이 들어가야 할 판이었다. 그러나 무슨 일인가 할 수 있다는 것이 내게 너무나 기뻤다. 나는 열심히 준비하고 가르쳤다. 국어뿐만이 아니라 문학도 가르치고 성경도 가르쳤다.

나는 근로청소년들을 가르치면서 그들의 절망과 아픔을 알았고 그러한 내용들을 소책자로 만들었다. 소책자를 만드는 데 여러 사람이 힘을 합해 주었다. 소책자의 제목은 "당신은 미래입니다"였다. 근로청소년들에게 긍지와 희망을 주기 위해 그런 제목을 달았다. 성남에서 인천까지 워낙 멀어서 집에 돌아오면 12시가 넘었지만 힘든 줄 몰랐다. 그저 일할 곳이 있다는 것이 고맙고 감사할 뿐이었다.

어느 날 신문을 보니까 사랑의교회에서 구로공단에 근로자들을 위한 사역을 시작하려고 하는데 사역자를 모집한다는 광고가 나왔다. 나는 그 날부터 사랑의교회 교역자가 되게 해 달라고 기도하면서 지원서를 냈다.

그러나 탈락되었다. 지금 돌이켜보면 하나님은 미래를 내다보시고 일 하시는 분이구나 하는 생각이 든다. 14년이 지나 공단 가까운 지역으로 부름을 받게 되었으니 말이다. 또 얼마 지나서 유흥가 사역을 시작하려 고 하는데 사역자를 찾는다는 광고가 나왔다. 지원서를 내서 옥한흠 목 사님과 면담까지 했으나 목사님이 과로로 쓰러지는 바람에 사역 자체가 무기한 연기되었다. 그러나 나는 기도를 멈추지 않았다. 꼭 1년이 지나 유흥가 사역에 대한 광고가 다시 나왔다.

나는 지원서에 이런 편지를 곁들였다.

"저는 1년 동안 기도를 멈추지 않고 사역을 준비해 왔습니다. 저를 불 러 주십시오."

내가 우물가선교회 사역자로 결정되는데 "당신은 미래입니다"가 일등 공신이었다. 나는 옥한흠 목사님과 최종 면담 하는 자리에서 "저는 유흥 가에 아무런 경험이 없습니다. 제가 잘할 수 있을까요?"라고 물었다.

옥 목사님께서 말씀하셨다.

"사역은 배우면서 하는 거야."

그 말은 사실이었다.

6) 이름 짓기

지금껏 나는 수많은 이름을 지어 왔다. 주례를 한 가장의 자녀들의 이름도 지어 주었고 선교회의 이름도 지었고 월간 소책자의 이름도 지었다. 내가 이름을 짓는 데 가장 어려웠던 것은 우물가선교회를 지을 때였다. 우물가라는 이름은 짓는 것도 어려웠지만 오해도 많았다.

우물가선교회는 요한복음 4장을 근거로 지어졌다. 우물가선교회는 예수님을 만나 인생의 문제를 해결 받는 곳이며 영생을 얻는 곳이며 치유를 받는 곳이고 교육과 훈련을 통해 복음 전도자로 빚어지는 곳이다.

우물가선교회는 오해도 종종 받았다.

한번은 어떤 분이 전화를 걸어서 "우물안선교회입니까?" 하고 물었다. 우물안선교회라니! 나는 우물 안 개구리라는 속담이 생각나서 기분이 안 좋았다. 우리는 우물가선교회이지 우물안선교회는 아닌 것이다. 우물가선교회와 우물안선교회는 그 뜻이 천지 차이다. 우물 안은 닫혀 있는 곳이고 우물가는 열려 있는 곳이다.

우물가선교회에는 전다훈이라는 정신지체아이가 있다. 다훈이는 물을 무척 좋아한다. 하루 종일 물을 가지고 놀아도 지루해하지 않는다. 다훈이는 우물가에 와서 우물가를 제대로 발음하지 못하고 오물가선교회라고 발음하곤 했다. 우물가는 생수가 솟는 곳이지만 오물가는 더러운 쓰레기가 넘치는 곳이다. 이 사건은 내게 엄청난 교훈을 주었다. 나는 우물가선교회에 대해서 잘못하면 속 좁은 우물 안이 될 수도 있고 더 잘못하면 죄가 만연한 오물가가 될 수도 있다는 생각을 한다. 그래서 우물가선교회는 열린 선교회를 지향하고 거룩한 공동체를 추구한다.

모든 이름 중에서 가장 잘 지어진 이름은 예수이다.

"저희 백성을 저희 죄에서 구원할 자."

이 이름은 하나님이 지었다. 자기 아들의 이름을 아버지가 짓는 것은 너무나 당연할 것이다.

그리스도인이란 작은 그리스도란 뜻이다. 내가 그 이름값을 하고 있는지 반성해 본다.

2장 웨이터가 된 목사

1) 룸살롱의 크리스마스

우물가선교회라는 이름을 짓긴 했으나 나는 우물가선교회의 현장이라
고 할 수 있는 유흥가에 대해서 별로 아는 것이 없었다. 나는 룸살롱에
위장 취업을 하기로 하고 취직을 했다. 다행히 임 집사의 도움을 받을 수
가 있었다.

취직은 했으나 내가 할 수 있는 일이라는 것이 제한되었다. 그들의 말
에 의하면 나는 웨이터가 되기에는 환갑 진갑 다 지난 나이였다. 무엇보
다도 그들의 문화에 적응하는 것이 어려웠다. 아무리 성육신을 하고자
노력해도 한계가 있었다. 완전히 그들을 이해하고 일체감을 느끼기에는
너무 힘들었다. 내가 할 수 있는 일은 청소를 하거나 정리를 하거나 술
마시러 오는 손님들에게 문을 열어 주면서 인사를 하는 것 정도였다.

저녁 시간, 로비에 있으면 룸에 들어갔던 아가씨들이 쌕쌕거리며 밖으
로 뛰쳐나오곤 했다. 너무 짓궂은 손님을 만나 완전히 자존심이 만신창
이가 된 것이다. 더 이상 참을 수 없게 되었을 때 화장실에 가는 척 밖으
로 뛰쳐나와 욕을 퍼부어 대거나 울음을 터뜨리곤 했다. 그러면 나는 그
들에게 담배를 가지고 있다가 불을 붙여 주곤 했다.

아가씨나 언니들은 나를 그런 대로 받아들여 주었으나 웨이터들은 나를 경계하는 눈초리였다. 나는 그들과 친해지기 위해 애를 썼지만 그들의 경계심을 해제시킬 수가 없었다.

한번은 일을 끝내고 새벽 3시가 되어 웨이터, 마담들과 함께 청계천으로 2차를 갔다. 안주는 낙지회였고 술은 청하를 시켰다. 한 웨이터가 술을 따르기 시작했다. 내게도 술을 권했다. 나는 번민했다. 이미 나는 오래 전에 술을 끊은 사람이다. 술을 마신다는 것은 마치 개가 토한 것을 다시 먹는 것만큼이나 꺼려지는 일이었다. 그러나 만약 내가 술잔을 거절한다면 그들과 나 사이엔 영영 건널 수 없는 강이 놓여지고 말 것 같았다. 십자가를 짊어져야겠다는 판단이 들었다.

나는 잔을 받았다. 그러나 그 한 잔은 그들과 나 사이에 철조망처럼 놓여져 있던 경계를 한 순간에 제거했다.

마담 가운데 김 언니라는 아가씨가 있었다. 무척 세련되고 아름다울 뿐만 아니라 독특한 매력을 가진 여성이었다. 고상하고 이지적인 느낌을 주었다. 그녀는 속칭 대마담 밑에서 일하는 새끼마담이었었다.

한번은 그녀와 내가 단 둘이 룸에 있게 되었다. 그녀가 팔을 활짝 벌리고 이렇게 말했다.

"자, 나를 안아요. 내게 키스하지 않으면 내보내지 않을 거예요."

내가 그녀를 밀치고 얼굴이 빨개져서 도망을 치자 내 뒤에 대고 소리쳤다.

"이 바보!"

그리고는 귀엽다는 듯 깔깔대며 웃었다. 김 언니는 나에게 특별히 신경을 써 주었다. 그러나 다시 그런 곤란한 행동을 취하지는 않았다.

성탄절이 되었다. 나는 오늘은 생일 축하가 있는 날이니 모두 룸으로 모여 달라고 부탁했다. 주방 아주머니와 룸살롱의 웨이터들과 아가씨들이 룸으로 모였다. 나는 케이크 촛불을 붙였다. 그리고 오늘 생일을 맞이한 분에 대해서 소개했다. "그분은 마구간에서 태어나셨습니다. 왜냐 하면 우리처럼 낮고 힘들게 살아가는 사람들과 친구가 되기 위해서였습니다. 그는 살인자의 친구였고 창기들의 친구였으며 문둥이들의 친구가 되기도 했습니다. 어떤 위대한 인물도 그의 친구가 되기에는 부족합니다. 그러나 그는 가장 볼품없는 사람들의 친구가 되는 것을 기뻐하셨습니다. 그분의 이름은 예수입니다." 생일 축하 노래를 불렀다. "고요한 밤 거룩한 밤" 노래도 불렀다. 여기저기서 훌쩍거리는 소리가 들렸다.

2) 다시 만난 지은이

마침내 내가 룸살롱을 떠날 날이 되었다. 나는 나의 신분을 밝혔다. 그러자 그 룸살롱의 간부 중 한 사람이 일주일에 한 번씩 와서 예배를 드려 달라고 요청했다. 그것은 내가 정말 바라던 것이었다. 그로부터 화요일 오후 6시에 예배를 드리게 되었다.

이 예배에는 마담들과 웨이터 호스티스 주방 아주머니들이 참석했다.

지은이는 호스티스였다. 서울에 있는 좋은 대학에 다니고 있으면서 집이 워낙 가난해서 밤에는 아르바이트로 일을 나오고 있었다.

그런데 그날 지은이는 어떻게 된 것인지 예배를 드리는 시간 동안 내내 흐느껴 우는 것이었다. 본인도 좀은 쑥스럽기 때문에 애써 울음을 그치려 했으나 잘 그쳐지지가 않는 모양이었다. 그때 나는 그녀를 붙잡고 신앙 상담을 해 주어야 했다. 그러나 일이 묘하게 꼬이는 바람에 기회를 놓쳤고 그녀는 술시중을 들러 룸으로 들어갔다.

그런데 언제부터인가 지은이가 예배 시간은 물론 일하는 시간에도 보이지를 않는 것이었다. 그 이유를 물어보았더니 마담에게조차 밝히지 않고 어디론가 사라졌다는 것이다.

나는 매우 당황했다. 사람을 낚는 어부로서 다 잡은 고기를 놓쳤다는 아쉬운 생각도 들었고 할 일을 다 못 했다는 자책도 들었다. 나는 그녀를 수소문했으나 찾을 수가 없었다. 그래서 하는 수 없이 지은이를 만나게 해 달라며 하나님께 기도했다.

그로부터 얼마간의 세월이 흘렀다. 논현동에 위치한 서 자매의 집에서 유흥업에 종사하는 자매들 서너 명과 성경 공부를 하는 모임이 있었다. 성경 공부가 다 끝마쳐졌을 때 서 자매가 "이웃에 한 자매가 이사를 왔는데 인상이 무척 좋아 보인다. 목사님께서 인사라도 나눴으면 좋겠다."고 말하는 것이었다. 우리는 커피를 타고 간단한 다과를 준비한 다음 서 자매의 이웃을 초청했다. 서 자매가 나서서 그 이웃을 데리고 들어왔다.

순간 나는 매우 놀랐다. 지은이가 거기 서 있었던 것이다. 하나님에게 포기란 법이 없다.

룸살롱에서 예배를 드리면서 어떻게 기도해야 할지 그것이 참 곤란했다. 룸살롱이 잘 되게 해 달라고 기도할 수도 없고 망하게 해 달라고 기도할 수도 없었다. 나는 그저 "하나님의 뜻대로 되게 하여 주세요."라고 기도했다.

결국 기도한 것처럼 하나님의 뜻대로 되었다. 영업은 점점 안 되어 갔고 마침내 그 술집은 망하고 말았다. 그러나 그 술집 주인은 믿음으로 그것을 수용했고 하나님은 그에게 새로운 사업의 길을 여셨다. 지금은 분당에서 유기농산물을 판매하며 건강하고 아름답게 살고 있다.

3) 마담들의 성경공부

성경 공부 그룹이 생겨나기 시작했다. 많게는 7~8개 그룹이 생겨났고 모임 장소도 룸살롱, 가라오케, 카페 등에서 이루어졌다. 성경 공부의 구성원들은 술집 주인, 마담, 호스티스, 웨이터 등이었다. 이들은 가슴에 상처가 많고 한이 많은 사람들이어서 하나님께서 특별한 은혜를 내려 주셨다. 전직보다는 현직 유흥업 종사자들이 많았다. 이 성경 공부 그룹을 통해 많은 사람들이 변화되어서 유흥가를 떠나 건강한 삶을 살고 있다.

박 집사는 지금 원주에서 헬스클럽을 운영하면서 행복하게 살고 있다. 한번은 전화를 걸어서 내게 말했다.

"목사님, 얼마나 감사한지 몰라요. 아이는 원주에서 제일로 큰 교회 소년부 회장이 됐구요. 저는 성가대에 봉사해요. 애 아빠도 열심히 일하고 있어요."

그녀는 서초 1번가에서 '퀸'이라는 이름의 카페를 운영하고 있었다. 당시만 해도 카페는 일종의 술집이었다. 퀸은 낮에는 커피를 팔고 밤에는 술을 팔았다. 나는 점심을 먹고 한 형제와 함께 "점심에는 커피를 팝니다."라는 작은 푯말이 붙어 있는 퀸으로 들어갔다. 물론 전도를 하기 위해서였다. 마담인 그녀가 우리를 맞았다. 그녀의 얼굴은 매우 공허하고 불안해 보였다.

우리는 커피를 시켰고 그녀의 것도 주문했다. 그러자 그녀는 커피를 얻어먹고 가만히 있을 수가 없다며 기타를 들고 노래를 부르기 시작하는 것이었다. 가창력은 좀 떨어지는 수준이었으나 그녀가 노래를 너무나 열심히 불렀기 때문에 우리는 감동해서 박수를 하지 않을 수 없었다. 그녀는 기분이 매우 좋아진 듯 자신에 대해서 털어놓기 시작했다.

그녀는 대학을 졸업하고 고등학교 수학 선생인 남편과 결혼을 했다고 한다. 아들을 낳고 ○○이라고 이름을 지었다. ○○이가 태어나고 조금

지났을 때 그들 부부의 성격과 단점들이 드러나기 시작했다. 설상가상으로 ○○이 아빠는 사표를 내던졌다. 직장을 그만둔 그는 이불을 뒤집어쓰고 들어앉아 버렸다. 그런 무력한 남편을 바라보는 것이 결코 쉬운 일은 아니었으나 견딜 수 없을 만큼 힘들지는 않았다. 그러나 정말 견딜 수 없는 일이 터지고 말았는데 남편으로부터 폭행을 당하는 사건이었다. 한번 손찌검을 하기 시작한 남편은 툭하면 주먹을 휘둘렀다. 더 이상 견딜 수 없게 된 그녀는 짐승처럼 취급당한 어느 날 집을 나왔다.

그녀는 서초 1번가에 카페를 차렸다. 아들이 보고 싶었지만 이를 악물고 참을 수 있었다. 애인도 생겼다. 그러나 잃어버린 삶의 의미를 회복하는 데는 어떤 약도 듣지 않았다. 그녀는 취하고 또 취했다. 어느 새 그녀는 알코올 중독자가 되어 있었다.

이야기를 대충 듣고 나자 나는 그녀에게 술을 끊을 수 있는 그룹을 소개하겠다고 말했다. 나의 제의에 그녀는 쾌히 응했고 나는 그녀를 우물가 성경 공부 모임으로 초대했다. 우물가 성경 공부 모임 중에서는 유흥가에 종사하는 여성들로 이루어진 그룹이 있었다. 누구에게나 그렇듯 그녀에게도 신앙의 첫걸음은 그렇게 순탄하지만은 않았다. 처음에는 방해도 있었고 장벽도 많았다. 무엇보다도 성경 공부가 있는 전 날 밤에는 만취한 상황이 전개되곤 했다. 그날 밤은 유독 손님들이 많이 밀려들어서 장사가 잘되었고 손님들을 접대하려다 보니까 술을 많이 받아 마시지 않으면 안 되었던 것이다. 그러다 보니 성경공부 시간인 다음날 오전 11시까지는 일어날 수가 없는 상황이 되곤 했던 것이다. 어떤 날은 취한 상태로 참석하기도 했다. 그럼에도 불구하고 우리는 그녀를 끈질기게 불러냈고 하나님은 그녀에게 많은 은혜를 부어 주셨다.

한 석 달 정도 지났을까? 신앙을 가지게 되면서 그녀는 그녀의 삶의 방식에 대해서 고민하기 시작했다. 무엇보다도 가장 큰 고민은 '키다리'

라는 이름을 가진 그녀의 애인과 헤어지는 문제였다. 그녀가 그 문제를 상담했을 때 나는 단호하게 말했다.

"정리하십시오."

그녀는 결단하고 순종했다.

얼마가 더 지났을 때 그녀는 자랑스럽게 말했다.

"목사님, 어제는 담배를 쓰레기통에 던져 버렸습니다. 아직까지 피우고 싶은 생각이 전혀 들지 않아요. 기도해 주세요. 계속 피우고 싶은 생각이 들지 않도록요."

하나님께서는 그녀에게 은혜를 베푸셨고 그녀는 더 이상 담배를 피우지 않을 수가 있었다. 또 얼마가 지났을 때 그녀는 와서 다음과 같은 간증을 했다.

며칠 전 저녁에 만취가 되어서 집에 돌아가는데 온갖 추태를 다 부렸다는 것이다. 거의 알몸이 되다시피 해서 아파트 계단에서 아래로 방뇨까지 했다는 것이다. 아침에 정신을 차려 보니 짐승처럼 행동한 자신이 얼굴을 들 수 없을 만큼 비참해서 견딜 수가 없더라는 것이다. 술을 끊기로 했노라고 말했다. 나는 그녀를 격려해 주었다. 그러나 카페를 경영하는 한 술을 끊는 것이 그렇게 쉬울 리 없었다. 몇 번의 실패를 겪은 후에 그녀는 '퀸'을 처분하기로 결정했다. 그리고는 카페인 퀸이 처분될 때까지 그녀는 가게 운영을 종업원인 미스 하에게 맡기기로 결정했다. 얼마 있지 않아서 퀸은 적절한 가격에 처분되었다.

이제 그녀에게 마지막으로 한 가지 결심할 일이 남아 있었다. 그것은 남편과 아들이 있는 가정으로 돌아가는 것이었다. 그녀는 성경을 보거나 기도를 하면 집으로 돌아가지 않는 것이 자꾸만 부담이 되어 견딜 수가 없노라고 말했다. 그러나 두렵다고 말했다. 상황이나 남편은 전혀 변한게 없는데 집을 나오기 전과 같은 고통이 재현될까 봐 두려워하는 것이었다. 그래서 나는 그녀에게 말해 주었다.

"남편도 바뀌지 않았고 상황도 바뀐 것은 없다. 어쩌면 전보다 훨씬 상황은 악화되었는지도 모른다. 그러나 자매님이 바뀌었지 않느냐? 자신이 바뀌면 세계가 바뀌는 것이다. 힘을 내라. 이길 수 있는 힘을 하나님께서 주실 것이다. 당신의 가정을 구원하시기 위해 하나님은 실패와 시련을 당신의 가정에 허락하셨다고 믿는다."

그녀는 용기를 내서 남편에게 전화를 걸었다. 몇 번 더 만난 후에 그들은 합했다. 그러나 모든 것이 평탄하지만은 않았다. 계속해서 생활 능력이 약한 남편은 이것저것 사업에 손을 댔지만 실패했다. 그러나 그녀는 그러면 그럴수록 하나님께 더욱 매달렸다. 주일 설교와 다락방을 통해 신앙의 터를 굳건히 했고 우물가에서 《목마르거든》 편집위원으로 봉사를 하면서 실천적인 신앙을 세워나갔다. 뿐만 아니라 이것저것 돈이 될 만한 일을 찾아 열심히 일했다.

그녀가 바뀌어 완전히 새로운 사람이 되자 그녀의 시댁과 친정의 가족들이 하나하나 주님께로 돌아오기 시작했다. 어느 정도 시련의 기간이 지나자 그들의 가정도 차츰 기틀을 잡아 가기 시작했다. 그녀는 아르바이트에서 식당으로, 식당에서 양품점으로, 양품점에서 헬스클럽으로 발전해 나갔다.

박 집사의 마지막 말이 지워지질 않는다.

"… 전에는 ○○이 아빠 때문에 불편하다고 생각했었는데 요즘엔 ○○이 아빠가 얼마나 감사한지 몰라요. 성숙하지 못한 나 때문에 ○○이 아빠가 참 불편했었겠구나 하는 생각이 자주 들어요."

3장 연극 이야기

연극에 대해서 나는 문외한이었다. 우물가선교회를 맡기 전까지 단지 연극 2편을 감상했을 뿐이다. 한 편은 대학교 때 친구가 자기가 나온다고 졸라서였고 또 한 편은 추석 때가 되면 단골로 등장하는 "맹 진사 댁 경사"였다. 학교에서 단체로 관람을 했는데 그 두 편의 연극을 통해서 영화와는 또 다른 감동을 느꼈던 것으로 기억된다.

1) "창녀 마리아 1"

1990년이었다. 크리스천신문의 주필인 강정규 선생님을 만나기 위해 옥수동에 있는 신문사에 들렀는데 크리스천신문 창사 30주년 기념으로 기독교 연극제를 갖는데 사랑의교회가 꼭 참가해 달라는 제안을 했다.

나는 어려울 것이라고 답했다. 왜냐 하면 당시만 해도 사랑의교회에 연극이라는 매체는 거의 활용되지 않고 있었다. 겨우 성탄절 이브에 주일학교 아이들이 나와서 5분짜리 촌극을 하는 것이 고작이었다. 교회는 컸지만 기독교 연극제에 나갈 만한 능력을 갖추고 있질 못했다.

"사랑의교회는 그럴 만한 팀이 없습니다. 혹시 우리 우물가선교회가 나가면 몰라도…."

지금 생각하면 어떻게 내가 그런 대답을 할 수 있었는지 모르겠다. 하여튼 강정규 선생님은 정색을 하고 꼭 참가해 달라고 신신당부를 하는 것이었다.

교회로 돌아오면서 생각하니 기가 막혔다. 연극을 만들려면 작품이 있어야 하고 배우들도 있어야 하고 연출도 있어야 하는 게 아닌가. 그런데 뭐 하나 갖추어진 것이라곤 없었다. 그러나 유흥업에 종사하는 사람들이 연극을 만든다면 잘 만들 수 있을 것 같다는 생각은 들었다. 또한 그들의 자존감을 높일 수 있는 좋은 방법인 것 같았다. 문득 유흥가 사람들의 이야기를 유흥가 사람들이 연기한다면 그것은 연극 이상의 것이 되리라는 생각이 들었다. 나는 글을 쓸 줄 아는 사람이니 어떻게든 대본은 만들어 낼 수 있을 것 같았다. 문제는 연출이었다. 나는 하나님께 만약 연출자를 보내 주신다면 연극제에 나갈 수 있겠노라고 기도했다.

응답은 곧바로 되었다. 사무실로 들어갔더니 지금은 선교사로 나가 있는 안정경 간사와 상담실장으로 봉사하던 하양순 집사가 일을 하고 있었다. 자초지종을 털어놓자 하양순 집사님이 까르르 웃으며 성우 홍성헌 씨를 소개했다. 홍성헌은 하 집사의 시동생이었다. 당시 홍성헌 형제는 건국대 연극영화과를 졸업하고 KBS 성우였다. 아주 믿음이 좋고 헌신적인 청년이었다.

홍 형제를 만나 계획을 털어놓았더니 홍 형제는 즐겁게 연출을 맡기로 했다.

다음 날 강남의 마담들이 모인 우물가 성경 공부 시간에 나의 계획을 털어놓았다. 그랬더니 대부분은 부담스러워하는 눈치를 보였으나 두 분이 적극적으로 찬성해 주었다. 한 분은 과거 탤런트로 연기를 한 경험이 있는 분이었고 또 한 분은 연극에 출연해 본 경험이 있다고 했다. 그럼에도 불구하고 수가 얼마 안 되어서 배우들이 부족했다.

나는 배우들에 맞추어서 대본을 쓰기 시작했다. 마치 맞춤옷을 지어 입히듯이 했다. 배우들로 하여금 극중 인물을 표현하도록 한 것이 아니라 극중 인물이 배우들을 표현하도록 한 것이다.

대본이 완성되자 연출자에게 보여 주었다. 대본을 다 읽어 본 홍 형제는 웃으면서 말했다.

"글쎄, 대본이 좀 그러네요. 제가 좀 만져도 되겠죠?"

사실 글 쓰는 사람에게 이렇게 말하는 것처럼 수치스러운 일은 없다. 그런데도 전혀 기분이 상하지 않았다. 오히려 적극적인 그의 태도가 감사할 뿐이었다. 아마도 나의 작품을 발표하는 것이 아니라 하나님의 사역을 하는 것이었기 때문일 것이다.

사역자에게 몸 공동체인 교회를 이해한다는 것은 매우 중요하다. 어떤 지체도 홀로 완벽할 수가 없는 것이다. 다른 지체를 받아들이는 것을 거부할 때 그것은 곧 죽음을 의미한다. 그러나 다른 지체를 받아들이면 점점 성숙과 완성의 길로 나가게 되는 것이다. 자기를 비우고 부인한다는 것은 아마도 다른 지체를 통해 자기를 찾아간다는 뜻이 될 것이다. 나는 연극을 통해서 서로를 인정한다는 것이 얼마나 중요한가를 배웠다. 값으로 따지자면 한 끼 식사 값 정도밖에 안 되는 작은 부속품 하나가 우주 비행선을 추락시킬 수도 있는 것이다.

우여곡절 끝에 연극이 만들어졌다. 배우들의 신분은 마담 웨이터, 호스티스, 심지어는 여 전도사까지 동원되었다. 제목은 "창녀 마리아"였다. 제목처럼 창녀가 주인공이었는데 악명(?) 높은 창녀가 교회에 들어가 구원받기를 원하여 애를 쓰지만 교회가 이를 허락지 않는다는 내용이었다. 솔직히 내용은 단순하였고 신파조에 가까운 것이었다. 그러나 사람들은 열심히 만들었고 또 열심히 기도했다.

드디어 "창녀 마리아"가 기독교백주년기념관 무대에 올려졌다. 나와 우리 팀은 그저 긴장되고 흥분된 마음으로 무대 뒤 분장실에 무릎을 꿇었다. 우리 기도의 오직 한 가지는 '주여, 우리를 살려 주시고 도와주십시오.'였다. 평상시에는 기도가 왜 그렇게 기냐며 투정을 부리던 배우들도 조금이라도 더 기도하고 싶어서 안달을 했다. 하나님께 자신의 연기를 도와달라며 떼를 썼다. 사람이 다급한 상황을 당하면 그렇게 될 수밖에 없는 연약한 존재인 것이다. 강남의 내로라하는 마담들이니 사실 담력도 있고 거친 사람들이었으나 하나님 앞에서는 어린 아기가 된 것이다. 그런 그들을 바라보면서 왠지 귀엽고 사랑스러운 생각이 북받쳐 올랐다.

연극이 끝났다. 그런데 뭔가 심상치 않은 기류가 느껴졌다. 박수 소리가 도무지 끊이지를 않는 것이다. 커튼콜이 끝나고 나는 인사를 하기 위해 무대로 나갔다. 그러자 조명보다도 더 뜨거운 박수가 쏟아졌다. 당시의 수석 부목사였던 최석범 목사가 무대 위로 뛰어 올라와서는 나를 으스러지도록 끌어안았다. 나는 그때까지도 무슨 일이 일어나고 있는지 몰랐다. 모든 순서가 끝나고 출입구에 서서 인사를 하는데 사람들이 나의 손을 붙잡고 "너무 감동적이었어요!" 하면서 놓아 주지 않는 것이었다.

그날 집에 돌아와서 아내에게 물었다.

"오늘 연극 어땠어?"

"못 봤어요."

"왜 주애 보느라고?"

주애는 갓난아기 우리 딸이었다.

"아뇨. 주애는 어머님이 봐 주셨어요."

"그럼 왜?"

"우느라고요!"

"······?"

"연극이 한참 진행되는데 앞에 있는 분이 울기 시작하는 거예요. 조금 있자니 옆에 앉으신 분이 울고 뒤에서도 울고 그래서 저도 울었어요."

수요일이 되었다. 사랑의교회는 이미 정해져 있는 수요 예배를 취소하고 "창녀 마리아"를 공연하기로 결정했다. 아마 열린 마음을 가진 교회가 아니라면 그런 결정을 하기는 어려웠을 것이다. 연극을 아예 예배로 받아들여 주신 것이다. 사랑의교회 본당에서 공연되었는데도 백주년기념관에서 공연되었을 때와 동일한 은혜를 부어 주셨다. 마지막 인사를 하기 위해 무대로 올라갔는데도 흐느껴 우는 사람들이 많았다.

나는 그 연극을 공연하고 나서 두 가지 사실을 깨닫게 되었다. 하나는 하나님의 생각과 사람들의 생각이 다르다는 것, 즉 보통사람들이 멀리하고 죄인이라고 손가락질하는 그 사람들을 하나님께서 사용하셨다는 것이고 또 하나는 연극이라는 매체가 하나님의 마음을 전할 수 있는 탁월한 언어라는 점이었다.

2) "창녀 마리아 2"

그 다음 해에는 "창녀 마리아 2"라는 작품을 무대에 올렸다. 이 작품은 기독교인 가정의 위선을 고발한 작품이었다. 회개하고 새사람이 된 마리아가 맹 장로의 집에 파출부로 들어가 새 출발을 하지만 자신의 신분이 밝혀지면서 모함을 받고 쫓겨난다는 내용의 작품이었다.

이 작품의 대본 역시 내가 썼다. 나는 이 작품을 통해 현대 그리스도인들의 위선적 삶을 고발하고 싶었다. 유흥가 종사자들을 섬기는 사역을 하면서 그리스도인들의 위선적 삶이 눈에 들어오기 시작했던 것이다.

이 작품을 놓고 배역을 정하는데 문제가 발생했다. 배우들이 대본을 받아 읽어 보고는 마음에 들지 않는다며 파업(?)을 한 것이다. 아마도 그들은 신앙생활을 하면서 느끼는 개인적인 삶의 갈등을 연기하고 싶었던 것 같다. 나는 그들을 설득도 해 보고 구슬려 보기도 했지만 오히려 그들의 집단 항의는 거세어졌다. 그렇게 가다가는 "창녀 마리아 2" 공연은 할 수 없을 환경으로 치달을 것 같았다. 나는 그들이 자신들의 지도자의 의견에 따라 주지 않는 것도 속상했지만 무엇보다도 저렇게 거세고 거친 마담들을 어떻게 이끌고 가야 하나 하는 무력감이랄까 절망감 같은 것이 나를 낙심케 했다.

아침 QT시간에 사도행전 1장 8절의 말씀을 주셨다.

"오직 성령이 너희에게 임하시면 너희가 권능을 받고 예루살렘과 온 유대와 사마리아와 땅 끝까지 이르러 나의 증인이 되리라 하시니라"

성령이 오셨다. 이미 오순절 날에 교회에 임하셨다. 내가 예수 그리스도를 영접했을 때 나는 성령의 세례를 받고 성령이 내주하는 사람이 된 것이다. 그렇다면 나는 권능을 받은 사람이다. 이미 성령의 권능을 입은 사람이다. 늘 읽었던 말씀이지만 그날따라 그 말씀은 내 마음에 확신과 큰 용기를 주었다.

'그래 나는 약한 자가 아니다. 이미 성령의 권능을 받은 자가 아닌가?'

내 안에서 억누를 수 없는 힘이 솟아올랐다. 나는 배우들을 모아 놓고 기도회를 가졌다. 그런데 그 기도회는 하나님께서 참 이상하게 역사하셨다. 그들을 굴복시키는 강력한 능력이 아니라 나로 하여금 엉엉 울도록 만들었다. 기도회가 끝났을 배우들이 다가와 말했다.

"목사님, 죄송합니다. 용서해 주세요."

그 기도회를 통해 우리는 한마음을 가지게 되었다.

"창녀 마리아 2"를 통해 얻은 수확 가운데 가장 나를 흥분시켰던 것이 있다. 하나님은 아무리 부족한 자를 통해서도 영광받으실 수 있다는 것을 나는 배웠다. 오히려 정상적이고 똑똑한 사람을 통해서 할 수 없는 어떤 일을 할 수 있다는 것을 배웠다.

사랑의교회에 좀 특별한 사람들이 있었다. 최 형제는 교통사고를 당해 의지력이 어린아이 같았고 김 자매는 어렸을 보약을 잘못 먹어 살이 너무 찌고 성격도 괴팍했다. 그리고 또 한 자매는 우울증 때문에 우울증이 오면 한 달 이상을 두문불출하는 그런 여성이었다.

"창녀 마리아 2"의 연극은 마지막 장이 압권인데 이 부분에 배우들이 많이 필요했다. 이단이나 신비주의자들의 광란의 현장을 재현할 수 있는 사람들이 필요했다. 보통 사람들은 그러한 연기를 사실적으로 해내지 못했다. 그런데 이들에게는 오히려 쉬운 것이었다. 관객들은 배꼽을 잡고 웃었으며 진짜 같았다고 말했다. 이 연극은 대학로에서 2회를 공연하고 사랑의교회 본당에서도 2회를 공연했는데 모두 대성공이었다.

이 연극이 끝나고 새벽 기도회 시간에 나는 이런 설교를 했던 기억이 난다.

"여러분 교만한 밥에 대해서 들어보셨습니까? 우물가선교회는 지난주에 '창녀 마리아 2'라는 제목의 연극을 성황리에 마쳤습니다. 저희는 연극을 만들면서 식사를 만들어 먹었습니다. 어떤 집사님은 고기를 양념에 재워서 불고기 감으로 가져오셨고 어떤 분은 밑반찬을 가져오셨습니다. 또 어떤 분은 야채와 김치를 가져왔습니다. 진수성찬이 마련된 것입니다. 모든 것은 완벽하게 준비되었습니다. 그런데 잠시 후 정작 밥을 퍼왔을 때 글쎄 밥이 설익은 것이지 않겠습니까? 반찬은 좋았지만 설익은 밥을 먹자니 여간 힘든 것이 아니었습니다. 그 밥 하나 때문에 정성스럽게 마련한 모든 반찬들이 빛을 잃고 말았습니다. 우리의 신앙도 그렇습니다. 헌신도 있고 찬양도 있고 전도도 있고 온갖 노력들이 다 있지만 설익은 밥처럼 우리가 교만하다면 하나님은 우리를 받으시기에 참 불편하실 것입니다."

연극을 공연하고 내 가슴에 움푹한 상처가 패는 말을 들었다.

"참 연극 재미있었죠?"

연극을 보면서 은혜를 받은 한 자매가 말하자,

"잘하면 뭘 해요. 다 그렇고 그런 애들이 하는 건데!"

라고 말한 사람은 믿음이 좋다는 모 집사였다.

3) "십자가에 달린 창녀"

1992년도 가을로 접어들었다. 정기 공연 작품을 무대에 올려야 할 시기가 점점 다가왔다. 대본이 문제였다. 사역이 점점 바빠졌기 때문에 대본을 쓸 시간이 없었던 것이다. 그러나 대본이 안 나오면 공연 자체가 무산될 판이었다.

게다가 둘째 아이를 가지고 있는 아내는 만삭이 되어 오늘내일 하고 있었다. 본래 글이라는 것이 고도의 집중을 요하는 작업이다. 그런 환경에서 글을 쓴다는 것은 무리였다. 나는 만삭인 아내에게 허락을 받고 집 가까운 여관에 들었다.

끙끙거리며 구상을 하고 있는데 집에서 전화가 왔다. 달려와 보니 아내가 진통을 시작하고 있었다. 급히 아내를 병원으로 옮겼다. 아들을 낳았다. 첫애가 딸이라서 한층 기뻤다. 나는 아내의 손을 잡고 수고했다는 말을 해 주고는 다시 여관으로 들어갔다. 나는 두문불출하고 글을 썼다. 글을 쓰는 데 집중하느라 아내는 까마득히 잊었다. 드디어 초고가 완성되었다. 초고를 들고 병원으로 달려가 보니 아내는 거기 없었다.

벌써 퇴원을 한 퇴원을 한 것이다.

1992년 가을에 아내는 아들을 낳았고 나는 연극을 낳았다.

"십자가에 달린 창녀"라는 제목으로 공연이 되었다. 사랑의교회 본당에서 공연이 되었다. 이 연극의 내용은 창녀 출신의 마리아가 사창가로 돌아가 창녀들을 구원한다는 내용이었다.

당시 우물가에서 발간했던 《목마르거든》 11호(1992년 12월)에 실렸던 홍보 문안을 여기에 그대로 옮겨 본다.

"십자가에 달린 창녀"

유흥가 선교 기관인 우물가선교회에서는 제3차 정기공연 작품으로 "십자가에 달린 창녀"라는 제목의 연극을 공연한다. 이 작품은 기독교계의 관심을 끌었던 "창녀 마리아 1" "창녀 마리아 2"에 이은 '창녀 시리즈' 완결편으로 윤락 문제를 다루고 있으며, 외식과 안일에 사로잡힌 그리스도인을 고발한다. 십자가에 달린 창녀는 우선 그 내용부터가 특이하다. 이 사회의 가장 밑바닥, 암 부위를 적나라하게 폭로하고 있는데 현장 경험이 있는 작가인 우물가선교회의 담당 목사가 생생한 체험을 바탕으로 집필했다. 뿐만 아니라 탤런트 김자옥, 형에서 좋은 연기를 보여 주고 있는 탤런트 유용진, 대한민국 연극제 우수상을 수상한 "오로라를 위하여"에서 여주인공을 맡았던 김호정, 유흥업계의 대부 출신 배우 임종의(임훈) 등이 탁월한 연기로 감동을 연출한다. 이 작품은 단순히 밑바닥의 실상을 폭로하는 수준을 뛰어넘어 예술로 승화시키고 있으며 여주인공 마리아를 통해 유일한 해답을 제시하고 있어 기독교 문화의 새로운 지평을 열 것으로 기대를 모으고 있다.

"십자가에 달린 창녀"는 우물가선교회의 정기공연 작품이라는 것 외에도 또 하나의 큰 이유가 있었다. 예수님을 믿고 유흥가를 나서고자 하는 사람들에게 집이 필요했다. 얼마나 절박한 상황인지 《목마르거든》 제 10호(1992년 10월)에 실렸던 내용을 인용해 본다.

'목회 일기'

−1992년 6월 29일

G 자매가 공단 O회사에 취직이 되다. 시다로 취직이 되다. 잠자리도 해결되다. 기숙사에 들다.

−1992년 7월 3일

회사에서 G 자매의 주민등록번호를 알아 달란다. 기술원에 알아보았는데도 알 길이 없다. 그의 가족들을 찾을 길이 없다. 오빠가 있긴 하지만 그녀를 버렸다(?). 주민등록번호가 없기 때문에 아르바이트로 일하기로 하다.

−1992년 7월 10일

G 자매가 회사 내 생활에 적응을 못 하는 모양이다. 다른 자매들이 G 자매가 들어 있는 방에서 모두 피신을 했다는 소식이다. 걱정이다.

−1992년 7월11일

G 자매를 회사 기숙사에 맡기기에는 그곳 자매들에게 너무 미안하다. 김 부장과 상의를 하다. 그러나 마땅히 다른 방도가 없다. G 자매가 가 있을 만한 곳을 마련하고 데려가겠다고 불확실한 약속만 하다.

–1992년 7월 13일

새벽 1시. 따르릉, 전화가 왔다. 또 G 자매다. 나는 조금 짜증이 난다. G 자매의 전화는 시와 때를 가리지 않는다. 밤 12시도 좋고 새벽 2시도 좋다.

"왜?"

"주앤 뭐 해요? 잠자요? 사모님은요?"

나는 폭소를 터트린다. 어이가 없다.

"이 아가씨야 뭐 하긴. 어린아이가 새벽 2시에 뭘 하겠어! 잠자지."

목청을 높인다. 그러나 다음 순간 나는 부끄러워진다. 나의 그런 태도는 얼마나 이기적인가? 얼마나 자매가 외로움에 사무쳤으면 전화를 그렇게 자주 걸까?

–1992년 7월 15일

도대체 이게 무슨 말인가? G 자매가 임신이라니! 배가 아프고 구역질이 나고 임신의 초기 징후가 뚜렷하단다. G 자매는 거의 임신이라고 확신하고 있다. 우물가에 오기 전에 광주에서 올라오면서 만난 어떤 남자와 돈 몇 푼 받기로 하고 영등포에서 함께 잤는데 그것이 원인인 모양이다.

–1992년 7월 20일

상상 임신! 주님께서 G 자매에게 긍휼을 베푸셨습니다.

–1992년 7월 26일

더 이상 G 자매를 회사에서 감당할 수 없는 모양이다. 그곳 관리자들이 신앙인들이기 때문에 데리고 가라는 말을 하지는 않지만 그곳 자매들이 보통 불편한 게 아닌 듯싶다.

근로자들도 사는 게 힘든 사람들인데 G 자매 때문에 더욱 무거운 짐을 느끼게 하는 것은 옳은 처사가 아닐 듯싶다. 그러나 달리 방법이 없다. G 자매는 복지기관에 다시 들어가기는 죽기보다 싫단다. 그런 그녀를 강제로 복지기관에 밀어 넣을 수는 없다. 유흥가 사역의 필수라 할 수 있는 홈 공동체인 중간의 집이 어서 준비되었으면 좋겠다.

—1992년 7월 27일

L 자매와 연락이 되었다. 자매는 어려서 집을 나왔다. 그녀는 앞니가 엉망이다. 계모가 자매를 구타할 때 수건을 물렸는데도 너무 고통스러워 이를 악물다 보니 이가 엉망이 되었다. 팔뚝에는 흉측한 흉터가 있다. 계모가 만들어 놓은 학대의 흔적이다. 그녀는 또 덜 발달된 듯한 체형이다. 제대로 먹지 못한 탓이리라. 자매는 열셋의 나이에 가출했다. 아니 탈출이다. 봉제공장 직공, 카페의 호스티스, 그리고 거리의 꽃, ……

L 자매는 가정부로 일하고 있다. 그런데 말이 가정부지 월급 한 푼 받지 못하는 실정이다. 자매는 그 집을 나오고 싶다고 말한다. 그러나 당장 먹고 잠잘 거처가 없다. 나는 그녀에게 구체적인 도움을 줄 수가 없다. 기도해 보자고 말하는 것 외에는.

—1992년 7월 28일

K 자매가 이사를 가야 한다. 지금은 일본에서 만난 아는 언니와 함께 살고 있는데 나가라고 했단다. 고등학교를 졸업하고 부모가 이혼하는 바람에 집을 뛰쳐나온 K 자매는 무역회사에서 일을 하고는 있지만 방을 얻을 만한 돈은 없다. 신앙으로 과거의 떳떳하지 못한 삶을 모두 청산하고 새사람이 되어 열심히 살아가고 있는 K 자매를 도와주어야 한다. 자매는 지금 거처할 방이 없다.

–1992년 8월 3일

수원역에서 종적을 감추었던 G 자매로부터 전화가 왔다. 목포라고 한다. 그녀는 감시를 받고 있다고 한다. 그녀는 큰소리로 말하지도 못하고 소곤소곤 말한다. 밖에서 누군가가 감시를 하고 있기 때문이란다. 전화번호를 가르쳐 준다. 전화를 다시 걸어 본다. G 자매가 받는다. 전화번호는 틀림이 없다. 어떻게 그곳에 들어가게 되었느냐고 물어보지만 대답을 않는다.

–1992년 8월 23일

무력감을 느낀다. G 자매를 저대로 방치할 수는 없다. 그녀를 구출해야 한다. 전화번호를 알고 있으니 그녀를 빼내 오는 것은 문제가 아니지만 어떻게 감당할 수 있는가? 그녀를 위해 해 줄 수 있는 게 뭐란 말인가? 기도뿐인가? 내겐 왜 아무런 용기가 없는가? 목포로 달려가 무작정 그녀를 빼내 올 수 있는 믿음이 왜 내겐 없는가! 주여, 우리에게 속히 우물가의집을 허락하셔서 가장 비천한 주님의 딸들을 섬기게 하소서.

"십자가에 달린 창녀"를 소개했던 전단의 내용이다.

'화순 씨 이야기'
1965년, 화순 씨 태어나다.
그녀가 젖먹이였을 때 엄마는 결핵으로 죽고 아버지는 새엄마를 들이다.
독한 새엄마가 그녀의 몸 구석구석에 흉터를 남기다.
열두 살 되던 해 아버지가 죽자 그녀는 새엄마에 의해 거리로 쫓겨나다.
열아홉 살, 술집에서 일을 하던 그녀는 중매로 어느 시골 총각과 결혼을 하다. 그러나 곧 그녀의 과거가 밝혀져 시아버지에게 삽자루로 얻어맞으며 쫓겨나다.

갈 곳을 잃은 화순 씨!

울며 걷던 그녀는 마침내 사창가로 들어가다.

화순 씨는 십자가에 달린 창녀에 나오는 단순한 극중 인물이 아닙니다. 우
물가선교회에는 여러 명의 화순 씨가 있습니다. 그들도 인간답게 살 자격이
있다는 것을, 인간답게 살아야 한다는 것을 우리는 압니다. 우물가선교회는
예수님을 섬기듯이 그들을 섬기고자 합니다. 그들이야말로 우리가 섬겨야
할 구체적인 예수님이니까요. 연극이 끝난 후 그들의 주거 공간인 우물가의
집을 건립하기 위한 헌금 순서가 있습니다.

많은 사람들이 이 공연에 참여해 주었다. 첫날에는 본당 1층이 찼고,
둘째 날에는 본당 2층까지 찼고, 셋째 날에는 별관까지 찼고, 마지막 날
에는 수백 명의 사람들이 공연을 보지 못한 채 돌아가야만 했다. 공연을
관람했던 많은 사람들이 헌금에 동참해 주었다. 어떤 할머니는 반지를
빼서 헌금해 주었다. 또 일본 유흥가에서 일을 하고 돌아온 한 여성은 일
본 돈으로 헌금을 내 주기도 했다. 별관에서 관람을 하던 젊은이들은 헌
금 바구니가 돌지 않는다며 만 원짜리를 한 주먹 들고 뛰어 내려오기도
했다. 이때 모아진 돈이 4천만 원이 넘었다.

이 연극이 끝나고 젊은이들 사이에서는 극중 대사가 유행어로 사용되
기도 했다.

이렇게 하나님께서 이 작품을 축복하신 이유는 물론 작품의 내용이 좋
고 잘 만들었기 때문이기도 하지만 몇 가지 이유가 더 있다. 이 작품에
참가한 배우들 모두는 개런티를 받지 않았다. 우물가의집을 건립한다는
선한 취지에 전적으로 헌신해 준 것이다. 그리고 또 연극배우로 유흥업
종사자들과 장애를 가진 연약한 사람들까지 연기자로 나섰다. 하나님 나

라는 그럴 것이다. 뒤에서 말없이 수고해 준 스태프들의 수고는 눈물겨운 것이었다.

연극을 본 집사 한 분이 이렇게 말했다.

"연극이 꼭 진짜 같네."

4) 뮤지컬 "그(He)"

나에게 한 가지 고민과 한 가지 소원이 생겼다. 그 소원이라는 것은 예수님을 자랑하고 싶은 것이었다. 거리에 나가 예수님을 전도해 본 사람이라면 알겠지만 사람들은 예수님을 거부하고 홀대했다. 그 고민이라는 것은, 기독교에 강한 거부감을 가진 사람들에게 그들을 무장 해제시키고 복음을 전할 것인가 하는 것이었다. 이렇게 고민하고 있던 차에 작곡가인 이찬해 권사와 의기투합하게 되었다.

이 작품은 국민일보와 공동으로 주최했고 KBS가 후원해 주었다. 1999년 1월 17-23일에 서울교육문화회관 대극장에서 초연을 했고 3월 19-20일에는 KBS부산홀에서 공연을 가졌다. 5월에는 다시 교육문화회관에서 재공연을 가졌다. 2만 7천 명의 관객이 관람을 했다. 이 작품을 만드는 데 감독은 홍성헌, 연출은 최종률이 맡았고 50여 명의 배우들과 스태프들 그리고 라이브 오케스트라와 코러스 등 150여 명의 인원이 동원되었다. 제작비도 많이 들었다.

이 작품의 제목인 "그(HE)"는 이사야 53장에서 가져온 제목이었다.

"그가 찔림은 우리의 허물을 인함이요 그가 상함은 우리의 죄악을 인함이라 그가 징계를 받음으로 우리가 평화를 누리고 그가 채찍에 맞음으로 그가 나음을 입었도다"(사 53:5)

"그(He)"는 복음을 말이 아니라 뮤지컬이라는 그릇에 담은 것이다.

이 작품을 통해 관객들이 예수님을 영접하도록 하려면 성령께서 역사하시는 작품이 반드시 되어야 했다. 그래서 뮤지컬의 캐치프레이즈를 '예술과 성령의 만남'이라고 정했다. 외형적으로는 예술적 차원에 이르는 완성도가 있어야 하겠고 내면적으로는 성령의 기름 부으심이 있어야겠다고 생각한 것이다.

나는 배우들에게 특별히 경건에 힘쓰도록 주문했다. 나는 그들에게 다음과 같은 채드윅의 말을 주지시켰다.

"성령은 방법 가운데 임하시지 않고 사람과 함께하신다. 그분은 기계에 기름을 붓지 않으시고 사람에게 기름을 부으신다. 그분은 조직을 통해 일하시지 않고 사람을 통해 일하신다. 그분은 건물 안에 계시지 않고 사람 안에 거하신다."

어떤 배우는 아침 금식을 40일 동안이나 했고 어떤 배우는 담배를 끊기도 했다.

우리는 이 작품이 예수님의 생애를 다루는 복음 그 자체였기 때문에 배우들 대부분은 그리스도인으로 뽑았지만 일부러 몇몇은 불신자를 뽑았다. 연기를 하다 그들이 거듭나기를 바랐던 것이다. 우리의 계획은 적중해서 그들은 그리스도인으로 거듭났다.

이 작품이 공연되었을 때 많은 사람들이 거듭나거나 신앙이 회복되었다. 그러나 단순히 연극으로만 대하려 했던 사람들에게는 실망이 되기도 했다.

예수님을 자랑하고 싶어했던 나의 기도를 하나님은 들어주셔서, MBC의 문화가 산책, KBS의 뉴스 시간에 방송을 타게 하셨다. 뿐만 아니라 나에게 강렬한 소원을 주셨는데 KBS TV에 뮤지컬 광고를 내보내는 것이었다. 광고를 통해 복음을 전국에 내보낼 수 있는 기회가 온 것이다. 그런데 알아보니 광고료가 만만치 않았다.

예수님은 자랑하고 싶고 돈은 없고 고민하며 샤워를 하고 있는데 하나님이 찾아오셨다. 하나님께서 내게 광고 문안을 좍 펼쳐 주셨다.

그가 왔다/그가 치료하신다/그가 용서하신다
그가 죽으셨다/그가 부활하셨다

전국에 있는 시청자가 이 복음 광고를 본다고 생각하니 가슴이 뛰고 눈물이 쏟아졌다. 나는 성령의 강력한 감동에 사로잡혀 광고를 내보내기로 결심했다.

그날 아내와 함께 교회로 가고 있는데 아내가 내게 불쑥 통장 하나를 내미는 것이었다. 통장을 펴 보니 거금 800만 원이 들어 있었다.

"이게 웬 돈이야?"

"집안에 급한 일이 생길 때를 대비해 제 퇴직금 남겨 두었던 거예요."

"…괜찮겠어?"

"그럼요! 남편 사업 자금을 대기 위해 돈을 꿔 오는 부인들도 있는데요."

그러나 그것 가지고는 턱없이 부족했다.

우물가 열린 예배 시간.

나는 설교 시간에 순전한 복음을 광고 방송을 통해 내보내기로 했다는 것을 알렸다. 예배가 끝나고 내 사무실로 올라왔다. 그런데 누가 내 방문을 두드렸다. 문을 열어 보니 처음 보는 부인이었다. 그 부인은 모 백화점에서 김밥 코너를 하시는 분이었는데 그날 우연히 예배에 참석을 했던 것이다.

그 부인이 내게 봉투를 내밀었다. 열어 보니 놀랍게도 천만 원이 들어 있는 것이 아닌가? 놀라서 말을 잊고 있는 내게 말했다.

"예수님을 높이는 데 이 돈을 사용해 주세요."

하나님은 광고를 내보내고 나자 새로운 꿈을 주셨다. 그것은 극단 우물가에 대한 비전이었다. 나는 이 비전을 다음과 같이 호소했었다.

극단 우물가는 세 가지를 목표로 삼고 있습니다.

첫째는, 복음을 전파하고자 합니다. 이번 작품에서는 특히 이 부분이 강조되었습니다. 이 작품의 제목 "그"는 예언서 중 예언서인 이사야 53장을 기초로 했습니다. "그가 찔림은 우리의 허물을 인함이요 그가 상함은 우리의 죄악을 인함이라" 재미와 감동과 흥분을 놓치지 않으면서도 복음을 정확하게 담았습니다. 극단 우물가는 예수의 전기나 그에 관해서 말하는 것으로 만족할 수 없습니다. 많은 고통이 따르겠지만 예수 그리스도가 임재하시는 영광의 현장을 만들 결심입니다

'예술과 성령의 만남'

이것은 세상을 사랑하고 구원하는 일에 부름을 받은 우리 기독교 문화가 반드시 성취해야만 하는 꿈이며 목표입니다

둘째는, 기독교 문화를 창출하고자 합니다.

지금까지 한국 교회에 교회 문화가 없었던 것은 아닙니다. 그러나 기독교 문화는 없었다고 말할 수 있습니다. 있었다고 해도 외국에서 수입한 것을 사용해 보는 데 그쳤습니다. 저희 극단 우물가는 그리스도인들의 잔치가 되는 교회 문화로 만족할 수 없습니다. 교회는 사회의 빛과 소금이 되어야 합니다. 교회가 사회에 영향력을 줄 수 없다면 마침내는 세상에 의해 정복당하게 될 것입니다. 세상에 영향을 주려면 두 가지가 만족되어야 합니다. 기독교 문화의 질에 있어서 세상 문화와 어깨를 겨룰 수 있거나 능가하여야 하며 동시에 교회 문화가 가지는 것 이상의 영성

을 담고 있어야 합니다.

셋째는, 사람을 키우려고 합니다. 지금까지 한국 사회는 사람을 길러 내지 못했습니다. 오히려 거목이 될 재목의 싹을 싹둑 잘라 버리곤 했습니다. 한국 교회도 예외는 아니었습니다. 앞으로의 세기는 문화 세기입니다. 아무리 거부하려고 해도 홍수처럼 쏟아지는 문화를 거부할 수는 없습니다. 21세기는 정치, 문화, 교육, 어떤 분야보다도 문화가 가장 영향력 있는 주체가 될 것임에 틀림없습니다. 세상을 바꾸려면 탁월한 문화 생산자, 문화 공급자들을 길러내야 할 뿐 아니라 문화 소비자들의 의식을 일깨워야 합니다. 극단 우물가는 기능과 영성을 동시에 갖춘 능력 있는 사람들을 길러낼 것입니다. 장학금도 주고 유학도 보낼 것입니다.

극단 우물가는 그들을 문화 선교사로 임명하여 각 극단이나 방송국 영화계 혹은 연예계로 파송할 계획입니다. 그들은 각자의 현장으로 나아가 사람을 전도하고 극단을 복음화하고 문화를 선교해 나갈 것입니다. 그러므로 후원회는 그들이 의식주에 압박 받지 않고 이 일을 해낼 수 있도록 해야 할 것입니다. 이 일에 바로 귀하의 동참이 있으셔야만 하겠습니다.

그러나 후원회는 장벽에 부딪혔다. 그것은 부교역자로서 건널 수 없는 것이었다. 나는 하나님께 물었다.

"주님, 주님께서 주신 비전인데 제게 상처만 남겨 주시는 것입니까? 이 비전은 거두시는 것입니까?"

주님께 말씀하셨다.

"기다려라."

4장 나의 안식년

1) 지쳤어요

우물가선교회를 이끌어 가면서 나는 너무나 지쳐 있었고 도망치고 싶었다. 아니 모든 것을 던져 버리고 싶었다. 내 속에는 상처가 치유되지 않은 채로 남아 있었고 사역적으로도 유흥업 종사자들과 씨름을 하고 연극을 만드느라 탈진되어 있었다. 사랑의교회 부교역자로 우물가선교회를 맡고 있었던 나는 담임 목사인 옥한흠 목사님을 찾아갔다. 옥 목사님은 우리 부교역자들에게 존경받는 어른이셨지만 한편으로는 어렵고 두려움의 대상이기도 했다. 게다가 나는 최초의 권위자인 아버지에 대한 상처가 깊게 패여 있어 더욱 그랬다. 그럼에도 불구하고 옥 목사님을 찾아갈 수밖에 없었던 것은 그만큼 지쳤고 힘들었기 때문이었다. 이러다가는 사역이고 뭐고 정말 무너지고 말겠다는 위기감 같은 것이 나를 짓눌렀다. 나는 열심히 기도한 후 쿵쿵거리는 마음을 가까스로 진정시키며 옥 목사님의 방을 두드렸다.

"목사님, 좀 쉬고 싶습니다."

옥 목사님께서 나를 잠시 건너다보시더니 이렇게 말씀하셨다.

---

*이 글은 '미래 이음'에서 출간된 『길 위에 보이는 하늘』에 실린 본인의 글을 인용해 실었습니다.

"힘이 든 모양이구나. 좋아. 쉬거라. 편히 쉬면서 잠도 마음껏 자 보고 가고 싶은 곳도 가 보고 그래라."

눈물겹고도 과감한 배려였다. 당신이 사망의 골짜기를 통과하는 탈진을 경험했었고 건강이 무너진 후 다시 회복하는 것이 얼마나 힘이 든지 경험했었기 때문에 그런 배려와 관용이 가능했으리라.

나는 이렇게 해서 교회가 허락한 공식적인 안식 기간을 갖게 되었다.

내가 안식 기간을 가지게 되었다는 것이 알려지게 되면서 동료 교역자들과 성도들이 물었다.

"어디서 보낼 계획이야? 영국에 쉴 만한 곳을 소개해 줄까?"

"목사님 어디로 가세요. 미국으로 가세요? 좋은 곳 알려 드릴 게요."

그런데 나의 마음은 외국이 아니었다. 하나님께서 조용한 곳으로 나를 부르고 계신다는 생각이 들었다. 거기서 하나님은 로뎀나무 아래 누워 있는 엘리야를 찾아오셨던 것처럼 나를 만나고 싶어하신다는 생각이 들었다. 그렇다면 특별히 자연 경관이 빼어날 필요도 특별한 프로그램이 있어야 할 필요도 없었다. 단지 숙식의 어려움만 없는 곳이면 충분하다는 생각이 들었다. 너무 분주하거나 통제가 심하거나 사람들이 들끓는 곳만 아니면 되었다.

나는 가까운 친구 이 목사에게 자문을 구했다. 이 목사는 자기가 어머니처럼 모시는 권사님이 한 분 계시는데 그분이 운영하는 기도원이 좋을 것 같다며 추천해 주었다.

밀알기도원..

2) 치유

나는 밀알기도원에 3개월을 머물기로 마음을 굳혔다. 처음 얼마 동안은 쉬는 것이 나의 일이었다. 식사를 하고 나면 뒷산을 오르거나 산책을 했다. 오후에는 잠을 잤다. 그리고 사역에 대해서는 의도적으로 생각하는 것을 피했다. 그럼에도 불구하고 자꾸 생각이 났다. 아예 나는 교회나 성도들에게는 연락이 오지 못하도록 전화를 닫아 버렸다. 그렇게 1개월쯤 지나니까 나의 건강과 감성이 회복되기 시작했다. 피곤이 사라지면서 여유가 생겼고 무엇보다도 매사에 감사한 생각이 들었다. 나는 그때 전인격적인 감사는 감사할 수 있는 능력이 있어야 가능하다는 것을 알았다. 너무나 지치거나 피곤하면 신앙적으로 감사하고자 하는 의무감은 있지만 마음이 따라 주지 않을 수 있다는 것을 알았다. 그래서 감사하지 못하는 것에 대한 죄책감만 생기게 되는 것이다. 몸이 얼마만큼 회복되자 말씀에 대한 갈망이 생기기 시작했다. 나는 성경을 통독하기로 하고 창세기부터 읽어 내려가기 시작했다.

그런데 말씀에 깊게 들어가려고 하면 자꾸만 어떤 장애물 같은 것을 느꼈다. 한마디로 말해 그것은 하나님에 대한 두려움이었다. 그것은 나의 내면 뿌리 깊은 상처로부터 자라난 것이었다.

나의 아버지는 다혈질인데다가 폭력적인 분이셨다. 아버지는 우리 자녀들에게 두려움의 대상이었다. 아버지가 어디 먼 곳에 출타라도 해서 집을 비우게 되면 그게 그렇게 좋을 수가 없었다. 차라리 아버지가 사라져 주기를 얼마나 원했던가. 그러면서도 그런 나의 생각이 이성이라는 파수꾼에게 들키게 되면 죄책감에 떨어야 했다. 이런 아버지와의 관계는 나에게 대인 공포증을 가져왔고 특히 권위자에 대한 두려움으로 나타났다. 그래서 나는 담임 목사인 옥 목사님을 다른 교역자들이 어려워하는 것보다 한층 어려워했다. 그리고 이러한 상처는 거기서 끝나는 것이 아니라 하나님과의 관계에서도 장애를 일으켰다. 하나님이 두렵게 느껴졌고 채찍을 들고 기다리고 있는 것처럼 여겨졌고 달리고 있는데도 더 달리라고 채찍을 휘두르는 그런 분으로 인식되었다. 나의 탈진이 다른 사람들에 비해 쉽게 찾아온 것은 어쩌면 당연한 결과였으리라.

나는 치유 받아야만 했다. 나는 나의 상처를 치유해 달라고 하나님께 부르짖었다. 얼마나 기도했을까? 밤이 깊었다. 문득 한 장면이 영상처럼 나의 앞에 펼쳐졌다. 그것은 얼마 전에 아버지와 나 사이에 있었던 사건이었다.

아버지 때문에 어머니가 너무나 힘들어하신다는 소식을 듣고 아버지에게 전화를 걸었다. 나는 내 생애 처음으로 아버지에게 소리를 질렀다. 어디서 그런 용기가 났는지.

"왜 아버지께서는 칠순을 넘기고서도 맨날 어머니를 야단치세요? 제발 싸우지 좀 마세요! 이젠 사랑하실 줄도 아셔야지요."

그런데 아버지는 나를 향해 역정을 내시기는커녕 풀죽은 목소리로 "알았다." 이렇게 말씀하시는 것이었다. 바로 그 사건이 지금 내 앞에서 다시 펼쳐진 것이다. 그런데 이해할 수 없는 것은 실제 때와는 달리 이번에는 내 안에 수십 년 동안 쌓아올렸던 미움과 두려움의 담이 무너져 내렸던 것이다. 뭐라 표현할 수 없는 감정이 휘몰아쳐 왔다. 눈물이 흘러내렸다. 아버지에 대한 미움이 사라졌다. 그 아버지와 하나님이 하나로 겹쳐졌다. 나는 소리 내어 울었다. 얼마나 울었는지 모른다.

폭풍우 같은 격정이 지나간 후 나는 매우 편안해졌고 자유로워졌다. 아버지를 정말 사랑하는 느낌이 들었다. 더 이상 아버지도 하나님도 두려운 존재가 아니었다. 이제 하나님은 나의 어떤 행동도 용납해 주시는 분으로 느껴지기 시작한 것이다. 그러자 당연히 말씀이 균형 잡히게 깨달아졌고 기도도 잘 되었다. 성령으로 충만해졌다. 우리 내면의 상처는 녹슨 관처럼 물을 오염시키고 심지어는 하나님의 은혜를 차단해 버린다. 하나님은 사랑으로 우리 내면의 어떤 상처도 치유하실 수 있다.

3) 시험

    내면이 치유되자 성경은 너무나 달콤해서 밤잠을 설칠 정도였다. 처음 예수님을 믿을 때의 그 은혜가 회복되고 있었다. 그러던 어느 날 모진 시험이 불어 닥쳤다. 마태복음의 수난 기사를 읽는데 갑자기 내 마음속에 의심이 들어왔다. 지금도 그때의 시험을 생각하면 몸서리가 쳐진다. '예수님은 정말 구원자인가? 예수님이 정말 하나님의 아들인가? 예수님이 우리의 죄 때문에 죽은 것이 맞는가? 예수님이 정말 부활하셨나? 예수님이 지금 하늘 보좌에 계시는가?' 이 의심은 내 속에서 점점 부풀어 올랐다. 마침내 의심은 나의 믿음을 삼켜 버렸다. 기가 막힌 노릇이었다. 예수님을 영접한 후 단 한 번도 예수님을 의심해 본적이 없었는데 믿음의 뿌리가 뒤흔들리기 시작한 것이다. 그것은 나의 신앙 전부가 붕괴되는 것이나 마찬가지였다. 나는 목사가 아닌가? 이 일을 어쩐단 말인가? 구원의 확신도 없는 자가 목회를 할 수 있는가?

    나는 꼭 죽을 것만 같았다. 먹을 수도 잠을 잘 수도 없었다. 자동으로 금식이 되었다. 그런데 아무리 부르짖어 기도를 해도 목만 쉴 뿐 심령은 답답하기만 했다. 기도가 공허한 메아리처럼 느껴졌다. 영적인 생명으로부터 단절된 그 느낌은 처참한 고통이었다.

    금식 3일째 되는 날 새벽이 되었다. 밤새도록 몸부림치다가 새벽녘이 되어서 깜박 잠이 들었다.

    가을이었다. 숲이었다. 참나무 한 그루가 보였다. 나무 밑동에는 치마를 입은 것처럼 볏짚으로 둘러져 있었다. 해충을 유인포살하기 위해 잠복소를 설치해 놓은 것이었다. 잠복소는 보통 10월에 설치하는데 가마니, 거적 또는 볏짚을 지상 1m 정도의 수간에 폭 30cm 되게 상하를 새끼줄로 묶는다. 하부는 설치 후에 새끼줄이 밖에서 보이지 않도록 단단히 묶은 후 위로 걷어올려 상부를 묶되 유충이 들어갈 수 있도록 느슨하게 묶는다. 다음해 3월 상순 이전에 제거하여 천적 등의 탈출기간(2~3일) 이후에 월동 유충을 소각하는 것이다. 그런데 꿈속에서도 그 잠복소에 해충이 들어 있다는 생각이 들었다. 그래서 낫을 가지고 잠복소의 새끼줄을 끊었다. 그랬더니 볏짚이 흩어지면서 그 속에서 나무를 파먹는 검은 사슴벌레가 떨어졌다. 사슴벌레는 허겁지겁 낙엽 속으로 도망을 쳤다. 나는 깜짝 놀라 잠에서 깨어났다. 갑자기 내 속에서 섬광처럼 깨달아지는 것이 있었다. 그것은 광야에서 예수님이 시험을 받으시는 마태복음 4장의 장면이었다. 나는 성경을 폈다. 첫 절을 읽는데 성령께서 내게 임재하셨다. 눈물이 쏟아지기 시작했다. 한 순간에 꿈의 모든 내용들이 깨달아졌다. 그랬구나! 마귀가 사슴벌레처럼 내 믿음을 숨어서 파먹고 있었구나! 하나님께서는 성령의 검 곧 하나님의 말씀으로 마귀를 드러내시고 물리쳐 주신 것이다. 나는 그때 이런 시를 썼다.

누군가가 내게

누군가가 내게 이 세상에서 가장 놀라운 기적이 무엇이냐고 묻는다면
하나님께서 말씀으로 세상을 창조하신 그것이라고 말하지 않겠습니다
누군가가 내게 이 세상에서 가장 놀라운 기적이 무엇이냐고 묻는다면
모세가 홍해를 가르고 반석에서 쳐서 물을 낸 그것이라고 말하지 않겠습니다
누군가가 내게 이 세상에서 가장 놀라운 기적이 무엇이냐고 묻는다면
광야에 만나를 내리시고 메추라기를 보내신 그것이라고 말하지 않겠습니다
누군가가 내게 이 세상에서 가장 놀라운 기적이 무엇이냐고 묻는다면
여호수아가 태양을 공중에 멈추게 한 그것이라고 말하지 않겠습니다
누군가가 내게 이 세상에서 가장 놀라운 기적이 무엇이냐고 묻는다면

엘리야가 갈멜 산 전투에서 하늘의 불을 끌어내린

그것이라고 말하지 않겠습니다

누군가가 내게 이 세상에서 가장 놀라운 기적이 무엇이냐고 묻는다면

사내를 알지 못하는 처녀의 몸에서 아기가 태어난

그것이라고 말하지 않겠습니다

누군가가 내게 이 세상에서 가장 놀라운 기적이 무엇이냐고 묻는다면

하나님의 아들이 인간 된 그것이라고 말하지 않겠습니다

누군가가 내게 이 세상에서 가장 놀라운 기적이 무엇이냐고 묻는다면

예수님께서 죽은 지 나흘 되는 나사로를 살려내신

그것이라고 말하지 않겠습니다

누군가가 내게 이 세상에서 가장 놀라운 기적이 무엇이냐고 묻는다면

하나님이 세상을 너무나도 사랑해서 아들을 죽이신

그것이라고 말하지 않겠습니다

누군가가 내게 이 세상에서 가장 놀라운 기적이 무엇이냐고 묻는다면

예수님께서 죽은 지 사흘 만에 부활하신 것이라고도 말하지 않겠습니다

누군가가 내게 이 세상에서 가장 놀라운 기적이 무엇이냐고 묻는다면,

진정 이 세상에서 가장 놀라운 기적이 무엇이냐고 묻는다면

의심 많고 죄 많은 내 좁은 가슴으로 예수님 날 위해 죽으신 게 믿어지는

그것이라고 말하겠습니다.

　나는 예수님에 대해 "주는 그리스도시요 살아 계신 하나님의 아들이니이다."라고 고백할 수 있다면 그것은 전적인 하나님의 은혜라는 것을 깨달았다. 하나님의 은혜가 아니면 우리 죄인들은 믿음의 첫발조차 내디딜 수가 없는 것이다.

4) 사명

하루는 기도원 전도사님이 나에게 외출을 나가자고 권유했다. 포천에
잘 아는 목욕탕이 있는데 자꾸 오라고 하니 한번 가자는 것이다. 그 전도
사님이 여러 번 요청을 했기 때문에 그러기로 했다. 전도사님은 여자였
기 때문에 여탕으로, 나는 남탕으로 들어갔다. 손님들은 거의 없었다. 나
는 온탕으로 들어가서 목을 뒤로 젖힌 채 편안히 쉬고 있었다. 얼마나 지
났을까? 출입문이 열리면서 한 남자가 안으로 들어오는데 한눈에 보아
도 평범해 보이지가 않았다. 눈빛이 날카롭고 문신이 어깨에 흉물스럽게
새겨져 있었다. 나이는 20대 중반쯤 되었으리라. 그를 쳐다보고 있는 내
게 하나님이 말씀하셨다.

"저 사람에게 복음을 전해라!"

나는 너무나 놀랐다. 가슴이 덜커덩 내려앉았다. 내가 평상시 불안하
게 생각해 오던 그 일이 마침내 터진 것이다. 나는 자주 복음을 전해야만
한다는 부담감 같은 것을 느끼곤 했다. 그래서 하나님께 이렇게 말씀드
리곤 했다.

"하나님, 절 아시죠. 사람을 얼마나 두려워하는지, 용기가 부족한 거
아시죠? 전도하라고 하지 마세요. 전도하느니 차라리 순교하는 편이 낫
겠어요."

나는 하나님께 말씀드렸다.

"하나님 여기가 어딘지 아세요? 목욕탕이란 말예요, 목욕탕! 목욕탕에
서 복음을 전하란 말인가요?"

"……"

"이번만 봐주세요. 다음엔 전할게요."

간절한 마음으로 요청을 했지만 하나님은 아무 대답도 않으셨다. 그가

탕 안으로 들어왔다. 나는 거의 반사적으로 탕 밖으로 쫓겨나갔다. 나는 탕 주위를 돌면서 하나님께 또 말씀드렸다.

"도무지 안 되겠습니다. 명령을 취소해 주세요."

내가 아무리 애원을 해도 하나님은 꿈쩍하지 않으셨다. 오히려 단호하게 너무나도 단호하게 말씀하셨다.

"내게 불순종하겠니? 순종하겠니?"

나는 그때 깨달았다. 전도는 명령이었다. 그러므로 선택의 문제가 아니라 순종과 불순종의 문제였던 것이다. 내가 불순종을 한다고 생각하니 등에 식은땀이 흘렀다. 그럴 순 없는 일이었다. 그 사이 그는 탕에서 나와 때를 밀고 있었다. 나는 크게 심호흡을 한 다음 이렇게 속으로 외쳤다. "죽으면 죽으리라!" 나는 때를 밀고 있는 그에게 바짝 다가가 등에 손을 얹으면서 "선생님 때를 밀어 드리겠습니다." 하고 말했다. 혹시 거절할까 봐 "때를 밀어 드릴까요?"라고 물을 수도 없었다. 다행히도 그는 조금 쑥스러운 듯 사양하다가 내게 등을 맡겼다. 나는 그의 등을 밀면서 질문했다. "사람들이 너희를 끌어다가 넘겨줄 때에 무슨 말을 할까 미리 염려치 말고 무엇이든지 그 시에 너희에게 주시는 그 말을 하라 말하는 이는 너희가 아니요 성령이시라"(막 13:11)라는 성경의 약속을 지키셨다. "때가 별로 없네요. 우리가 목욕을 하지 않으면 때가 생기지요. 우리 인간에게는 영혼이 있는데요. 영혼도 목욕을 하지 않으면 때가 낀답니다. 더러운 영혼은 하나님과 원수가 되고 마침내 지옥 형벌을 받게 되지요. 선생님의 영혼은 깨끗하신가요? 우리 몸은 이렇게 목욕탕에 와서 씻어내면 깨끗해지지만 영혼은 다릅니다. …" 그는 마치 마른 땅이 물을 흡수하듯 복음을 빨아들였다. 복음을 다 전하고 마침내 결신을 하려고 하는 순간이 왔다. 그런데 갑자기 안내 방송이 나와서 그를 찾았다. 나는 그가 다시 목욕탕으로 돌아오기를 간절히 기다렸으나 무슨 급한 일이 생긴 듯

허겁지겁 목욕탕을 빠져나갔다. 다 잡은 고기를 놓친 격이었다. 나는 가슴을 쳤다. '조금만 일찍 내가 순종했더라면 그를 구원했을 텐데….' 하는 후회 때문이었다. 자신의 구원도 때를 놓치면 안 되지만 다른 사람을 구원하는 일도 마찬가지인 것이다.

목욕탕 사건이 있은 지 며칠 후 내가 거처하는 곳의 방들을 청소해 주기 위해 주 자매가 왔다. 그들은 잠시 기도원에 머무는 사람들이었는데, 한 자매는 이혼을 하고 마음의 상처를 달래려고 올라온 사람이었고 한 자매는 갈 곳이 없는 사정이 딱한 아가씨였다. 나는 그들을 붙잡고 구원의 확신이 있는지 물어보았다. 이혼을 한 그분은 확신이 있었지만 갈 곳 없는 그 자매는 없었다. 나는 자매에게 복음을 전하기 시작했다. 내가 복음을 전하는 사이 옆에서는 이혼한 그 자매가 울면서 중보기도를 해 주었다. 마침내 복음을 다 전하고 예수님을 영접할 것인지 물었다. 갈 곳 없는 그 자매는 너무나 감격스러워하며 예수님을 영접하겠다고 했다. 나의 영혼이 춤을 추며 얼마나 기뻐했는지 모른다. 이 세상에 복음을 전하는 그것보다 더한 기쁨이 있을까! 이혼했던 그 부인은 좋은 사람 만나 행복하게 살고 있고 갈 곳 없었던 그 자매는 지금 교회의 전도사로 일하고 있다.

그 후로 나는 복음에 미친 사람이 되었다.

5) 비전

3개월이 되어 거의 집으로 돌아갈 시간이 되었다. 새벽 기도회를 마치고 성구 암송 카드를 들고 뒷산으로 올라갔다. 서리가 하얗게 내린 초겨울이었다. 공기는 제법 차가웠다. 나는 "너희는 먼저 그의 나라와 그의 의를 구하라 그리하면 이 모든 것을 너희에게 더하시리라"(마 6:33)는 말씀을 묵상하고 있었다. 태양이 동편에서 솟아올랐다. 그때 수백 마리의 새떼가 하늘을 가르며 나를 향해 날아왔다. 그때 하나님께서 새를 가리키며 나에게 말씀하셨다.

"나의 종아, 너는 저렇게 사역할 것이다. 혼자가 아니라 여럿이다. 너는 어디로 가야 할지 모르지만 내가 갈 곳을 예비할 것이며 어디서 잠을 자야 하지 모르지만 깃들 나무를 준비할 것이고, 어느 들판에서 먹어야 할지 모르지만 곡식을 남겨놓을 것이다. 너는 온 천하에 다니며 복음을 전파하라. 너는 오직 그 나라와 그 의를 구하라."

5장 전도 일기

1) 동 직원

사무실에 앉아 있는데 동 직원이 찾아왔다. 그가 나를 찾아온 이유는 성수 때문이었다. 교회 주소로 주민등록 주거지가 등재되어 있는데 보험료를 내지 않아서 조사차 나온 것이다. 나는 그를 내 사무실로 들어오도록 하고 차를 마시면서 마주 앉았다.

나는 그에게 성수의 처한 상황을 설명해 주었다. 교회와 동이 힘을 합해 그의 보험료를 해결해 보자는 데 합의했다.

나는 그의 신앙에 대해서 묻고 싶어졌다.

"혹시 종교를 가지고 있으십니까?"

"성당에 다닙니다."

나는 그의 구원에 대해 묻지 않을 수 없었다. 천주교인들 가운데 구원의 확신이 있는 사람을 거의 만나 보지 못했기 때문이다.

"혹시 오늘 밤 이 세상을 떠나신다면 어디서 눈을 뜰 것 같습니까?"

"글쎄요, 지은 죄가 많아서…."

역시 예상했던 대로 그는 구원에 대해서 잘 모르고 있었다. 나는 그에게 물어보았다.

"어떻게 하면 천국에 들어갈 수 있다고 생각하십니까?"

"착한 일을 많이 하면 갈 수 있지 않을까요?"

그건 복음이 아니다. 나는 그에게 복음을 전했다.

"선행은 구원의 결과이지 조건이 아닙니다."

그는 매우 진지하게 경청했고 마침내 믿음의 결단을 촉구하는 나의 요청에 기쁘게 응답했다. 나는 그의 손을 붙잡고 영접 기도를 했다.

그는 주님의 사람으로 거듭난 것이었다.

2) 최 자매의 아버지

최 자매의 아버지는 오랫동안 후두암으로 고생을 하다가 한양대병원에 입원하여 마지막 임종을 앞두고 있었다. 최 자매 아버지를 위해 간곡히 기도한 것이 있기도 했지만 최 자매의 간곡한 부탁이 있어서 몇몇 사람과 함께 병원으로 찾아갔다.

자매의 아버지는 매우 고통스러워하고 있었다. 평범한 사람의 눈에도 그 생명이 오래 남지 않은 것 같았다.

나는 최 자매의 아버지에게 인사를 드렸다. 자매의 아버지가 무엇이라고 말을 했지만 나는 거의 알아들을 수 없었다. 그는 후두암인지라 완전히 목이 쉬고 바람이 빠지는 소리를 냈다. 그럼에도 불구하고 최 자매는 아버지의 말을 거의 알아들었다.

나는 최 자매의 아버지가 말을 알아듣는다는 것을 확인하고는 바로 복음을 전하기 시작했다. 그런데 복음을 듣는 아버지의 태도와 마음이 가시떨기 같았다. 그러나 나는 계속 속으로 기도하면서 복음을 전했다. 복음을 다 전하고 예수님을 영접하겠느냐고 물었더니 고개를 거칠게 흔드는 것이었다. 옆 병상에 다른 환자들도 있고 해서 안타까웠지만 다음 기회에 오기로 하고 돌아섰다.

그런데 몇 걸음 떼어놓았을 때 하나님께서 나를 막았다. 그 이유를 알 수는 없었지만 나는 순종하기로 했다. 내가 다시 돌아서자 모두들 이상하게 생각을 하는 눈초리였다. 나는 다시 최 자매의 아버지에게로 다가가 단도직입적으로 말했다.

"아버님, 얼마나 사실 수 있다고 생각하세요. 천 년 만 년 사실 줄 아세요? 제가 보니까 얼마 남지 않으신 것 같은데 어쩌자고 예수님을 거부하시는 겁니까? 예수 안 믿으면 지옥 갑니다. 왜입니까? 왜 거부하시는 거죠?"

최 자매가 통역을 해 주었다,

"지금까지 평생토록 예수를 거부했고 오히려 경로당에 예수 믿으라고 전도하러 오는 사람들에게 욕을 했는데 이제 와서 어떻게 예수를 믿습니까?"

그게 그가 예수를 받아들일 수 없는 이유였다. 생각하기에 따라서 어쩌면 그 답변은 매우 양심적인 것인지도 모른다. 그러나 바른 생각은 아닌 것이다. 나는 그에게 말했다.

"만약에 최 자매가 집을 나갔다가 다시 돌아오게 되었는데 집 앞까지 와서는 아버님 속 썩인 것을 생각하고 다시 돌아선다면 기분이 어떻겠습니까? 부모는 아무리 자식이 잘못했어도 다 용서가 되지 않습니까? 하나님은 이미 아버님을 다 용서하셨습니다. 지금 예수님을 받아들이지 않는다면 그것이야말로 하나님을 가장 슬프게 하는 것입니다. 지금 예수님을 받아들이시고 구원을 받으셔야 합니다."

최 재매는 옆에서 울고 함께 간 사람들은 속으로 간절히 기도했다. 잠시 눈을 감고 생각하던 그가 고개를 끄덕이었다. 나는 그에게 복음을 다시 한 번 정리해서 전했다. 그리고는 영접 기도를 했다.

그런데 놀라운 일이 일어났다. 그의 목소리가 갑자기 변한 것이다. 최 자매의 통역이 없이도 누구나 잘 알아들을 수 있게 된 것이다.

"정말 고맙습니다. 마음이 편합니다."

그가 앙상한 손을 내밀며 말했다. 나는 그의 손을 꼭 잡고 말했다.

"또 뵙겠습니다."

그날 밤이었다. 한참 깊은 잠에 떨어져 있을 때 최 자매로부터 전화가 왔다.

"목사님, 아버지가 조금 전에 천국으로 떠나셨습니다. 천국에서 다시 뵐 수 있게 해 주셔서 너무나 감사합니다."

최 자매의 목소리에서는 슬픔보다는 어떤 기대와 희망 같은 것이 느껴졌다. 그의 병상을 떠나면서 또 뵙겠다고 인사를 드렸던 것처럼 우리는 다시 천국에서 만나게 될 것이다.

나는 무릎을 꿇고 조용히 기도했다.

"주님 한 영혼을 받아 주셔서 감사합니다!"

3) 나의 아버지

나의 아버지는 오랫동안 예수 믿는 것을 반대해 오셨다.

우리 집에 기독교가 들어오게 된 배경은 이렇다. 나의 고향은 충청북도 음성군 맹동면 꽃동네에서 매우 가까운 곳이다. 7남매 형제 중 맏딸인 큰누이는 몸이 약했다. 무릎이 류머티즘 관절염인데다가 귀도 잘 안 들렸다. 그것이 예수를 믿게 되는 계기가 되었다.

처음 누이가 교회에 나가기 시작했을 아버지의 핍박은 보통 심한 것이 아니었다. 교회를 갔다가 온 것이 발각이 되면 온 집안이 뒤집어졌다. 그러나 일단 우리 집에 복음이 들어오자 아버지를 제외하고 모든 가족들은 급속히 믿음을 받아들였다.

이렇게 되니까 아버지는 그전처럼 대놓고 핍박을 하지는 못했지만 본인 자신에 대해서만은 완강했다. 아무리 설득을 하고 애원을 해도 아버지의 고집은 꺾을 수 없었다. 그렇다고 포기하고 앉아 있을 수는 없었다. 어머니를 포함해서 우리 가족 모두는 아버지를 구원해 달라고 매일 기도했다.

1994년.

청주 형님 댁에 계시는 아버님께서 올라오셨다. 그날 밤 나는 아내와 함께 아버지를 예수 믿게 하려고 밤늦도록 기도하면서 상의를 했다.

다음 날 낮에 아내는 아버님을 모시고 백화점에 나가서 근사한 양복을 사 드렸다. 나는 평소보다 서둘러 집으로 돌아왔다. 아내가 특별히 준비한 저녁을 아버님과 함께 맛있게 먹었다. 디저트를 먹은 후 나는 아버지의 곁으로 바짝 다가갔다. 그리고는 예수님에 대한 이야기를 이해하기 쉽도록 해드렸다.

드디어 결단의 시간이 왔다. 아내는 옆에서 기도를 하고 나는 아버지 앞에 무릎 꿇었다.

"아버지, 저는 죽으면 천국 갑니다. 어머니도 천국 가십니다. 아버지의 몸에서 태어난 자식들은 모두 천국에 갑니다. 손자 손녀들도 모두 천국에 갑니다. 예수님을 믿기 때문입니다. 그러나 아버지만은 천국에 들어갈 수가 없습니다. 예수님을 믿지 않기 때문입니다. 아버지, 애원합니다. 제발 예수님을 영접하십시오. 아무리 우리 자식들이 아버지를 사랑하고 아버지께서 우리 자식을 사랑한다 할지라도 예수 안 믿으면 헤어질 수밖에 없습니다. 저희를 사랑하신다면 예수님을 받아들이십시오."

아버지의 표정이 심각해졌다. 나는 울먹이면서 매달렸다. 어떻게 안 매달릴 수 있단 말인가? 내 사랑하는 아버지가 지옥을 간다는데.

만약 구원받지 못한 가족이 있는데도 마음이 편안할 수 있다면 그것은 인간이 아니거나 그리스도인이 아닐 것이다. 가족 가운데 누군가가 암이 걸려도 울고불고 난리를 칠 일인데 지옥에 떨어질 가족을 두고서도 어떻게 태연할 수 있는 것인가?

나는 아버지의 무릎을 붙잡고 애원했다.

"아버지, 저는 아버지를 사랑합니다. 아버지와 헤어지기 싫습니다. 우리 모든 가족이 다 천국에서 만나는데 아버지만 빠진다면… 전 견딜 수 없습니다. 예수님을 믿으세요."

아버지가 고개를 끄덕이셨다.

나는 너무나 기뻐 아버지의 무릎을 끌어안았다.

"감사합니다. 아버지. 영접 기도를 해야 합니다. 저를 따라 기도해 주세요."

"저는 죄인입니다."

"저는 죄인입니다"

"지금껏 주님을 믿지 않았습니다."

"지금껏 주님을 믿지 않았습니다."

"용서해 주세요."

"용서해 주세요."

"나의 죄를 위해 죽으시고 부활하신 예수님을 나의 구원자로 받아들이기로 결정합니다."

"나의 죄를 위해 죽으시고 부활하신 예수님을 나의 구원자로 받아들이기로 결정합니다."

"예수님의 이름으로 기도했습니다. 아멘."

"예수님의 이름으로 기도했습니다. 아멘."

아버님은 쑥스러움을 넘어서고 부자 관계를 뛰어넘어 어린아이처럼 되었다.

지금 아버지는 주일은 빠지지 않고 지키신다. 세례를 받으셨을 뿐만 아니라 청주 청북교회 가족합창대회에서 상도 받았는데 아버지의 공이 컸다는 이야기를 들었다. 아버지를 만날 때마다 "아버지가 이제 저를 위해 새벽 기도를 해 주셔야 되요. 그래야 남부사랑의교회가 잘 된다고요." 하고 말씀을 드리면 "집에서 하면 되지 꼭 교회에 나가야 되니?" 하시지만 머지않아 나가실 것 같은 표정이시다.

4) 원불교 아가씨

하루는 장모님이 올라오셨는데, 그만 내가 화를 내는 사건이 터지고 말았다. 시골에서 올라오신 장모님 앞에서 화를 냈으니 미안하기도 하고 창피하기도 하고 기분이 엉망진창이 돼 버렸다. 아내는 아내대로 골이 났고 나는 나 자신을 욕하고 책망했다. 나는 교회로 출근을 하기 위해 차에 시동을 걸면서 하나님께 이렇게 말했다.

"주님, 보시다시피 오늘 저는 전도할 수가 없습니다. 어제 기도하느라고 목이 완전히 쉬었습니다."

하나님께서 말씀하셨다.

"네가 부족하다고 해서 내가 제한되리라고 생각하느냐?"

나는 그 말씀에 할 말을 잃었다. 순종만 한다면 인간의 부족함이 하나님을 제한할 수는 없는 것이다.

마태복음 14장 15절에 보면 하나님은 떡 다섯 개와 물고기 두 마리로 여자와 아이 외에 5천 명을 먹이고 열두 바구니가 남는 사건이 나오고, 15장 32절에 보면 떡 일곱과 물고기 두엇으로 여자와 아이 외에 4천 명을 먹이고 일곱 광주리가 남는 사건이 나온다. 오병이어든 칠병이어든 작은 것이다. 요한복음에는 오병이어를 한 어린아이가 바친 도시락이라고 기록하고 있다. 작은 것을 가지고 하나님은 큰일을 하실 수 있다. 뿐만 아니라 작은 것이 덜 작은 것보다 더 큰 일을 하실 수 있다는 것이다. 오병이어는 칠병이어보다 분명히 떡이 두 개 적다. 그런데 천 명을 더 먹이셨다. 만약 군중이 7천 명 있었다면 오병이어를 가지고 7천 군중도 먹이셨을 것이다. 그러고 보면 인간의 조건이 하나님을 제한할 수 없다는 그 말은 맞다.

나는 나의 본심을 드러냈다

"저는 목사로서 너무 자격이 없습니다. 장모님께 화나 내는 그런 모양을 해 가지고 무슨 사역을 합니까?"

그런데 하나님은 내 기분과는 다른 것 같았다. 하나님께서 말씀하셨다.

"네가 순종하기만 하면 나를 제한할 수 있는 것은 없다."

나는 하나님의 뜻에 따르기로 했다.

집에서 나와 서울로 가자면 두 갈래 길이 나온다. 이쪽으로 가도 되고 저쪽으로 가도 되었다. 내가 즐겨 다니는 길은 좌회전을 받아 약진로를 따라 내려가는 길이었다. 그런데 그날은 우회전을 받아 수진리 고개 쪽으로 향하는 길로 가고 싶은 충동이 생겼다. 그쪽으로 가면서 나는 버스 정류장마다 잠깐 멈추어 서서 "서울 가실 분 있으시면 동행하겠습니다. 강남까지 갑니다."라고 말했다. 그러나 사실 그것은 외친 것이 아니었다. 목이 쉬었고 평상시보다도 적게 말했으니 누가 들을 수 있었겠는가?

내심 나는 아무도 타 주지 않기를 간절히 원하고 있었는지도 모른다. 단지 불순종을 할 수가 없었을 뿐이다. 예상했던 대로 사람들은 나의 프라이드를 주목하지 않았다. 어느덧 수진리 고개 마지막 버스 정류장에 도착했다. 나는 그곳에서도 다른 곳에서와 마찬가지로 창문을 반쯤 열고

'이제 끝이군.' 하는 기분으로 "강남!" 하고 말했다. 그런데 누군가가 내 차를 향해 달려오는 것이 보였다.

20대 중반의 아가씨였다. 일단 사람이 타자 내 안에서 복음의 열정이 솟구쳤다. 나는 그녀의 경계심을 풀기 위해 입을 열었다.

"나는 태평 3동에 삽니다. 제 아내는 금광초등학교 교사입니다."

나는 그녀가 어떤 종교적인 배경을 가지고 있는지 물었다. 그녀의 가족은 원불교였다. 그녀도 깊은 신자는 아니지만 부모를 따라 원불교를 믿는다고 말했다.

복음을 전하기 시작했다. 일단 복음을 전하기 시작하자 성령의 임재를 느낄 수 있었다. 처음에 그녀는 듣지 않으려는 눈치였으나 곧 빨려 들어왔다. 내가 목이 쉬었기 때문에 자매는 좀 더 잘 듣기 위해 상체를 앞쪽으로 기울이고 목을 빼서 열심히 듣는 것이었다.

드디어 강남역 4거리에 도착했다. 마침 빨간 신호등에 걸렸다. 나는 그녀에게 결단을 촉구했다.

"자매님! 지금까지 말씀드렸듯이 예수님만이 우리의 죄를 용서하실 수 있습니다. 예수 믿지 않는 사람들은 스스로 자기 죄를 해결하지 않으면 안 됩니다. 그러나 누구도 자신의 죄를 해결할 능력을 가진 사람은 없습니다. 예수님을 믿으시겠습니까?"

자매가 또렷이 대답했다.

"네."

우리는 함께 영접 기도를 드렸다. 영접 기도를 드리고 눈을 떴을 때 빨간 신호등은 푸른 신호등으로 바뀌어 있었다. 마치 그의 영혼이 사망에서 생명으로 옮겨진 것처럼. 나는 힘차게 액셀을 밟았다.

5) 포장마차의 회심

　김문기 씨는 동화 작가이다. 임현진 씨는 그의 아내로 목소리 고운 성우이며 동화 구연가이다. 그들을 보면 저렇게 순수한 사람들이 있을까 생각하게 되는 부부다. 이들이 하루는 사랑의교회 철야에 나온 것이다. 그날은 내가 철야를 인도했는데 설교 본문은 민수기 21장 4-9절의 놋뱀 사건이었다.

　놋뱀 사건의 내용은 이렇다. 이스라엘 백성들이 38년 전 정탐에 실패했던 바로 그곳, 가데스 바네아에 도착했을 때 길 때문에 하나님께 불평과 불만을 하게 된다. 하나님은 노를 발하시면서 그들에게 불뱀을 보내셨다. 불뱀에 물린 사람들은 모진 고통 중에서 죽어가기 시작한다. 그렇게 되자 백성들은 모세에게 도움을 요청하게 되는데 모세가 하나님께 나가 부르짖었을 때 하나님은 장대에 놋뱀을 매달고 그것을 쳐다보는 자는 살 것임을 약속하셨다.

　예수님은 요한복음 13장에서 이것은 당신이 고난당하실 것에 대한 예표라고 설명해 주셨다. 예수님의 십자가 고난이 실체라면 그것은 그림자인 것이다. 단지 실체보다 그림자가 먼저 나타났을 뿐이다.

　그 사건에서 놋은 심판을 의미하고 놋의 붉은 빛은 고난을 의미하며 장대는 십자가를 뜻하는 것이다. 그리고 예수님은 "모세가 광야에서 뱀을 든 것같이 인자도 들려야 하리니"라고 말씀하셨다. 그러고 보면 뱀은 예수님을 예표하는 것이라고 할 수 있다. 그런데 내게 도무지 이해되지 않는 점이 있었다. 장대에 놋 어린양이 달렸다면 '아 그것은 예수님을 상징하는 것이지.' 하고 쉽게 이해가 되었을 것이다. 그러나 뱀과 예수님은 아무리 생각해도 일치가 되지 않았다.

　나는 이 문제를 놓고 고민하다가 하나님께 따져 물었다.

"하나님, 도대체 장대에 달린 뱀과 예수님이 어떻게 일치가 되죠?"

그런데 하나님께서는 내게 대답해 주는 대신 질문을 하셨다.

"너는 십자가에서 정말 심판받은 것이 무엇이라고 생각하느냐?"

그 순간 나는 확 깨닫게 되었다.

십자가 위에 매달린 것은 예수님이다. 그런데 예수님은 홀로 못 박히신 것이 아니다. 인류의 죄를 짊어지시고 못 박히셨다. 그러니까 예수님과 인류의 죄는 함께 심판을 받은 것이다. 그렇다면 죄가 심판을 받았다는 것은 무슨 뜻인가? 죄가 인간에게 들어오므로 사탄은 인간에 대한 권리를 가지게 되었다. 따라서 사탄은 죄인들을 주장하게 된 것이다. 그러므로 죄가 심판을 받았다는 것은 사탄의 권세가 심판을 받았다는 것을 의미한다.

그러니까 십자가 위에서 예수님은 죄와 사탄과 함께 심판당한 것이다. 그런데 3일 후에는 어떤 일이 일어났는가? 죄와 사탄의 권세를 십자가에 결박시켜 놓고 예수님만이 부활하신 것이다.

그러므로 창세기는 이 사실을 이렇게 예언하고 있다.

"내가 너로 여자와 원수가 되게 하고 너의 후손도 여자의 후손과 원수가 되게 하리니 여자의 후손은 네 머리를 상하게 할 것이요 너는 그의 발꿈치를 상하게 할 것이니라"(창 3:15)

여인의 아들이신 예수님은 사탄의 머리를 깨트리고 사탄은 예수님의 발꿈치를 상하게 한다는 것인데, 이는 예수님은 사탄의 권세를 정벌하게 될 것이고 사탄은 예수님을 십자가에 못 박게 되지만 실상은 발꿈치를 상하게 하는 정도의 타격에 불과한 것이다.

신약은 십자가에서 이루어진 일을 이렇게 증언하고 있다.

"또 너희의 범죄와 육체의 무할례로 죽었던 너희를 하나님이 그와 함께 살리시고 우리에게 모든 죄를 사하시고 우리를 거스리고 우리를 대적하는 의문에 쓴 증서를 도말하시고 제하여 버리사 십자가에 못 박으시고 정사와 권세를 벗어버려 밝히 드러내시고 십자가로 승리하셨느니라"(골 2:13-15)

십자가 위에서 이루어진 일은, 첫째는 우리를 대적하는 의문에 쓴 증서를 도말한 것이다. 즉 죄의 문제가 해결된 것이다. 둘째는, 사탄의 세력을 무장 해제시키고 그 수치를 드러내셨다는 것이다. 사탄의 권세를 깨뜨리시고 사탄을 예수님이 발가벗겨진 것보다 훨씬 수치스럽게 만들었다는 것이다. 사탄이 권세를 잃고 온 천하에 패배하였음을 선포한 것이니 어찌 창피하지 않을 수 있겠는가!

설교를 마치고 기도회를 모두 마치고 밖으로 나갔을 때 그들 부부와 마주쳤다. 집으로 어떻게 돌아가려고 하는지를 물었더니 택시를 타고 가겠다는 것이다. 나는 그들 부부가 한사코 거절함에도 불구하고 집까지 바래다주기로 했다. 강남에서 그 시간에 택시를 잡는 것은 쉽지 않은 일이다. 그러나 더 중요한 것은 철야를 나온 그들 부부가 너무나 사랑스럽고 좋아서 그렇게 해 주고 싶었다. 밤이라 차는 막히지 않았다. 한양대 앞에 도착했을 때 김문기 씨가 말했다.

"목사님, 한잔 하고 가시겠습니까? 저의 단골 포장마차에서요."

아닌 게 아니라 단골 포장마차가 환히 불을 밝히고 있었다.

"술은 끊었고 오뎅은 좋습니다."

손님은 없었다. 김문기 씨가 오뎅과 튀김을 시켰다. 포장마차 주인은 중년 부인이었는데 그녀의 머리 위로 포장마차에 부적이 두 개나 붙어 있었다. 나는 속으로 하나님께서 역사해 주실 것을 기도한 다음 어둠의 영들이 떠나도록 명령했다.

먼저 어떻게 해서 부적을 붙이게 되었는지 물어보았다. 아는 사람이 부적을 붙이면 돈도 잘 벌게 되고 가정에 액운도 물러간다는 이야기를 해서 돈 주고 사왔다는 것이다.

나는 인간에게 복을 주시는 분은 오직 하나님이시라는 것과 인간에게 복 주시기 위해 예수님을 보내 주셨다는 것과 예수님이 누구인지 설명하기 시작했다. 처음에는 거부하는 태도를 가졌으나 점점 복음 속으로 빠져들어왔다. 옆에서는 김문기 씨 부부가 은근히 속으로 기도를 해 주었다.

나는 그녀가 주님을 영접하기 전에 먼저 부적을 떼어 버릴 것을 요청했다. 그녀는 잠시 망설였다. 그러나 곧 그것을 떼어내어 포장마차 바깥으로 들고 가 태워 버렸다.

나는 그녀를 위해 간절히 축복 기도를 해 준 다음 김문기 씨 집으로 갔다. 부인인 임현진 씨가 나를 잠시 바깥에 기다리도록 해 놓고는 안으로 들어가 남편 김문기 씨의 것인데 나눠먹고 싶다면서 한약을 들고 나왔다.

사양을 하다가 내가 졌다. 약을 싣고 성남으로 달리는데 얼마나 기분이 좋은지 복음을 전하지 않는 사람들은 아마도 그 기분은 백 번 죽었다 깨어나도 모를 것이다.

6) 죽어야 맺는 열매

복음을 전하는 사람은 하나님께 철저히 순종해야 한다. 왜냐 하면 사람이 거듭나는 것은 하나님께서 하시는 일이며 하나님만이 전지전능하시기 때문이다. 복음은 동일한 것이지만 복음을 전하는 방법은 다양해야 한다. 빵에 관심을 가진 사람과 병자와 자식을 일찍 잃은 사람에게 접근하는 방식은 각기 달라야 하는 것이다.

그러므로 복음 전도자의 제일의 미덕과 능력은 곧 순종인 것이다.

그날은 추석 전 날이었다. 집 가까운 곳에 돈을 찾으러 갔었다. 그런데 그날따라 손님들이 많아서 자동 지급기 앞에 길게 늘어서 있는 것이었다. 하나님께서 내게 이렇게 말씀을 하셨다.

"아들아, 앞으로 나가서 복음을 전하라."

"네? 오늘이 무슨 날인지 아시잖아요. 내일이 추석이에요 그런데 이런 날 고향 가는데 마음을 가진 저 사람들에게 복음을 전하란 말인가요?"

"……."

"실은 저도 바쁘고요"

나는 갈등하기 시작했다. 내 안에서 전투가 격렬하였으나 결국 나는 순종하지 못했다. 돈을 찾아 집으로 돌아왔다. 그런데 그날부터 나의 영혼이 힘들어지기 시작했다. 말씀을 보아도 기도를 해도 하나님은 은혜를 부으시지 않았다. 나의 내면은 점점 메말라 갔다. 나는 초조하고 불안했다. 그런 상태로 사역을 감당한다는 것은 형벌을 받는 것 같았다. 그러나 그때는 왜 그런지 그 이유를 알 수가 없었다. 하나님의 음성에 불순종했기 때문이라는 생각은 못 했다.

한 달쯤 시간이 흘렀다. 청계산에서 월요일마다 친구 목사들과 모여 말씀을 나누고 기도를 하는 시간을 가졌었는데 본문은 창세기 5장의 말씀이었다. 친구 가운데 열린문성경연구원 원장인 송계성 목사의 차례가 되었는데 이렇게 깨달은 바를 나누었다. "이 본문에서 가장 많이 반복되는 것은 '낳았고' 와 '죽었더라' 이다. 한 생명을 낳으려면 우리가 죽지 않으면 안 된다." 그때 나에게 떠오르는 생각이 있었다. 은행에서의 불순종 사건이 그것이다. 회개했다.

청계산에서 기도 모임을 끝낸 후 차를 타고 내려오는데 농협 하나로 앞까지 왔다. 우회전을 하면 성남행이고 직진하면 양재로 가는 길이었다. 그때 나는 성남에 살고 있었기 때문에 당연히 우회전을 해야 하는데 성령께서 나를 양재로 방향을 잡도록 이끌었다. 양재 사거리에서 유턴을 하여 성남행 버스 정류장에서 창문을 내리고 "성남 갑니다." 했더니 50

대 초반의 남자가 기다렸다는 듯이 쫓아와 탔다.

　그는 준비된 사람이었다. 사업을 하다가 실패를 해서 건축 공사장의 노동자로 일을 하고 있는 사람이었다. 나는 그에게 복음을 전했다. 그는 마치 스펀지처럼 내가 전하는 복음을 받아들였다. 성남에 다 왔을 때 나는 그가 일하는 공사장에 차를 세워 놓고 결신 초청을 했다. 그는 기쁘게 예수님을 받아들였다. 이렇게 순종하고 나자 하나님은 내게 다시 은혜를 부어 주셨다.

　그로부터 2년 후 하루는 한 멋있는 신사가 내 사무실로 찾아왔다. 내가 몰라보자 내 기억을 되살리며 지금은 공사를 맡아서 하고 있고 온 가족이 주일이면 함께 교회 나간다고, 내게 너무나 감사해서 이렇게 찾아왔노라고 말하는 것이었다.

　우리가 누구에겐가 예수보다 큰 것을 줄 수는 없다. 그러므로 예수를 전하기까지는 사랑의 수고를 마쳤노라고 말할 수 없는 것이다.

7) 약수터에서 생긴 일

　성남에 살 때 신흥주공아파트 뒤편에는 영장산이라는 산이 있다. 아침 산책을 할 수 있도록 시에서 공원을 조성해 주었고 정상까지는 등산을 하기에 안성맞춤이다. 정산에 올라서면 성남 시내는 물론 서울 쪽으로는 잠실이 건너다보인다. 신흥주공아파트는 이 영장산 자락에 안기듯 감싸여 있다. 여름에는 보통 시내보다 온도가 2~3도는 낮다. 봄에는 꽃길을 산책할 수가 있고, 여름에는 여치와 매미의 울음소리와 산새들의 노랫소리가 어우러지는 오케스트라를 감상할 수가 있으며, 가을에는 도토리나 알밤을 주우며 산책할 수도 있다. "플랜더스의 개"라는 영화가 제작되기도 했던 이곳은 주변 환경으로만 본다면 전국에서 손꼽히는 주거지라고 할 수 있을 것이다.

나는 아침에 가정 예배를 마치고 나면 나의 아들 주호와 함께 물통을 들고 영장산으로 올라가곤 했다. 약수를 뜨기 위해서이기도 했지만 영장산에 운동하러 나온 사람들에게 복음을 전하기 위해서였다.

그날도 아침 일찍 산을 올랐다. 약수터에 도착해 보니 사람들이 물통을 줄지어 놓고 차례를 지키면서 운동을 하고 있었다. 어떤 사람은 윗몸 일으키기를 했고 어떤 사람은 참나무에 배치기를 했고 또 어떤 부인은 허리굽히기를 하고 있었다. 나는 그랬던 것처럼 "안녕하세요? 좋은 하루 되세요." 그렇게 인사를 한 다음 물통을 맨 뒤에 붙여 놓았다.

그리고 누구에게 복음을 전하면 좋을지 살폈다. 복음을 전하는 데 있어서 대상을 정확하게 선택하는 것은 매우 중요하다. 성령의 지시를 따라 하나님께서 준비해 놓은 사람을 선택해야지 그렇지 않으면 힘들어질 수도 있다. 그런데 그날은 어떻게 된 것인지 마음에 들어오는 사람이 없었다. 그렇다고 복음을 전하지 않고 산을 내려갈 수는 없었다.

그렇게 고민을 하고 있는데 곁에 있던 어린 아들 주호가 대뜸 "아빠! 재미난 성경이야기 해 주세요." 하고 요청하는 것이었다. 왜 주호가 그때 나에게 그런 요청을 했을까? 나는 어린아이들이 어떤 경우에는 어른들보다 성령의 음성에 더 민감하며 더 잘 순종할 수 있다고 본다. 성령께서 어떤 마음을 주실 때 어른들은 이리 따져보고 저리 따져보는 영특함이 있으나 아이들은 순진해서 있는 그대로 반응하기 때문이다. 나는 그때 성령께서 나를 돕기 위해 주호에게 역사하신 것이라고 믿는다.

나는 이때다 싶어 평소보다는 조금 큰 목소리로 예수님이 갈릴리에서 베드로에게 행하신 기적들을 이야기하기 시작했다.

주호가 내 이야기에 장단을 맞춰주었다.

"그렇게 많이 고기가 잡혔어요?"

"그래서요, 아빠."

"우아! 예수님 대단하시다!"

어떤 사람은 자리를 슬며시 피했으나 다른 사람들은 오히려 다가왔다. 각본을 짠 것도 아닌데 주호가 결정적인 질문을 했다.

"그런데 아빠, 그렇게 대단하신 예수님이 왜 죽으신 거예요?"

나는 예수님께서 왜 죽으셔야 했는지를 힘주어 설명했다.

"우리의 죄 때문이지. 예수님이 대신해서 죽지 않으셨다면 우리가 지옥엘 가는 거야."

복음을 다 전하자 나는 복음을 들은 사람들에게 예수님을 영접하도록 초청할 수 있었다.

영장산에 복음을 전하여 믿는 사람들이 늘어나자 나는 스스로 신분을 알리지 않았음에도 불구하고 목사님으로 통했다. 우리 그리스도인은 세상의 빛이다. 세상의 소금이다. 무용지물인 사람이 되어서는 안 된다. 우리가 세상에 사랑의 소금이며 생명의 빛이라는 것이 알려져 있지 않다면 그건 분명히 문제가 있는 것이다. 당신 주변의 사람들로 하여금 "저 사람은 그리스도인이야."라고 말할 수 있게 하라. 세상 사람들과 다르지 않고서는 복음도 전해질 수 없다. 복음은 세상에 속한 것이 아니므로.

8) 당신의 열등감

우리는 복음을 전할 때 우리를 망설이게 만드는 이유가 두 가지 있다. 하나는 원인도 분명하지 않은 두려움이고 또 하나는 열등감이다. 우리가 열등감을 느끼게 되는 가장 주된 원인은 한국 교회가 떳떳하지 못하기 때문이다. 아마도 한국 교회가 사회로부터 칭찬을 받고 있다면 복음을 전할 때 열등감을 느낄 이유가 없을 것이다. 개인적인 문제에 원인이 있기도 한데 복음 전도자 개인의 낮은 자존감이 복음 전파를 망설이게 만들기도 한다.

그날 날씨는 더웠고 차안은 더욱 더웠다. 에어컨도 잘 나오지 않고 내부는 청소가 되어 있지 않았다. 그러한 차에 사람을 태운다는 것이 미안한 생각이 들 정도였다. 그냥 가 버릴까 망설이다가 어떻든 사람을 태우기로 마음을 굳혔다.

그날은 잠실로 가고 싶은 생각이 들어 프라이드의 창문을 열고 "잠실까지 갑니다. 함께 가실 분 오세요." 했더니 두 사람이 탔다. 한 사람은 대학생인데 이름이 박성철이었고 또 한 사람은 가정주부인데 이름이 김선자였다.

그런데 문제는 그들에게 복음을 전하려고 하는데 왠지 자신이 없고 자꾸만 망설여지는 것이었다. 왜 그런가 곰곰 생각을 해 보았더니 차에 대한 열등감이 나 자신에 대한 열등감으로, 나 자신에 대한 열등감이 복음에 대한 열등감으로 이어지고 있는 것 같았다. 가장 최고의 보물을 가지고도 부끄러워하고 있는 것이다. 마치 금을 손에 들고도 사람들이 그것을 쓰레기로 생각할까 봐 망설이는 청소부 같다고나 할까?

나는 마음을 고쳐먹고 그들에게 복음을 전하기 시작했다.

"보다시피 이 차는 프라이드입니다. 작고 초라한 차입니다. 그러나 사실은 초라한 것이 아닙니다. 이 차의 가치는 이 차 자체에 있다기보다는 이 차에 누가 탔느냐에 달려 있습니다."

그들이 긍정의 뜻으로 고개를 끄덕였다.

"지금 이 차는 굉장한 차입니다. 왠지 아세요? 아주 멋있고 훌륭한 두 분이 타고 계시기 때문입니다"

그들이 까르르 웃었다.

"우리 인간의 가치도 마찬가지입니다. 그 사람 속에 누가 계시느냐에 따라 달라집니다. 거짓이 가득하다면 그는 거짓의 사람입니다. 귀신이 들어 있다면 귀신들린 사람입니다. 그러나 예수님이 계신다면 하나님의 아들이 됩니다."

나는 예수님에 대해 설명하기 시작했다.

"왜 예수님이 십자가에 죽으셨는지 아십니까?"

"잘 모르겠는데요."

성철이가 대답했다.

"십자가는 본래 야만인들이 사용하는 사형틀이었습니다. 무시무시하고 잔인한 도구입니다. 그 십자가에 예수님께서 처형되었습니다. 예수님께서 처형된 이유는 힘이 없으셔서 죽임을 당한 것이 아닙니다. 우리를 사랑하시기 때문에 우리 죄를 대신해서 죽음을 자청하신 것입니다. 우리를 자신의 생명만큼 사랑하셨기 때문이죠."

복음을 다 전하고 결단을 요청할 시간이 되었다.

"예수님을 영접하고 하나님의 아들이 되시겠습니까?"

성철이는 "네."라고 대답했고 김선자 씨는 고개를 끄덕였다. 그날로 그들은 예수님이 거하시는 하나님의 자녀가 된 것이다. 하늘에서는 큰 잔치가 벌어졌으리라.

9) 어느 그리스도인의 거듭남

젊은 아가씨가 나의 프라이드에 탔다. 나는 아침이기 때문에 경계심을 풀도록 나를 밝혔다.

"나는 신흥주공아파트 109동 401호에 사는 사람입니다. 한 아내와 두 자녀를 두고 있습니다. 혹시 교회에 다니십니까?"

"예."

"어느 교회인가요?"

"성남 ○○교회에 다니고 있는데요."

성남 ○○교회는 성남에서 대표적인 교회였다. 그러나 아무리 좋은 교회에 다니고 있다고 할지라도 혹은 아무리 훌륭한 직분을 받았다고 할지라도 그것이 그가 구원받은 것을 보장하는 것은 아니지 않은가? 나는 그녀에게 좀 더 구체적인 질문을 해 보기로 했다. 그녀에게서 영적이지 않은 무엇을 느꼈기 때문이다.

"십자가에서 무슨 일이 있었는지 아시나요?"

"예수님이 죽으신 거 아닌가요?"

"맞아요. 예수님이 십자가에서 죽으셨죠."

그러나 나는 거기서 만족할 수 없었다.

"그 이유가 뭐죠?"

"인간의 죄 때문이 아닌가요?"

"맞아요. 잘 아시네요. 인류의 죄를 대신하신 겁니다."

나는 잠시 침묵을 지킨 후에 다시 물었다. 그것은 매우 신중한 질문이었기 때문이다.

"그런데 그 죄 속에 자매님의 죄도 포함되어 있나요?"

자매는 망설였다.

"…그렇게 믿어야 하겠죠?"

"아직 확신이 부족하시군요."

"…네."

나는 그녀에게 복음을 전하기 시작했다. 그런데 무엇인가 그녀의 마음을 자꾸만 방해하는 세력이 느껴졌다. 나는 자매에게 솔직하게 말했다.

"사탄이 자매님이 구원받는 것을 무척 싫어하는 것 같네요"

그녀는 무엇을 들킨 것처럼 놀라는 눈치였다. 정체가 드러난 사탄은 더 이상 그녀의 마음을 빼앗지 못했다. 나는 결단을 촉구했고 자매는 예수님을 영접했다. 예수님을 영접하고 난 자매가 격앙되어 말했다.

"제 마음이 너무너무 편안해졌어요. 너무 기뻐요. 왜 이렇죠?"

당연하지 않은가? 예수님께서 우리 안에 오셨으니 광풍이 몰아치는 갈릴리 바다 한 가운데서도 편안히 잠을 주무신 분이 아닌가? 그 바다를 향하여 "잠잠하라! 고요하라!" 명령하셨을 때 바다가 잔잔해지는 능력을 가지신 분이 아닌가? 예수님을 믿는다는 것은 바로 그분이 갈릴리 바다처럼 풍랑이 이는 우리의 마음을 다스리기 시작하셨다는 뜻이다.

10) 음성 사서함

사랑스럽고 귀여운 경주야!

아침에 핸드폰의 음성 사서함을 여니까 이런 메시지가 저장되어 있더구나.

"목사님! 경주예요. 잘 계셨죠? 오늘 아침부터 목사님이 생각나서 꼭 전화 통화를 하고 싶었는데 집에 늦게 왔어요. 너무 늦어서 전화 받으실 수 있을까 염려하면서 전화를 드렸는데 받지 못하시는 것 같아 음성 메시지를 남깁니다. 목사님, 목사님, 그냥 사랑하구요. 목사님에게 조금이나마 도움이 될 수 있다면 되고 싶어요. 그냥 작게나마…. 잘 모르겠어요. 어떻게 도움이 될 수 있을지…."

경주야, 사랑하는 경주야. 이미 너는 나에게 기쁨이 되었다. 너의 친근한 목소리, 너의 고운 마음이 무척 나를 반갑게 하는구나! 경주야! 기억하고 있니? 나는 너를 처음 만나던 그날을 생생히 기억하고 있다. 내가 살고 있는 신흥주공아파트를 나와서 나의 작은 프라이드를 몰고 교회로 향하고 있었지. 난 그날도 마음속으로 너무나 간절히 기도하고 있었단다.

"하나님, 오늘도 한 영혼을 주시옵소서. 강남까지 동승할 준비된 영혼을 만나게 해 주세요."

기도가 거의 끝날 무렵 나는 신흥주공아파트 입구에 있는 버스 정류장에 도달해 있었다. 성남에서는 사람을 태울 수 있는 거의 마지막 기회인 셈이지. 그런데 그날따라 아주 세련되고 어여쁜 아가씨가 버스를 기다리고 서 있는 것이 아니겠니? 바로 너였다. 나는 네가 너무나 예쁘고 세련되었기 때문에 좀 위축이 되는 기분이었다. 그래서 그냥 지나갈까 하다가 창문을 열고 이렇게 말했지.

"서울 강남 가시는 분 계시면 타세요."

나는 네가 타리라고는 기대하지 않았다. 왜냐 하면 아가씨들은 경계심을 가지고 있어서 잘 타지 않기 때문이다. 그런데 넌 대담하게 나의 차를 탔다. 나는 혹시라도 네가 불안해할까 봐 곧바로 나의 신분을 밝혔던 것 같다. 그런 다음 조용히 복음을 전하기 시작했다. 너는 마치 스펀지가 물을 빨아들이듯이 숨죽이고 복음을 경청했지. 나는 복음을 전하면서 네가 거부하지 않는다는 것을 느낄 수가 있었고 무척 기분이 좋았다. 마침내 양재에 도달했을 때 나는 길가에 차를 세우고 너에게 예수 그리스도를 영접하도록 했다. 너는 알고 있니? 복음을 전하고 예수님을 영접시킬 때의 그 기쁨을! 말로는 표현할 수 없는 것이란다. 나는 너의 이름과 직업을 물었던 것 같다. 너는 "장경주입니다. 애니메이션 회사에 다니고 있습니다."라고 예쁘게 대답했다. 너는 회사를 향해 골목으로 들어갔고 나는 감사와 감격으로 눈물을 글썽이며 강남대로를 달렸다. 그런데 곧 나는 '아차!' 하고 말았다.

너의 전화번호를 물어보지 못했던 것이다. 그런데 그런 내 마음을 하나님은 아셨던 것 같다. 저녁에 기도 모임이 있었는데 박은아 자매를 보자 문득 네 생각이 났다. 너의 직장이 애니메이션 회사라는 것이 떠올랐던 것이다. 그래서 나는 박은아에게 네 이야기를 했더니 은아가 까르르 웃으면서 같은 회사에서 일하는 동료라고 말을 하는 것이었다. 세상에 이런 일이 있더구나! 그로부터 며칠 후 나는 너를 만났고 함께 치킨을 먹었지. 이를테면 심방을 간 것이지. 그리고 박은아는 너를 양육하기 시작했다. 나는 너의 믿음이 자라는 것을 보면서 얼마나 기뻤는지 모른다. 세례를 받고 우물가선교회 전도 학교를 졸업하고 청년부에 들어가고…….

그러다가 갑자기 우물가를 떠났을 때 얼마나 슬펐는지 모른다. 너의 얼굴을 볼 수 없게 된 나의 심정은 자식을 잃은 부모 마음처럼 허전했었다.

너는 가끔 살짝 와서 내 방에 꽃꽂이를 해 주곤 했지. 너를 보는 듯하여 오래오래 바라보곤 했단다. 네가 다시 우물가로 돌아와 함께 사역을 하면 얼마나 좋을까 생각하면서.

경주야, 내가 요즘 조금 힘들어하고 있다는 것을 전해들은 모양이구나. 사실이다. 그러나 너무 염려하지는 말아라. 어머니는 등짐을 지고 언덕을 오를 때마다 나에게 교훈하곤 했었지.

"아들아, 이 언덕길처럼 인생은 오르막길이 있는가 하면 내리막길도 있는 법이란다. 포기해서는 안 된다."

너처럼 나를 걱정해 주는 사람이 있으니 힘이 솟는구나. 더군다나 하늘에는 하나님이 계시구 말이다. 너의 마지막 인사가 무엇보다도 나를 신나게 만들었다.

"… 목사님 평안히 주무세요. 예배 때 뵙겠어요."

11) 재윤이 아버지

하나님께서 사람을 구원하시는 방법은 참으로 다양하다. 어떤 사람은 병을 들게 해서 서서히 그 마음을 열게 만드시는가 하면, 어떤 경우에는 자녀를 데려가서 인생의 허무를 깨닫게 만들어 구원하시기도 한다. 아마도 인간을 억지로 구원하기를 원하지 아니하시는 하나님의 자비하심 때문일 것이다. 워낙 사람의 마음이 강퍅하여서 그 마음을 부드럽게 하고 겸손하게 하시는 데 시간이 많이 걸리는지도 모른다.

우물가선교회의 정재은 아버지가 울산 ○○병원에 입원을 했다. 재은이 아버지는 아직 예수님을 영접하지 않은 상태였다.

그는 예수님을 전하면 찬바람이 확확 돌 정도로 완고한 사람이었다. 나는 자매의 아버지에게 복음을 전하려고 서둘러 집을 나왔다. 그런데 서두르다 보니 그만 비행기 티켓을 놓고 나온 것이다. 다시 돌아갈 수는 없었다. 그러기에는 너무나 멀리 와 있었다. 얼른 KAL로 전화를 걸어 어떻게 방법이 없는지 물어보았다. 새로 티켓을 사라고 대답해 주었다. 사용하지 않은 티켓은 나중에 환불을 받거나 1년 안에 사용하면 된다는 것이었다.

나는 김포공항으로 차를 몰았다. 그런데 그날따라 김포 가는 길이 왜 그렇게 막히는지. 나는 하는 수 없이 과천 경마장 정문에 차를 놓고 전철을 탔다. 대한항공 매표구로 달려갔다. 그러나 안타깝게도 10시 30분 비행기는 이미 마감이 끝난 상태였다. 2시간 후에나 비행기가 있었다.

바로 그때 재은에게서 전화가 왔다. 그녀의 목소리에는 힘이 빠져 있었다.

"목사님, 너무 기대하진 마세요. 그냥 가벼운 마음으로 내려오세요."

나는 그게 무슨 뜻인지 알지 못했다. 그러나 후에 알게 된 바로는 재은이가 아버지에게 전날에 복음을 전했는데 아버지께서 두 손으로 귀를 막고 고개를 흔들면서 완강히 거부했다는 것이다. 내가 상처를 받을까 봐 걱정이 되어서 전화를 건 것이다.

나는 2층 대합실로 올라가 기다리면서 오히려 2시간 동안 기도할 수 있었다.

오후 2시 정각.

포항에 도착해서 병실로 들어서자 나를 먼저 발견한 것은 재은이 아버지였다. 그가 대번에 나를 알아보고 "재은아, 목사님 오신다." 하고 말했다. 전에 서울대병원에 입원하고 있을 때 병문안을 간 적이 있었다. 그때는 얼마나 마음을 굳게 닫고 있는지 예수님의 '예' 자도 꺼낼 수가 없었다. 책을 읽고 있던 재은이가 벌떡 일어섰다. 나는 다가가 아버지의 손을 덥석 감싸쥐며 진심으로 말했다.

"얼마나 고생이 많으세요?"

아버지는 내가 포항까지 문병을 왔다는 것 때문에 매우 황송해(?)하는 눈치였다.

나는 우선 재은이 아버지의 이야기를 듣고 싶었다. 재은이 아버지는 신이 나서 젊은 시절의 화려했던 무용담(?)을 털어놓았다. 나는 그의 지나간 삶을 격려하고 칭찬했다.

그런 다음 조용히 "지금까지 살아오시면서 이 시점에서 가장 중요한 것이 무엇이냐?"고 질문했다. "자식들이 잘되는 것"이라고 그가 대답했다. 나는 꼭 그렇게 될 것이라고 말씀드렸다. 그러나 그냥 축복을 받는 것이 아니라 축복을 주시는 분을 믿어야만 한다고 말했다.

나는 그가 눈치 채지 못하도록 그를 끌고 차츰 복음 속으로 들어갔다. 충분히 복음을 전한 다음 마침내 결단의 순간이 왔다. 이미 재은이는 곁에서 어깨를 들먹이며 아버지를 위해 울고 있었다. 재은이의 아버지가 계면쩍어하며 말했다.

"재은아, 너 왜 우니?"

내가 말했다.

"모르시겠어요? 재은이는 아빠와 영원히 헤어지고 싶지 않은 겁니다. 재은이는 천국으로 가는데 아버지는 지옥으로 가니 이를 어쩝니까? 온 가족이 천국에서 영원히 살아야 합니다."

무엇이라 표현할 수 없는 뜨거운 감정이 밀물처럼 몰려왔다.

"예수님을 믿으시겠습니까?"

그 완강한 노인이 마침내 고개를 끄덕였다.

내가 서울에 도착했을 때 재은에게서 전화가 왔다.

"목사님. 글쎄요, 제가 목사님 보내드리고 병실로 왔더니 아버님께서 이렇게 말씀하시는 거예요. '나 정말 하나님의 자녀인 거 맞지!' 그래서 제가 말씀드렸어요. '그럼요 아빠, 아빠는 예수님이 피 흘려 사신 소중한 자녀예요.'"

그로부터 얼마 지나지 않아 재은이 아버지는 아버지의 집으로 부름을 받았다.

12) 점집 방문기

JF(Jesus Feet)의 용사들과 함께 아침마다 거리를 뛰며 점집 앞에서 그들의 구원을 위해 기도할 때 하루는 "하나님이 점집에 들어가 전도하라고 하면 어쩌지?"라는 부담스러운 생각이 들었다. 아마 성령님께서는 그들을 방문하여 복음을 전하라는 세미한 음성을 주신 것인지도 모른다. 아나나 다를까 며칠 후 JF의 용사들 중 한 분인 허학수 집사가 아침에 "목사님 점집에 전도하러 들어가실래요?" 하고 제안을 하는 것이 아닌가? 허 집사는 마도로스 출신으로 탕자였다. 노름, 술, 여자, 나쁜 것은 다 즐긴 사람이다. 도박할 때 돈 따게 해 달라고 점집에 불이 나게 드나들었던 사람이다. 그가 예수님을 만나서 완전히 변화되었다. 하녀처럼 대하던 아내를 여왕처럼 떠받들고 나쁜 짓은 생각도 안 하는 사람이 된 것이다. 뿐만 아니라 복음에 미친 사람이 되었다.

나는 가슴이 철렁 내려앉으면서 '올 것이 왔구나.' 하는 생각이 들었다. 그러나 어쩌겠는가? 성도가 전도하러 가자는데 싫다고 하겠는가?

용운암으로 들어섰다. 두려웠다. 전도 현장에서 잔뼈가 굵은 사람인데도 얼마나 두려운지 오줌이 마려울 정도였다. 사탄이 별별 생각을 다 주었다. 우리는 벽을 잡고 하나님께 기도했다. 허학수 집사는 앞에 서서 떨면서 기도하고 나는 뒤에서 떨면서 기도했다. 아마 나 혼자였다면 '좀 더 기도하고 나중에 오지.'라고 미뤘을지도 모른다. 그러나 둘이었기 때문에 의지가 되었다.

오후 늦은 시간인데도 보살은 잠을 자는 모양이다. 남편인지 모를 사람이 안내를 했다. 신당에 들어가 앉아 있는데 기분이 묘했다. 12신이 쭉 늘어서 있고 조화가 꽂혀 있다. 어느 이단을 연구하러 갔을 때 조화를 장식해 놓은 것을 보았는데, 왜 어두운 영들은 조화나 사탕이나 장난감 같은 유치한 것들을 좋아하는지 모르겠다.

한참 만에 보살이 나타났다. 목소리가 걸걸하고 위압적이다. 산 기도를 하고 어제 내려왔단다. 아주 세게 느껴졌다. 어둠의 영으로 충만한 것 같다. 그가 대뜸 묻는다.

"왜 왔습니까?"

대답할 말이 궁색하다. 허 집사가 입을 열었다.

"물 한잔 주쇼."

그런데 물이 아니라 음료수를 가져다주었다.

"누굽니까?"

그녀는 우리가 못마땅하다는 눈치다. 더 이상 숨길 수가 없다. 허 집사가 더듬거리며 말했다.

"이 동네 사는 사람인데 인사라도 나누고 싶어서…."

그녀가 정말 알고 싶은 것을 물어 왔다.

"종교를 가지고 있습니까?"

더 이상 감출 수 없게 되었다. 허학수 집사는 우리가 기독교인이라는 것을 밝히고 더듬거리며 간증을 하기 시작했다. 그의 간증은 너무 서툴렀고 보살은 우리를 매우 깔보는 것 같았다. 게다가 허 집사는 오늘따라 겸손이 도를 넘어 자꾸만 "잘 모르지만"을 연발한다. 내가 개입할 기회를 잡고 싶었으나 쉽지 않았다.

그녀가 반격했다. 교회를 비판하기 시작한다. 현대 교회들의 세속화와 그리스도인들의 이중성에 대해서 비판했다. 그다지 틀린 말은 아니다. 허 집사와 나는 마음이 아프지만 그 모든 말들을 긍정했다. 그녀는 신이 난 듯 질문한다.

"어떻게 생각해요?"

나도 교회를 비판하기 시작했다. 그녀가 지적하지 않은 것도 말했다. 속이 쓰리고 아팠다. 그녀는 우리를 완전히 안심하는 것 같았다. 아니 깔보는 것 같았다. 한 수 가르치겠다는 듯 질문했다.

"성경을 제대로 알아야지. 성경에 모순이 많아! 그래, 예수가 십자가에 죽은 사건을 읽어 보고 뭘 느꼈나?"

그녀 스스로 복음의 핵심을 질문해 온 것이다. 그러나 정공법으로 나간다면 그녀는 어느 순간 듣지 않으려 할지도 모른다. 순간 하나님이 지혜를 주셨다.

"내가 처음 성경을 읽었을 때 예수님이 사기꾼이라고 생각했습니다."

그녀가 상체를 내밀면서 내 말에 관심을 집중했다.

"어떻게 자신을 하나님이라고 말하면서 무력하게 형장으로 끌려갈 수 있단 말입니까? 어떻게 하나님은 예수를 아들이라고 하면서 채찍에 맞고 십자가에 사지가 못 박히는데도 바보처럼 가만히 있을 수 있단 말입니까? 만약 내 아들이 내 눈앞에서 그런 일을 당한다면 나는 양심이고 도덕이고 다 내팽개치고 무슨 일인가를 저지를 것입니다. 그런데 예수를 사기꾼으로 보기에는 한 가지 문제가 생겼어요. 예수는 인간이 할 수 없는 일들을 많이 했거든요. 병자를 고치지 않나 도시락 하나를 가지고 오천 명을 먹이지 않나 심지어는 죽은 지 나흘이 지나 시체 썩는 냄새가 나는 사람을 살려내지 않나. 그런데 나를 더욱 혼란에 빠뜨린 것이 있어요. 예수가 베푼 기적도 기적이거니와 그분이 베푼 사랑은 인간의 것과는 달랐습니다. 창녀들을 용서하고 제자들의 발을 씻기고 자기를 십자가에 못박은 자들을 향해서도 하나님께 용서해 주시도록 탄원하지 않았습니까? 아무 죄가 없음에도 자기를 향해서 저주와 욕을 퍼붓고 십자가에 못 박은 그 원수들을 미워하기는커녕 용서를 구하는 걸 보면서 도무지 인간이라고 생각할 수 없었습니다."

웬일인지 그녀가 고개를 끄덕였다. 나는 확신을 가지고 말했다.

"예수님은 우리 같은 단순한 인간이 아니라 하나님의 아들이었습니다. 그렇다면 왜 하나님의 아들이 십자가에서 죽어야만 했을까요? 예수님은 아버지 하나님께 미움을 받아 죽은 것도 아니고 그렇다고 능력이 부족해서 죽은 것도 아닙니다. 예수님이 이 세상에 태어나기 칠백여 년 전에 이사야라고 하는 분이 이렇게 예언했습니다. 그가 찔림은 우리의 허물을 인함이요 그가 상함은 우리의 죄악을 인함이라 그가 징계를 받음으로 우리가 평화를 누리고 그가 채찍에 맞음으로 우리가 나음을 입었도다. 우리는 다 양 같아서 그릇 행하여 각기 제 길로 갔거늘 여호와께서는 우리 무리의 죄악을 그에게 담당시키셨도다. 예수님께서 십자가에 죽으신 유일한 이유는 인간 살리기 위해서입니다. 왜 살리려고 하셨는지 아시나요? 사랑하기 때문입니다. 하나님이 세상을 이처럼 사랑하사 독생자를 주셨으니 이는 저를 믿는 자마다 멸망치 않고 영생을 얻게 하려 하심이니라. 예수님이 죽으신 오직 한 가지 이유는 사랑입니다. 바로 보살님을 위해 죽으신 겁니다."

나는 그녀에게 충분히 복음을 전했다. 언젠가 그 복음은 그녀를 변화시킬 것을 믿는다.

보현보살을 방문했다. 우리를 신당으로 안내했다. 산신 할아버지와 12신이 진열되어 있고 쌀 단지가 있고 쌀 단지에는 칼이 꽂혀 있고 조화와 돈이 진열되어 있었다. 무슨 말부터 시작할 것인지 난감하다. 허학수 집사가 "물 한잔 주쇼." 했다. 물을 마시면서 솔직하게 우리 자신을 소개했다. 나는 솔직하고 허심탄회하게 대화를 하고 싶어서 왔노라고 말했다. 그랬더니 오히려 경계심을 풀고 대화에 응해 주었다. 나는 인간 실존의 고민과 고뇌인 죄에 대해서 말했다.

"보살님의 진짜 고민은 무엇입니까?"

"글쎄요."

"내게 있어서 결국 맨 최종의 고민은 죄 문제입니다."

"……."

그녀가 긍정한다는 듯 고개를 끄덕였다. 그녀가 말했다.

"나도 다르지 않습니다."

"나는 목사입니다. 보통 사람들보다 선하게 살려고 노력하는 사람입니다. 그러나 아침마다 괴로워하고 눈물 흘리는 것이 있는데 죄에 관해서 결백하지 못하다는 것입니다."

"이 세상에 죄 안 짓는 사람이 어디 있겠어요?"

"맞습니다. 보살님은 이 죄의 문제를 어떻게 해결하십니까?"

"쌀도 나눠 주고 선행을 베풉니다."

"잘하는 것이긴 하지만 그렇게 해서 이미 범한 죄가 사라집니까?"

"……."

"얼마 전 신문에 나온 내용입니다. 어떤 사람이 노상에서 강도를 당하고 있었는데 한 고등학생이 달려들어서 강도를 잡았다는 내용이었습니다. 그때 사람들은 정의로운 고등학생이라고 무척 칭찬을 했습니다. 그런데 얼마 후에 오래된 살인 사건을 수사하다 보니 범인이 잡혔는데 그 범인 중에 그 고등학생이 포함되어 있더라는 것입니다. 놀랍지 않습니까? 알고 보니 이 고등학생은 살인 사건을 저지르고 양심의 가책을 받아 착한 일을 한 것입니다. 어쨌든 착한 일을 했다는 것은 잘 한 일입니다만 착한 일을 했다고 해서 과거의 죄가 사라지는 것은 아닙니다."

"물론이죠."

"우리의 죄도 마찬가지입니다. 죄가 많을수록 착한 일을 해서 보상하고자 합니다. 그러나 착한 일을 하면 마음의 위로는 될지 모르지만 과거의 죄가 사라지는 것은 아닙니다."

나는 그 보살에게 복음을 다 전할 수 있었다. 복음을 전한 후 울먹이면서 그녀의 손을 움켜쥐고 말했다.

"하나님이 당신을 얼마나 사랑하시는지 아세요? 그분은 당신 하나를 위해서도 아들을 십자가에 못 박았을 분이에요."

성령께서 강력하게 나를 사로잡았기 때문에 나는 믿음으로 선언했다.

"내가 예언하죠. 당신은 반드시 하나님을 믿게 될 것입니다. 왜냐 하면 하나님께서 당신을 결코 포기하지 않을 것이기 때문입니다."

그의 마음이 흔들리는 것이 느껴졌다. 그 후로 우리는 자주 그 집을 드나들고 있다. 함께 커피도 마시고 솔직한 대화를 나눈다. 아직 점집을 거두어 치우지는 못했다. 그러나 전업할 적당한 직업을 찾고 있는 중이다.

더 놀라운 것은 세를 낼 수 없어서 주인은 나가라고 말하고 빚이 산더미처럼 불어나고 있다고 하니 문을 닫을 날도 멀지 않은 것이다.

나는 하나님께서 내 입술을 통해 선언하게 하신 "당신은 반드시 하나님을 믿게 될 것입니다."라는 믿음의 선언이 반드시 이루어지리라 믿는다. 나는 그 예언적 선언이 이루어지기까지 결코 기도하는 것을 멈추지 않을 것이다.

점집 매화부인 앞에 섰다. 하나님께 간절히 기도한 다음 점집 안으로 들어갔다. 사십대 후반의 남자 점주가 우리를 맞았다. 영적 전투가 시작되었다. 소름이 끼치고 전율이 일었다. 여유를 벌기 위해 허 집사가 "물 한 잔 주쇼."라고 부탁했다. 나는 속으로 성령의 임재를 간구했다. 점점 두려움이 사라졌다. 성령의 임재를 느낄 수 있었다. 그가 못 견디게 불쌍해졌다.

물 한 잔을 앞에 놓고 어떻게 무속인이 되었는지 물었다.

그의 어머니는 기독교인이었다. 교회서 기도하다 하나님의 부름을 받았다. 그는 막내여서 어머니를 유난히 사랑했다. 그런 어머니가 세상을 떠나자 그는 깊은 슬픔과 무력감에 빠졌다. 그러던 어느 날 그에게 매화무늬가 있는 한복을 입은 여인이 환상 중에 찾아왔다. 누구냐고 김 보살이 묻자 죽은 어머니라고 말하면서 받아들일 것을 애원했다. 결국 김 보살은 그 어머니를 받아들이고 무속인이 되었다.

나는 그에게 영적인 세계의 비밀들을 이야기해 주었다. 어머니는 예수님을 믿었기 때문에 천국에 계신다는 것과 천국에 가면 이승으로 올 수 없다는 것을 말해 주었다. 사탄은 속이는 자이므로 사탄이 당신을 속인 것이라고 말해 주었다. 그러고 나서 복음을 전했다. 왜 예수님이 죽으셨는지 설명했고 어떻게 구원을 받게 되는지 말해 주었다. 내가 복음을 전하는 사이 허 집사는 중보기도를 해 주었다. 복음을 다 전하고 그의 손을 잡고 기도했다. 김 보살이 울기 시작했다. 허학수 집사도 울고 나도 울었다.

우리가 점집을 전도하러 다니면서 알게 된 사실은 많은 점주들이 한때 교회에 다니던 사람들이었다는 것이고 또 하나는 많은 기독교인들이 그들의 고객이라는 것이다. 얼마나 부끄러웠는지 모른다. 내가 기독교인임을 밝히면 하나같이 하는 말이 "우리 집에 교회 다니는 사람 많이 옵니다." 혹은 "우리 집에 집사들도 옵니다."였다. 어느 철학원에 갔을 때는 "우리 집에 목사님도 왔었습니다." 했다. 그래서 벌써 어느 목사님이 전도하러 왔다 갔구나 하는 생각이 들어 혹시나 하는 마음으로 "그 목사님은 왜 오신 거죠?" 하고 물었더니 "물론 점 보러 온 거죠." 하고 대답을 하는 것이었다. 나는 그가 정상적인 목사라고 믿지는 않는다.

무속 신앙은 한국 사회에 엄청난 영향력을 행사하고 있다. 교회도 안전지대가 아닌 것이다. 한 보고서에 의하면, 한국 교회 성도의 80% 정도가 점집을 출입하거나 출입한 경험이 있다고 하니 기가 막힐 노릇이다.

소돔과 고모라에 한 노인이 있었다. 그 노인은 소돔과 고모라의 멸망을 외쳤다. 그러나 아무도 귀담아 듣는 사람이 없었다. 지나가던 사람이 그에게 물었다.

"아무도 안 듣는데 왜 그런 수고를 하는 것입니까?"

"내가 살기 위해서입니다. 이렇게 외침으로 나는 그런 자들과 같이 되지 않을 수 있게 됩니다."

한국 교회가 무속 신앙에 물들어 있고 성도들이 점집에 출입하는 것은 한국 교회가 무속 신앙에 대해 침묵하고 있기 때문은 아닐까?

6장 국내 열전

1) 기술원에서 생긴 일

기술원이란, 주로 매춘 행위를 하다 적발된 사람들이 즉결심판을 받고 구속되어 있는 곳이다. 이곳을 운영하는 주체는 시였으나 한 복지단체에 위탁 운영하였다. 우물가선교회는 이곳에 매주 들어가 복음을 전했다. 바깥에서 들어갔기 때문에 좀은 자유로운 분위기에다가 간식도 가져가곤 했기 때문에 원생들이 우리를 무척 환영했다. 뿐만 아니라 가급적이면 그들과 동화되기 위해서 우리는 애를 많이 썼다. 예배에 앞서서는 레크리에이션도 하고 퀴즈를 내서 상품도 주고 율동과 찬양을 하기도 했다. 그럼에도 불구하고 마음을 열어 구원을 받는 사람보다는 여전히 냉담한 사람들이 많았다.

그도 그럴 것이 빛 가운데 자신들의 모습을 적나라하게 노출하는 것이 싫었을 것이고, 한국 교회가 매매춘 여성들에 대해 편협하고 옹졸한 태도를 보인 데도 원인이 있었다. 그래서 교회라고 하면 무조건 마음을 닫는 자매들이 많았다. 삶이 너무나 고단하고 힘들어서 가슴에 상처가 많았다. 그 당시 그곳에 있었던 상처가 많은 한 여성의 편지를 소개한다.

선교사님께

사랑의 하나님 능력의 하나님!
제겐 당신이 고개 돌려 주무십니다
삼십칠 년을 주 안에서 간구하고 회개하였건만
이제 당신에게 맹세합니다
일요일 교회 나가지 않겠습니다
맹세합니다 지옥을 찾아가렵니다
주일 교회 나가고 전도 나가는 그 시간에
이불과 수저를 한 번 더 팔러 나가겠습니다
주여 계속 시험과 연단을 주십시오
이제는 제 자신만 위해 현재를 살겠습니다.

나는 답답했다. 어떻게 하면 좋을까? 특별한 계기 없이 퇴소하면 다시 유흥가로 돌아갈 텐데…. 매춘의 세계라는 것이 그렇게 만만한 곳이 아니다. 그 세계는 마치 찰거머리 같아서 끈질기게 피를 빨아먹는다. 그들이 안에 있을 때 이런저런 모양으로 도움을 주다가 퇴소하는 날은 매가 새끼 병아리를 채 가듯이 포주들이 정문 앞에 차를 대기시켜 놓고 기다렸다가 싣고 가 버리는 것이다. 그들은 열이면 아홉은 다시 유흥가로 되돌아갔다.

한번은 술집에 전도를 하러 화장품을 들고 들어갔었다. 유흥업소에 들어가서 자매들을 만나려면 그냥 들어가서는 불가능하기 때문에 화장품을 들고 들어갔던 것이다. 화장품 보따리를 풀어놓고 샘플을 주면서 화장품을 팔다가 기회가 되면 복음을 전하곤 했다. 한번은 자매들을 불러 놓고 화장품을 주면서 복음을 전하려고 하는데 건달인 듯싶은 남자들이

들이닥쳐서는 차마 입에 담을 수 없는 욕을 퍼부어대면서 우리를 쫓아내는 것이었다.

또 한번은 역시 화장품을 들고 안마시술소를 방문했는데, 거기 기술원에서 만났던 자매가 있는 것이 아닌가! 자매는 나를 보자 어쩔 줄 몰라 하면서 숨어 버렸다. 얼마나 속이 상하고 화가 나던지 몸살을 앓아야 했다.

그들이 퇴소하면 다시 유흥가로 돌아간다는 것을 너무나 잘 아는 나는 어떻게 해서든 막아야 하겠다는 결심을 하게 되었다. 그것을 막는 방법은 두 가지인데, 하나는 결혼을 하고 자식을 낳아서 가정을 꾸리게 하는 것이고 또 하나는 예수님을 영접하고 하나님의 은혜에 깊이 붙잡히게 하는 것이다. 결혼은 시간도 많이 걸리고 상대가 있어야만 한다. 그러나 예수님을 영접하고 은혜를 받는 것은 언제라도 가능한 것이 아닌가? 그러한 결심을 하고 있을 때 하나님께서는 내게 집회에 연극을 넣으라는 감동을 주셨다.

어떤 내용으로 할까 생각하다가 그들의 보편적인 이야기를 극으로 구성하는 것이 좋겠다는 판단이 들었다. 드라마 팀과 회의를 하던 가운데 배우 중에 한 사람이 나의 시 "네겐 내가 있지 않느냐?"를 생각해냈다. 그 시는 유흥업에 종사하면서 힘들고 어렵게 사는 자매들을 만나면서 너무나 마음이 쓰리고 아파 밤새 가슴앓이를 하다가 쓴 것이었다.

네겐 내가 있지 않느냐?

꿈속에서 그녀는 예수님을 만났습니다.
그녀는 주님께
오랫동안 쌓인 슬픔과 불만을 마구 털어놓았습니다.

보세요 주님,

전 초라합니다

남편도 없고 돈도 없고 지위도 없고

건강도 안 좋다구요

그렇다고 집이 있나요

고향이 있나요

찢기고 상처 난 가슴을 어루만져 줄 친구가 있나요

죽으면 누울 땅 한 평이 없답니다.

웃음을 팔지 않으면

오늘부터라도 당장 굶어야 한다구요!

온유하고 겸손하게

그녀의 이야기를 다 듣고 나신 주님은 이렇게 말씀하셨습니다.

그러나 네겐 내가 있지 않느냐?

이 시를 근거로 해서 대본을 완성했다. 그날 집회에서 있었던 일을 한 성도가 《목마르거든》에 이렇게 간증하였다.

어느 남편의 보고서

그날은 나의 생애 많은 날들 가운데 쉽게 잊혀질 수 없는 날이 되고 말았습니다. 하나님께서 얼마나 우물가의 여인들을 사랑하는지 두 눈으로 똑똑히 보았기 때문입니다. 뿐만 아니라 나 자신이 우물가의 여인(?)일 수밖에 없다는 충격을 맛보았기 때문입니다.

그날 아침이었습니다. 우물가선교회 찬양 팀 멤버인 아내가 한껏 애교를 부리면서 "정 집사님, 오늘 서울시립기술원에 우물가선교회가 드라마 집회를 가는데 차량이 부족하대요. 제가 그 먼 곳까지 걸어가는 것을 원하지는 않으시겠죠?' 하고 말하는 것이었습니다. 나는 쾌히 승낙했습니다. 혹 돌 심장을 가진 남자라면 모르겠으되 따뜻한 가슴을 가진 저로서는 사랑하는 아내의 부탁을 거절할 수 없었습니다.

오후 3시 30분.

집회가 시작되었습니다. 먼저 찬양 팀의 찬양이 30분 정도 있었고 찬양이 끝나자 드라마가 시작되었습니다. 무대는 이중 구조로 되어 있었는데 위쪽 무대에는 예수님이 등장했고 아래쪽 무대에는 한 여인이 등장했습니다. 극이 시작됐습니다. 나는 구석에 앉아서 '지루하지 않은 집회는 되겠구나.' 하는 계산을 하고 있었습니다. 그러나 계산은 완전히 빗나가고 말았습니다. 극이 점점 진행되면서 자매들은 하나둘 울기 시작했고 마침내 절정(고난을 받고 십자가에 못 박혔다가 부활하신 예수님이 위쪽 무대에서 내려와 임신을 한 상태에서 버림을 받은 여인을 끌어안는 장면)에 이르러서는 나도 울음을 터뜨렸습니다. 주위를 둘러보니 자매들은 물론이고 연기를 하는 사람들이나 모두가 펑펑 울고 있는 게 아니겠습니까!

놀라운 성령의 역사였습니다. 최재하 목사님이 나와서 10분간 메시지를 선포하고 그 다음에 구원 초청이 있었습니다. 나는 다시 한 번 놀랐습니다. 170여 명 중 85명이나 되는 자매들이 손을 들고 결신을 했던 것입니다. 그 집회를 통해 나는 소외되고 상처난 영혼들에게 더욱 은혜를 베푸시는 하나님의 큰사랑과 그들의 영혼을 치료하는 데 쓰임 받고 있는 우물가 전도 팀을 보았습니다. 지금 와서 고백하는 것이지만 그날 우물가선교회 찬양 팀 멤버인 아내가 무척이나 자랑스럽게 느껴졌습니다. 나, 정창우 집사는 우물가선교회의 충실한 운전 기사가 되렵니다.

2) 교도소에서 생긴 일

서울소년원

1998년 성탄절에 소년원에서 집회가 있었다. 김원균 선교사가 우리에게 집회를 요청했던 것이다. 크리스마스이브에 밤늦게까지 사창가를 돌며 찬양을 하고 선물을 나누느라고 피곤했지만 성탄축하 예배를 드리고 나서 서울소년원으로 향했다. 이 집회에는 사랑의교회 봉사 팀과 소망교회에서 자원 봉사자들이 함께 참여했다.

집회 장소는 2층 소강당이었다. 장소가 좁은데다가 사람들은 많아서 안이 꽉 찼다. 원생들은 선물 받을 생각에 잔뜩 기대를 하고 들어왔다. 원생들은 줄을 맞추어 정렬했고 봉사자들은 그들 사이에 앉았다.

찬양이 끝나고 "우리를 사랑하사"라는 워십드라마가 시작되었다. 이 드라마의 주제는 예수님의 사랑이고 길이는 7분 정도밖에 안 된다.

드라마가 어느 정도 진행되었을 때 성령께서 임재하셨다. 갑자기 사람들이 울기 시작한 것이다. 한두 사람이 울기 시작해서 점차 파급된 것이 아니라 동시에 터진 것이다. 연기자들이 울었고 봉사자들도 울었고 원생들도 울었다. 나도 울면서 설교를 했다.

그런 날의 설교 내용은 너무나 단순하고 쉽다. 예수님에 대해서 원색적인 설교를 해도 되기 때문이다. 아마 그런 설교는 수십 번을 설교해도 전혀 지치지 않을 것이다. 설교를 마치고 예수 믿을 사람은 그 자리에서 일어나도록 요청했다. 그런 집회는 콜링도 쉽다. 굳이 사람들의 눈치를 살필 필요가 없기 때문이다. 원생들이 그 자리에서 벌떡 일어나 예수님을 영접했다.

그날 우리는 하나님으로부터 선물을 받은 것인데 선물로서는 최고의 것을 받은 것이었다.

청송교도소

버스를 타고 여섯 시간이 넘게 달려서야 청송에 도착했다. 말로만 듣던 청송은 멀기도 엄청 멀었지만 감호소 안으로 들어가자 은근히 겁이 났다. 간수들이 겁을 주었다. 갑자기 여자들에게 달려드는 것과 같은 돌발적인 사태가 발생하기도 한다는 것이다. 우리 팀은 여성들이 많았기 때문에 간수들이 더욱 조심을 시켰던 것 같았다.

강당으로 들어서자 수백 명의 재소자들이 가득 메우고 있다. 모두 험악해 보이는 얼굴들이었다.

그들을 보자 두려움이 우리를 공격했다. 복음을 전하는 사람들이 두려움에 사로잡혀서는 곤란 한 것이다. "사랑에는 두려움이 없나니"라고 성경은 말씀하고 있다. 두려워해서는 우리 복음 전도자들이 사랑의 통로로서 제 기능을 다할 수 없는 것이다.

우리는 강단 뒤로 들어가 기도회를 가졌다. 우리에게 저들을 사랑하는 마음을 달라고 그래서 두려움을 내쫓을 수 있게 해 달라고 기도했다. 모두들 같은 마음을 가지고 있었기 때문에 기도는 간절하고 집중되어 있었다. 드디어 모든 집회 준비가 끝났다는 연락이 왔다. 우리는 강당으로 나갔다. 간수들이 우리들과 수인들 사이에 늘어서서 보호 벽을 만들어 주었다. 그런데 좀 전과는 다르게 그들이 두렵기는커녕 오히려 사랑스럽고 귀엽게 느껴지는 것이었다. 나는 그들에게 나가 진심으로 악수를 나누었다. 위협적인 체구나 문신 칼자국 같은 것들이 문제가 되지 않았다. 어떤 것도 그들을 향한 나의 마음을 빼앗아 가지 못했다.

집회가 시작되었다.

찬양과 작은 영화, 워십드라마 "우리를 사랑하사", 그리고 설교 순이었다. 여성들이고 영화와 드라마가 있으니까 집중을 잘해 주었다. 그러나 그것으로 만족할 수는 없었다. 만족해서도 안 된다. 왜냐 하면 우리는 위문 공연을 온 것이 아니며 생명을 주어야 하는 것이기 때문이다. 나는 계속해서 하나님께 역사해 달라고 기도했다.

내 설교 시간이 되었다. 그날 나의 메시지는 하나님께서 우리를 사랑하며 함께하신다는 내용이었다. 물론 언제나 그랬던 것처럼 메시지의 중심은 예수님의 십자가 사건이다. 언제나 진짜 은혜는 십자가를 전할 때 일어났다. 십자가의 능력을 아는 사람은 그 메시지가 얼마나 능력이 있는지를 안다. 그래서 다른 메시지는 싱겁게 느껴질 정도인 것이다.

한참 메시지를 전하는데 재소자들이 하나둘 울기 시작했다. 참 많은 사람들이 훌쩍거리며 울기 시작한 것이다. 도무지 눈물이라곤 없을 것 같은 그 사람들이 우는 것을 보니 참으로 묘한 생각이 들었다. 온갖 세상 풍파를 다 경험한 그들이 아닌가! 메시지를 다 전하고 콜링을 했다. 재소자들이 우르르 일어섰다. 나중에 결신자 세는 것을 맡았던 집사님에게 몇 명이 일어섰는지 물었더니 너무나 많아서 세다가 그만두었다고 말하는 것이었다. 그야말로 셀 수 없을 만큼 많은 사람들이 일어선 것이다. 얼마 후에 그날의 은혜를 기록해서 많은 재소자들이 편지를 보내 주었다. 하나님을 만났다는 이야기가 주를 이루었다. 그날 집회에 참석했던 한 자매는 얼굴이 빨갛게 상기되어 달려와서는 하늘이 열리면서 성령이 임재하시는 감동을 경험했노라고 말해 주었다.

홍성교도소(남자)

교도소에 복음을 전전할 때마다 하나님은 은혜를 부어 주셨다. 다음 글은 사단법인 한국교정선교회 주최 간증 수기 모집에서 수상한 박응철 형제의 수기 중 일부이다.

… 매주 수요일이면 기독교 정기 예배가 있는 날인데, 2000년 3월 8일 정기

예배 때 '사랑의교회 우물가선교회'에서 예배 인도를 위해 이곳에 오신다고 하였다. 그 동안 예배 인도는 지역 인근의 교회에서 주로 인도해 왔기에 '사랑의 교회'나 '우물가선교회'에 대하여 아는 것이 없었다.

예배를 드리는 날이면 교회당 청소와 예배 준비를 하였는데, 그날은 '우물가선교회'에서 모든 예배를 준비해 가지고 오셔서 성가대를 이끌고 나는 성가대원들이 조금이나마 더 은혜를 받게 하고자 앞자리를 배정해 주고 나도 앞자리에 앉아 예배를 드렸다.

예배가 시작되기 전 덩치 좋은 전도사님(그분이 전도사님인 줄은 1년 뒤에나 알았다.)이 기타 연주를 하며 은혜롭게 찬양을 인도하시는 모습이 너무나 아름다워 보였다. 찬양이 끝난 뒤 선교회 회원들이 공연을 하였는데, 하얀 옷을 입으신 예수님, 검은 옷을 입은 마귀, 그리고 그 사이에 놓여 방황하는 인간. 이렇게 세분께서 보여 준 공연 내용이 어쩌면 저렇게 내가 살아온 삶의 여정과 비슷할 수 있을까 생각하였다.

창조주의 섭리를 거역하고 자신의 의지와 뜻대로 살아가던 중 사탄의 달콤한 유혹에 빠져 사탄의 종노릇하면서 죄 가운데 살아가는 인간을 불쌍히 여기시고, 주님의 품으로 돌아오라고 두 팔을 벌리고 계신데도 사탄의 힘에 의해 주님의 품으로 돌아오지 못하는 인간을 위해 전능하신 하나님의 권세로 사탄마귀를 내어 쫓으시고 죄의 종노릇하는 인간을 주님의 품에 품어 주님의 귀한 자녀 삼아 주신 내용이었다.

공연을 처음 시작할 때부터 마음속으로 기억나는 옛날의 나의 죄 된 모습을 돌이켜보았고 인간을 구원하시려 애쓰시는 주님의 그 사랑을 보면서 나 같은 죄인을 구하려 주님께서 저렇게 애쓰시고 사랑으로 나를 감싸주셨구나 하는 생각에 그 동안 마음속 깊이 자리 잡고 있던 회개의 눈물이 터져 나왔다. 공연 내용이 슬퍼서가 아니고 내 감정을 자극하여 눈물을 흘리게 할 내용이 아니었음에도 주님께서 베풀어 주신 그 사랑에 마음으로부터 일어나는 잔잔한 감동과 나의 죄를 생각하고 회개하니 하염없이 눈물이 흘러내리는 것이었다.

눈물이 나의 육신의 시야를 가리자 마음의 눈이 열리고 주님께서 이 죄인을 구원하여 주신 은혜에 감사하여 '주여 저의 죄를 용서하여 주십시오.' 라는 기도만 되뇌며 주님의 사랑하심과 은혜를 체험하였다.

한번 마음에서 흘러넘친 은혜의 눈물은 멈추지 아니하였고 목사님께서 하나님의 말씀을 전해 주실 때도 축도를 하실 때까지도 계속 내 죄를 용서해 주시기를 간구하며 회개의 눈물을 흘렸다. 축도를 마치신 최재하 목사님께서 급히 발길을 돌려 나에게 오시는 것이었다.

예배 시간 시종 나를 바라보셨던 목사님께서 예정에도 없이 그 자리에서 나의 머리와 등에 손을 얹으시고 안수 기도를 해 주셨다. 처음 만난 목사님께 일생 처음 안수 기도를 받았다. 목사님께서 나를 위해 기도하자 다시 주체할 수 없는 감동으로 눈물이 흐르는데, 그 와중에도 목사님께서 나를 위해 기도하신 기도의 내용이 머릿속에 심어졌다.

"주여, 이 죄인이 지난날에는 죄의 종노릇하였으나 이제는 주님의 구원의 은총 가운에 죄의 종에서 벗어나 주님의 일을 감당할 수 있는 주의 종이 되게 하여 주시옵소서."

이렇게 기도하시는 목사님의 기도에서 가슴속 깊은 곳에 올라오는 뜨거운 눈물과 회개로 알 수 없는 힘이 나를 감싸주었다. 성령 충만함을 체험하고 죄와 허물로 죽을 수밖에 없었던 나를 주님의 자녀 삼아 주시고 새롭게 거듭남을 허락하심에 감사하며 회개의 눈물만 흘렸다.

"너희가 그 은혜를 인하여 믿음으로 말미암아 구원을 얻었나니 이것이 너희에게서 난 것이 아니요 하나님의 선물이라" (엡 2:8)

지금까지 예배드리고 찬양을 인도하면서도 성령의 감동 없이 예배드리고 찬양을 드렸는데, 주님의 사랑하심으로 말미암아 참 그리스도인으로 거듭

나게 되었다.(눈물의 강이 기쁨의 바다 되어)

홍성여자교도소(2000년 5월 24일)

10여 명 남짓한 재소자들이 강당에 모여 있었다. 강당이라기보다는 차라리 골방이라는 표현이 더 어울릴지도 모른다. 우물가선교회가 그때까지 인도한 수많은 국내 집회 가운데서는 가장 작은 규모였다. 공간은 너무도 좁아 마이크나 스피커를 사용해야 할 필요도 없었다.

10여 분 간 찬양이 있었다. 다음은 워십드라마 "우리를 사랑하사"가 올려질 차례였다. "우리를 사랑하사"는 5명의 자매들이 구성하는 드라마이다. 자매들이 무대에 올라 무릎을 꿇었다. 갑자기 재소자 가운데 한 자매가 울기 시작했다. 뒤이어 곧바로 여기저기서 울기 시작했다. 드라마는 시작되었고 드라마를 하는 사람들도 울기 시작했다. 설교를 하기 위해 앞자리에 앉아 있던 나도 주체할 수 없을 만큼 눈물이 쏟아졌다. 재소자들은 눈물을 훔쳐내느라 드라마를 제대로 볼 수 없는 것 같았다.

"우리를 사랑하사"가 끝나자 나는 재소자들 앞에 무릎을 꿇고 예수님에 대해 말씀을 전하기 시작했다. 그것은 설교라기보다는 이야기였고 설득하는 것이라기보다는 하나님의 마음을 전하는 것이었다. 이야기를 하다가 문뜩 그들에게 물어보았다.

"여러분 가운데 오늘 죽음이 온다면 천국에 들어갈 확신이 있나요? 그런 분은 손을 들어 보세요."

한 사람도 구원의 확신이 있는 사람은 없었다. 나는 "하나님이 여러분을 사랑하고 계시며 예수님의 십자가는 그 하나님의 사랑을 증명하는 것"이라고 설교한다. 그들은 스펀지가 물을 빨아들이는 것처럼 나의 설교를 가슴에 담았다. 나는 설교를 마치자 예수님을 영접하기 원하면 가슴에 손을 얹으라고 요청했다.

결과는 놀라운 것이었다. 단 한 사람도 예외 없이 모두가 가슴에 손을 얹은 것이다. 단 한 사람도 구원의 확신이 없다고 대답했던 그들이 아닌가!

재소자들을 섬길 때 꼭 유념해야 할 점이 있다. 그들에게 당장 필요한 것은 빵이다. 그러므로 빵이나 그들을 위로하는 프로그램을 가져가는 것에 역점을 두기 쉽다.

그러나 주님께서 말씀하신 것처럼 사람은 어떤 상황 속에서도 가장 필요한 것이 있다. 바로 말씀이다. 부활하신 예수님이다. 주님께서는 공생애를 시작하시기 전 40일을 금식하셨다. 그보다 더 절박한 상황이 있을 수 있겠는가? 그럼에도 불구하고 예수님은 주린 배를 채울 수 있는 빵이 아니라 하나님의 말씀을 선택했다.

어둠 속에 있는 사람들일수록 정말 필요한 것이 있다면 하나님의 살아 있는 말씀인 것이다. 그러므로 교도소 선교를 하는 사람들은 정말 능력 있는 복음을 가지고 들어가야 한다. 금식도 하고 중보 기도도 요청해서 성령의 능력이 나타나야 한다. 한 사람의 인생을 바꿀 수 있는 기회를 스스로 포기해서는 안 된다. 게으름이나 헌신이 부족해서 하나님이 제한되신다면 그건 비극이다. 전도자 바울은 이렇게 복음을 전했다.

"내 말과 내 전도함이 지혜의 권하는 말로 하지 아니하고 다만 성령의 나타남과 능력으로 하여 너희 믿음이 사람의 지혜에 있지 아니하고 다만 하나님의 능력에 있게 하려 하였노라"(고전 2:4-5)

3) 대천해수욕장에서 생긴 일

1993년은 나에게 매우 특별한 해이다. 예수 그리스도와 그 복음에 헌신하는 해였기 때문이다. 사람들을 불러들이거나 실내에서만 복음을 전할 것이 아니라 많은 사람들을 만날 수 있는 곳으로 찾아가서 복음을 전하라는 영감이 왔다. 기도하는 가운데 대천해수욕장으로 정하고 계획을 수립했다. 우리는 불신자들이 관심을 가질 수 있는 제목으로 그 집회의 명칭을 정했다.

'한여름밤의 사랑 축제'

이 집회는 기획 단계부터 연합의 성격을 띠었다. 우물가선교회의 드라마 전도단과 아름다운제자들의 찬양과 대천 지역 청년 연합회 그리고 대천교회가 함께 했다. 한 차례 준비 모임과 기도 모임을 가진 후 각자 역할 분담에 들어갔다. 베이스캠프는 대천감리교회였는데 지금은 성전을 잘 건축하여 이전을 하였으나 당시만 해도 구광장 옆에 있었다. 집회는 구광장 근처의 야외무대에서 준비되었다.

프로그램은 대천청년연합회의 찬양, 박해성과 나애심 권사의 특별 출연, 우물가선교회의 드라마 "사랑", 설교, 아름다운제자들의 찬양 순이었다. 특별 출연했던 박해성은 당시에 내가 성경 공부를 가르치고 있었고 나애심 권사는 사랑의교회에 출석하는 집사였다.

버스가 대천해수욕장으로 들어서고 있는데 로마서 5장 8절 "우리가 아직 죄인 되었을 때에 그리스도께서 우리를 위하여 죽으심으로 하나님께서 우리에게 대한 자기의 사랑을 확증하셨느니라"라는 말씀이 생각이 나면서 눈물이 쏟아졌다. 지금 집회를 앞두고 그런 현상이 일어난다면 나는 그것이 무엇을 의미하는지 알지만 그때만 해도 '참 이상하다.'고 단순히 생각했다.

첫날은 수요일이어서 교회를 중심으로 집회를 가졌고 다음 날 집회 준비에 들어갔다. 무대는 바다를 향해 설치했다. 그래야 사람들이 바다에 마음을 빼앗기지 않고 집회에 집중할 수 있기 때문이다. 각 팀별로 준비를 하다가 오후 서너 시가 되어서는 모두 모여 홍보를 하기로 했다. 맨 앞에는 밤무대에서 연주를 하던 안영선 씨가 색소폰을 불었고 뒤를 분장을 한 배우들이 따라가면서 저녁 집회에 초대하는 전단을 나누어 주었다.

나는 공방에 들어앉아 금식하며 기도하느라고 두문불출했다. 그저 두렵고 떨리기만 했다. 무슨 일이 어떻게 벌어질지 모르는 상태에서 내가 할 수 있는 건 기도밖에 없었다.

두렵고 지루한 시간이 지나 집회장으로 나갔다. 그런데 아직 집회가 시작이 안 된 것이다. 알고 보니 전력에 차질이 와서 발전기를 임대했는데 또 그게 또 문제를 일으켰던 것이다. 집회가 점점 늦어지고 있는데 오히려 그게 안심이 되었다. 설교하는 게 얼마나 부담이 되든지 차라리 집회를 못 했으면 좋겠다는 생각이 들 정도였다. 그러나 겉으로는 다른 사람들에게 안심을 주어야 하기 때문에 태연한 척 하고 "다 잘될 거야."라고 말해 주었다. 갑자기 누가 쓰러졌다는 소식이 왔다. 찬양은 누군가가 쓰러지면 그 한 사람을 빼고 하면 되지만 연극은 한 사람이 빠지면 공연 자체가 안 되는 것이다. 쫓아가 보니까 지금은 가수 임재범 씨의 부인이 된 남영 자매가 쓰러져 있고 몇 자매들이 자매를 붙들고 울며 기도하고 있었다. 너무나 긴장한 나머지 탈진을 했거나 영적인 공격을 당하고 있는지도 모르겠다는 생각이 들었다. 나는 자매를 안수하며 기도해 주었다.

사탄은 그 집회를 방해하기 위해 온갖 술수를 다 썼지만 하나님은 오히려 기도하는 시간을 벌게 만드셨다. 우리는 하나님께 매달려 기도했다. 무대를 중심으로 사람들은 계속 몰려들었고 오히려 그렇게 지연되는 것이 사람들의 갈증을 더욱 증폭시키는 것 같았다.

예정 시간보다 2시간은 늦게 집회가 시작되었다.

여기저기서 끊임없이 폭죽을 터트리고 있어서 소음이 여간 시끄러운 것이 아니었다. 그런데 일단 집회장에 들어선 사람들은 주변 환경에 아랑곳없이 마치 발이라도 묶인 것처럼 자리를 뜨지 못했다. 그건 상식적으로는 이해가 안 되는 일이었다.

내 앞의 순서들이 하나하나 지나갔다. 왜 그렇게 시간이 빠른지 두렵고 긴장이 되어서 미칠 것만 같았다. 마침내 나는 설교해야 할 순간이 다가왔다. 그런데 하나님은 내게 원고를 집어 던지도록 만드셨다. 나는 빈손으로 무대로 올라갔다. 그것은 엄청난 믿음의 모험이었다. 그러나 하나님은 당신께 순종한 연약한 종에게 말씀을 주셨다. 내가 전한 설교의 내용은 십자가를 중심으로 하는 하나님의 사랑이었다.

나는 성령에 취해 설교를 끝냈다. 드디어 구원으로 초청할 시간이 되었다. 무식하면 용감하다고 했던가! 나는 예수님을 영접할 사람은 앞으로 나오라고 초청했다. 아마 지금 같았으면 좀 더 세련된 방법으로 결신하도록 유도했을지도 모른다.

그때 그 자리를 목격한 몇몇 성도들의 글이 《목마르거든》에 실렸었다.

…드라마가 시작되었다. 놀라웠다. 폭죽이 터지는 소리. 야유 소리. 해변의 밤은 산만하기 이를 데 없었지만 사람들은 드라마 속으로 빠져 들어갔다. …이윽고 구원 초청이 시작되었고 사람들은 마치 자석에 이끌리듯 무대 위로 끌려 올라갔다. 놀라운 성령의 역사였다. (유병우/사랑의교회 집사)

…드라마가 끝났다. 메시지에 이은 구원 초청… 미련하게도 목사님은 예수님을 구주로 영접할 사람은 무대 위로 올라오라고 초청했다. 세상에! 나는 차라리 눈을 감았다. 얼마나 시간이 지났는지 모른다. 무대에 조명이 밝혀졌다. 눈을 떴다. 그런데 놀랍게도 무대가 사람들로 꽉 차 있는 것이 아닌가! (현수호/충현교회, 우물가드라마 전도단 배우)

나는 드라마를 보면서 얼마나 울었는지 모른다. 국내와 수많은 집회에 참석해 보았지만 이런 집회는 내 생애 처음이다. (나애심/사랑의교회 집

사, 가수)

　1백 명도 넘는 사람들이 무대로 올라와서 울면서 예수님을 구주로 영접했다. 그렇게 오픈된 장소에서 그렇게 많은 사람들이 구원 초청에 응했다는 것은 기적이다. 인간이 할 수 있는 일이 아니다. 오직 하나님만이 하실 수 있는 일이었다. 어떤 사람은 수영복 차림으로 어떤 사람은 핫팬츠를 입고 나왔다.

　다음 날이 되었다. 아침에 일어나 보니 목이 완전히 잠겨 있었다. 도무지 목소리가 나오지 않았다. 지난 밤 집회에서 너무 목을 사용한 탓이다.

　누구에겐가 설교를 부탁해야 되겠다는 생각이 들었다. 하나님께 물어보았다. 그러나 하나님은 침묵하실 뿐 응답이 없으셨다. 나는 베이스캠프인 교회 강단으로 가서 꿇어 엎디었다. 목소리를 회복시켜 달라고 간절히 기도하는데 문득 어떤 생각이 들었다. 누군가가 나에게 단 5분만 목소리를 빌려 준다면 나는 그에게 나의 생명을 내어주어도 아까울 것이 없겠다는 생각이 들었다. 5분이면 설교를 충분하게 끝낼 수 있을 것 같았다. 그런데 누가 나에게 목소리를 5분 동안 빌려 줄 수 있단 말인가? 누군가가 빌려 주고 싶다 할지라도 현실적으로 그것은 불가능한 일이다.

　여기에 생각이 미쳤을 때 성령께서는 그 상황을 통해 나를 십자가로 데려가셨다. 나는 나의 죄에 대해서 완전히 절망적인 존재였다. 나 스스로 나 자신에 대해 아무것도 할 수 없고 어떤 사람도 나를 도울 수 없는 그런 죄인이었다. 나 자신에 대해서 얼마나 무력하고 절망적인가를 깨닫게 되자 한없이 눈물이 쏟아졌다. 나는 울고 또 울었다. 십자가의 은혜가 강물처럼 나를 덮쳤다.

　울면서 나는 어느 새 이런 기도를 하고 있었다.

　"주여, 이제 저는 예수님만 전하겠습니다. 주여, 이제 저는 복음 전도자들을 일으키는 그 일에 내 생명을 드리겠습니다."

이렇게 울고 있을 때 하나님께서 말씀하셨다.

"내가 네게 목소리를 주리라."

그러나 내 목소리는 여전히 쉰 상태 그대로였다.

"언제 주실 겁니까?"

"요단강이 언제 갈라졌느냐? 이스라엘 백성이 요단강에 도착하기 전이었느냐? 아니다. 요단강을 제사장들이 밟았을 때 갈라졌다. 네가 설교를 시작하면 네게 목소리를 주겠다."

둘째 날 저녁 집회가 시작되었다. 프로그램은 같은 것이었다. 드디어 나의 차례가 되었다. 하나님이 목소리를 주시겠다고 약속하신 것이 있었지만 어제처럼 여전히 떨렸다. 나는 설교하기 위해 입을 열었다. 그런데 이게 어떻게 된 일인가? 목소리가 트이질 않는 것이다. 나는 그렇다고 생각했다. 그러나 나는 있는 힘을 다해 최선을 다해 설교했다. 둘째 날의 설교는 첫째 날의 설교에 한 가지 내용이 더 추가되었다. 그것은 심판에 관한 내용이었다.

"어떤 사람이 죽었습니다. 그가 하나님 앞에 섰을 때 하나님께서 질문하셨습니다. 너는 세상에 살 동안 항상 착하게 살았느냐? 그는 할 말이 없었습니다. 고개를 숙였습니다. 하나님께서 또 질문하셨습니다. 너는 세상에 살 동안 항상 양심적으로 살았느냐? 그는 부끄러워졌습니다. 얼굴을 무릎에 묻었습니다. 하나님께서 또 질문하셨습니다. 너는 세상에 살 동안 항상 거룩하게 살았느냐? 그는 떨면서 '이제 지옥에 던져지겠구나.' 생각을 하고 있는데 누군가가 그를 향해 걸어왔습니다. 예수님이었습니다. 예수님은 그 남자를 끌어안고 '아버지여, 이 사람은 세상에 살 동안 항상 착하게 살지 못했습니다. 항상 양심적으로 살지도 못했습니다. 항상 거룩하게 살지도 못했습니다. 그러나 언제나 나를 인정하였고 내 편에 서고자 노력했습니다. 이제 이곳에서는 내가 이 사람의 편에 서 겠습니다.' 그러자 천사들이 찬양하고 춤을 추며 그를 천국으로 인도하 였습니다.…"

여기까지 설교하자 사람들이 우레처럼 박수를 쳤다. 설교의 내용에 감동을 받았기 때문이다. 나는 계속해서 설교했다.

"우리 모두는 죽습니다. 누구나 다 죽습니다. 죽지 않는 사람은 없습니다. 우리가 하나님 앞에 섰을 때 모든 것은 다 휴지조각 같습니다. 하나님 앞에서는 아무 능력이 없습니다. 오직 예수님만이 우리를 도와주실 수 있습니다. 우리는 이 땅에서 칠팔십 년을 삽니다. 올 때는 순서가 있습니다만 갈 때는 순서가 없습니다. 여기 있는 사람 가운데 내일 아침 태양을 보지 못할 사람도 있을지 모르겠습니다. 구원의 기회는 오직 지금입니다. 바로 지금 예수님을 영접하십시오!"

나는 피를 토하고 죽을 것처럼 설교했다. 전날과 똑같은 기적이 일어났다. 아니 그 이상의 기적이었다. 1백 명도 넘는 사람들이 무대로 올라와 시멘트 바닥에 무릎을 꿇고 울면서 예수님을 만났다. 하늘을 보며 부르짖는 사람이 있는가 하면 바닥을 치며 우는 사람도 있었다.

집회가 끝나자 지존파를 전도했던 이재명 집사가 다가오더니 이렇게 말했다

"목사님, 어제보다 설교가 더 능력 있고 목소리도 더 은혜로웠습니다."

처음에는 나는 그 집사가 나를 위로하기 위해서 그러는 것인 줄로만 알았다. 그러나 나중에 집회를 녹화했던 비디오테이프를 보고는 의아해하지 않을 수 없었다. 나의 목소리가 정말로 은혜로웠던 것이다. 듣기에 불편하다든지 어려움이 있기는커녕 부드럽고 힘이 있었고 깊이가 있는 기름진 음성이었다. 나는 지금도 어떻게 해서 그런 일이 가능했는지 의

문이다. 그러나 분명한 것은 하나님은 당신의 약속을 나의 감정이나 느낌과는 상관없이 지키셨다는 것이다. 하나님은 그런 분이시다.

집회는 밤늦도록 계속되었다. 춤을 추며 온 대천해수욕장이 떠나가도록 찬양했다. 그러다가 그것도 부족해서 바다를 바라보면서 아시아를 우리에게 달라고 새벽까지 기도했다. 하나님은 그 기도에 응답하셨다. 우물가선교회가 아시아를 가슴에 품고 사역을 하게 되었으니 말이다.

다음 날 아침이 되었다. 바닷가를 산책하러 해변으로 나갔더니 수많은 사람들이 그 아침에 바닷가에 몰려 있는 것이 아닌가! 무슨 일인가 싶어 가까이 다가가 보았더니 한 중년 부인이 모랫바닥에 주저앉아 목 놓아 울고 있는 것이었다.

내용을 듣고 보니 대학을 다니는 그 부인의 아들이 새벽에 바다에 빠져 익사를 했다는 것이다. 조금 있자 119 구급차가 달려왔고 잠수부들이 바다로 뛰어들었다. 한참 만에 그들은 묵처럼 출렁거리는 시체를 들고 나왔다. 그 광경을 보자 그 중년 부인은 기절을 했고 가족들은 시체를 따라가며 울부짖는 것이었다.

어젯밤에 성령의 권능에 사로잡혀 선포했던 설교 메시지가 다시금 내 가슴에 새겨졌다.

"우리는 이 땅에서 칠팔십 년을 삽니다. 올 때는 순서가 있습니다만 갈 때는 순서가 없습니다. 여기 있는 사람들 가운데 내일 아침 태양을 보지 못할 사람도 있을지 모르겠습니다. 구원의 기회는 오직 지금입니다. 예수님을 영접하십시오."

이 메시지는 나의 것이 되었다. 나는 지금도 내일은 나의 날이 아닐 수 있다고 생각한다. 그리고 어떤 사람을 만나든지 그에게 허락된 시간은 오직 지금뿐이라고 생각한다. 그러면 복음을 전하는 일을 미룰 수 없게 되는 것이다.

이 집회는 놀라운 결과를 가져왔다. 그 자리에서 구원받은 사람들을 일일이 조사할 수는 없었지만 하나님의 기름 부으심이 있었던 그 집회를 섬겼던 사람들 가운데 많은 사람들이 하나님의 헌신된 사역자로 세워졌다. 신학을 하거나 졸업을 하고 사역자가 된 사람이 10여 명이 넘는다. 목사가 된 사람도 있고 이름 있는 연극배우가 된 사람도 있고 유명한 가수의 부인이 된 사람도 있고 유학을 마치고 돌아온 사람, 유학 중에 있는 사람, 소리 없이 교회를 섬기는 직분자 등 많은 열매를 맺었다. 그때 찬양을 맡았던 '아름다운제자' 들은 현재 주식회사 알로에마임에서 사목으로 쓰임 받고 있다. 어떤 집회든 하나님의 임재가 있었던 집회는 먼저 그 집회를 섬겼던 사람들이 놀랍게 변화되고 헌신하게 되는 것이다. 이 집회 후에 나는 복음에 헌신하는 사람이 되었고 우물가선교회도 복음 전도를 생명으로 여기는 선교회가 되었다.

4) 경포대에서 생긴 일

1995년 8월에는 광복절을 끼고 3일 동안 강원도 경포대에서 집회를 가졌다. 강릉은 미신과 우상숭배가 심한 곳이다. 시청에 들어가 경포대 해수욕장 광장 사용권을 정식으로 허락받았다. 이 집회의 제목은 "그가 그녀를 사랑했다"였다. 그는 예수님을 의미하는 것이고 그녀는 구원받아야 할 불신자들을 의미하는 것이었다.

이 집회는 대천에서 치러 본 경험이 있는지라 준비하는 일이 훨씬 수월했다. 베이스캠프는 강릉시내에 있는 교회를 사용했다.

도착한 첫날 우리는 저녁을 먹고 경포대로 정탐을 나갔다. 정탐이라고 말은 했지만 사실은 바닷바람을 쐬러 나간 것이다. 우리가 집회를 가질 광장에는 피서객들이 삼삼오오 둘러앉아서 술을 마시고 있었는데 그 넓은 광장이 놀랍게도 술꾼들로 가득 차 있었다.

나는 스무 명 남짓한 지체들과 함께 그들에게 쫓겨 바닷가 모래밭 위에 앉았다. 그런데 파도가 좀 거칠다고 해안 경비원들이 통제를 하는 바람에 저녁 낭만을 즐길 수 없게 된 우리는 베이스캠프로 돌아오기 위해 터벅터벅 걸어서 광장 한구석을 지나고 있었다.

그때 이런 생각이 들었다.

'저들은 유행가를 저렇게 열심히 부르는구나. 그런데 왜 우리는 구원자 되시는 예수님을 찬양할 수 없는 것인가?'

내 속에서 질투의 불꽃이 타오르기 시작했다.

"우리 찬양하자."

지체 중 한 사람이 물었다.

"여기서요?"

"그래 여기서! 우리 한 곡만 찬양하자."

주저하는 사람도 있었지만 누군가가 찬양을 시작하자 모두 따라 부르기 시작했다. 성령이 임하셨다. 어떻게 된 것인지 우리는 찬양 속으로 순식간에 빨려 들어갔다. 우리는 한 곡이 아니라 부르고 또 불렀다.

그러나 생각해 보라. 유행가와 술판이 벌어지고 있는 그 진흙탕 같은 곳이 찬양이 시작되었으니 얼마나 사람들이 당황했겠는가? 지금도 생각하면 웃음이 나온다. 얼마만큼 찬양을 불렀을까? 느낌이 이상해서 눈을 떠 보니 한 청년이 우리의 찬양을 훼방하고 있었다. 그는 우리와 함께 찬양을 부르고 있었으나 사실은 찬물을 끼얹고 있었다.

그러나 우리의 찬양에 강력한 은혜가 나타나니까 도저히 훼방이 안 되자 자매들에게 다가가 끌어안으면서 방해를 폈다. 이 사실을 눈치 채고

한 형제가 빨리 그를 제지했다. 그러나 그는 더욱 거세게 저항했고 우물가 형제는 그를 냅다 떠다밀었다. 그때 하나님께서 내게 그를 감싸 안도록 아버지의 마음을 주셨다. 나는 다가가 그를 부드럽게 감싸 안았다.

그런데 그가 나를 공격해 들어왔다. 나의 허리를 꺾으려 한 것이다. 나는 힘을 잔뜩 주면서 그의 어깨를 쓰다듬었다. 그러자 팔에 힘을 풀었다. 나는 그에게 영적인 문제가 있다는 것을 알아차렸다.

우리는 그를 둘러싸고 보혈의 찬송을 부르기 시작했다. 그는 견딜 수가 없는지 처음 들어 보는 어떤 신의 이름을 불러대는 것이었다. 청년들은 기도를 하고 나는 예수 그리스도의 이름으로 떠나라고 명령했다. 그러나 그의 속에 들어 있는 악한 영은 떠나질 않았다.

나는 어떻게 하면 좋은지 하나님께 물었다. 성령께서 가르쳐 주셨다. 그로 하여금 신앙 고백을 하도록 만들어야겠다는 강렬한 생각이 들었다. 후에 알고 보니 그는 한때 기독교인이었으나 유학 생활을 하면서 악한 종교에 빠진 사람이었다. 내가 먼저 말하고 그가 따라하도록 했다.

"예수님은 하나님의 아들이요 나의 구원자입니다."

그는 "예수님은 하나님의 아들이십니다."는 따라 했다. 그러나 "나의 구원자입니다."는 도무지 따라 하질 않는 것이었다. 나는 그를 설득하였고 안수도 했다. 곁에서 서 있던 형제들도 그가 따라 하지 않으면 안 되도록 압박했다. 그렇게 실랑이를 벌인 끝에 그는 항복했다.

"예수님은 하나님의 아들이요 나의 구원자입니다."

그가 그 고백을 마친 순간 그에게 놀라운 변화가 일어났다. 그를 사로잡고 있던 어둠이 떠나고 완전히 다른 사람이 된 것이다. 그의 말투 그의 표정 그의 눈동자 모든 것이 달라졌다. 그는 더 이상 이상한 신의 이름도 부르지도 않았을 뿐만 아니라 온전히 하나님과 예수님을 찬양하는 것이었다. 그의 찬양은 우리 속으로 자연스럽게 흡수되었다.

우리는 성령 충만하여 목청껏 하나님을 찬양했다. 찬양의 메아리가 경포대해수욕장에 가득 울려 퍼졌다. 얼마만큼 찬양을 하다가 주변을 둘러보았더니 글쎄 그 넓은 광장에 가득했던 술꾼들은 다 어디로 갔고 우리들만 남아 있는 것이었다.

지금 돌이켜보아도 참 이상한 것은 우리가 그렇게 찬양을 하는데 아무도 우리를 제지하지 않았다는 것이다. 누군가가 술맛 떨어진다고 소리칠 만도 한데 말이다. 천사들이 우리를 보호했을까?

마지막 날은 비가 내리기 시작했다. 우리는 비가 오지 않게 해 달라고 하나님께 기도했다. 비가 오면 사람들은 모이지 않을 것이고 집회는 물거품이 되는 것이다.

일기 예보는 그날 저녁에 소나기가 내릴 것이라고 보도했다. 그러나 나는 믿었다. 하나님께서는 한 영혼을 구원하기 위해 일반 은총이나 자연의 법칙까지도 바꾸실 수 있다는 것을! 하나님은 한 영혼을 우주보다 소중하게 생각하신다. 그렇다면 한 영혼을 구원하기 위해 자연 법칙을 바꾸실 수도 있는 것이다.

우리는 하나님께 별을 보는 밤이 되게 해 달라고 기도했다 그런데 오후가 되자 하늘에서 비가 쏟아졌다. 그러나 우리는 포기하지 않고 계속 기도했다. 드디어 저녁 집회 시간이 되었다. 우리는 경포대해수욕장 광장으로 나갔다. 비는 한두 방울씩 떨어졌지만 우리는 믿음을 가지고 찬양하며 복음을 전했다. 많은 영혼들이 구원을 받았다. 집회를 마치고 광장을 뛰며 춤추고 찬양하는데 누군가가 소리쳤다.

"별이 떴다!"

일제히 하늘을 올려다보았다. 정말 기도했던 대로 북쪽 하늘에는 별이 빛나고 있었다. 하나님께서 우리를 내려다보시는 것 같았다.

5) 진주에서 생긴 일

전화가 왔다.
"목사님, 접니다. 저 원인선입니다."
"아, 원인선!"

지난여름 나는 진주에서 그를 만났었다. 그는 죽음을 계획하고 있었다.
우물가선교회는 매년 여름마다 전도 여행을 떠난다. 전도 여행은 '우물가 전도 학교'의 마지막 훈련 과정으로 4박 5일 동안 이루어진다. 작년에는 '열전 97'이라는 이름 아래 4개 팀으로 편성되었다. 첫째 날은 주일 저녁이었는데, 오산에서 4개 팀이 연합하여 집회를 가졌다. 둘째 날, 셋째 날은 목적지인 진주와 고성을 향해 각기 4개 팀이 흩어져 내려가면서 성령의 인도를 따라 숙식도 해결하고 노방에서 전도 집회도 가졌다. 마지막 날은 수요일 저녁인데 진주와 고성 2곳에서 2팀씩 연합해서 집회를 열었다.

하나님께서는 이 '열전 97'을 통해 많은 간증거리를 주셨다. 어떤 자매는 빗물이 흥건한 맨바닥에 무릎을 꿇고 기도할 때 성령을 체험했다고 한다. 또 어떤 팀은 공원에 올라가 집회를 하면서 갑자기 찬송 인도자에게 평소에는 전혀 부르지 않던 찬송가가 생각이 나더라는 것이다. 본인 자신도 의아해하며 그 찬송을 부르기 시작했는데, 그 찬송가를 듣고 한 가족이 주님께 돌아왔다. 후에 알고 보니 그 가족 중에 부인은 처녀 시절에 교회를 다닌 적이 있는데 그 찬송가가 바로 부인의 기억 속에 어렴풋하게나마 남아 있던 유일한 찬송가였다는 것이다.

여수를 거쳐 고성으로 들어갔던 마하나임 팀에게 있었던 사건이다. 그 팀은 여수 번화가에 나가서 "해방(Liberation)"이라는 드라마와 함께 복음을 전하게 되었다고 한다. 그런데 어찌나 성령께서 강력하게 역사하시는지 나중에 예수님을 영접하기로 결심한 사람들을 세어 보니 무려 50여 명이 되더라는 것이다.

나는 진주로 내려가는 길에 영주에서 1박을 했다. 영주에 처형이 살고 있었는데 예수님을 영접하지 않은 상태였다. 나와 아내는 처형을 위해 많이 기도했었다. 그럼에도 불구하고 처형은 예수님을 받아들이지 않았다.

나는 자리에 누웠으나 도무지 잠을 이룰 수가 없었다. 처형에게서의 실패가 복음의 대한 가슴의 불을 더욱 타오르게 만들었다. 나는 아내와 함께 영주 역으로 달려 나갔다. 그곳에는 애통해하는 한 영혼이 기다리고 있었다. 그녀는 가출한 아들을 찾아 서울에서 무작정 내려온 부인이었다. 그녀는 가출한 아들이 영주에 있다는 이야기를 듣고 역 대합실에서 무작정 기다리는 중이었다. 우리는 그분에게 돌아온 탕자 이야기를 들려주면서 복음을 전했다. 그녀는 예수님을 영접했다.

원 형제도 그런 간증들 가운데 한 사람인 것이다.

여호수아 팀이 해변에 나가서 복음을 전하는데 전은호 집사의 눈에 원인선 씨가 들어왔다고 한다. 전 집사는 집회가 끝나자 그에게 다가가 복음을 전했다는 것이다. 원인선 형제는 복음을 받아 들였을 뿐만 아니라 자기도 함께 데려가 달라고 요청을 하더라는 것이다. 내가 진주에 도착을 해 보니 까맣게 탄 낯선 형제를 전 집사가 데리고 와서 소개해 주었다.

나는 처음엔 그를 경계했다. 혹시 다른 목적이 있어서 합류한 것은 아닌가 하는 의심이 들었다. 그런데 그날 저녁 집회 때 그런 나의 염려는 완전히 일소되었다.

그가 울면서 예수님을 영접했던 것이다. 집회가 끝나자 그는 우리에게 와서 자기의 과거를 낱낱이 고백했다. 그는 서울 미아리에서 작은 공장을 운영하고 있었는데 술과 여자와 도박에까지 손을 댔다가 가정은 이혼

직전까지 갔고 공장은 부도가 났다고 했다. 그는 처자식이 있는데 어떻게 됐는지도 모른다고 했다. 그는 집을 나온 지 40일이 지났고 죽는 것밖에는 다른 길이 없다고 생각하고 있었노라고 말했다. 그는 울먹이면서 "나 같은 죄인도 정말 용서받을 수 있어요?" 하고 물었다. 나는 그의 손을 붙잡고 "물론이죠!"라고 답해 주었다. 하나님은 너무나 자비하시고 사랑이 많으셔서 모든 죄인을 다 용서하시기를 원하고 계시며, 십자가 위에서의 예수님의 죽음은 어떤 극악한 죄악이라고 할지라도 완전히 용서하고도 남는 것이라고 성경 말씀을 따라 설명해 주었다.

그의 얼굴이 활짝 개었다. 그는 이제 다시 인생을 시작해 보겠노라고 말했다. 그는 우리와 함께 서울로 올라왔다. 그리고 그 주 토요일 열린 예배에 참석한 후 연락이 끊어졌었다.

"오, 그래 원 형제! 어떻게 살아요? 잘 지내요? 어디 살아요?"

"저 봉천동으로 이사했어요. 공장을 다시 시작했어요. 목사님 한번 심방 와 주세요."

그로부터 며칠 후 나는 전은호 집사와 최보윤 간사와 함께 봉천동 달동네에 살고 있는 원인선 형제를 방문했다. 그는 자신의 공장으로 우리를 먼저 안내했다. 공장이라고 해 봐야 서너 평이나 될까 말까 하게 협소했다. 그는 그곳에서 하청을 맡아서 아주머니 한 분과 함께 지갑을 생산하고 있었다. 그가 작업을 하는 작업대 위에는 성경 말씀이 적혀 있었다. 그 옆에는 우물가 형제자매들과 함께 찍은 사진이 붙어 있었다.

"어디서 찍은 거예요?"

그는 질문을 받고는 얼굴을 붉히면서 지난여름 전도 여행 때 우물가의 형제자매들과 함께 서울로 올라오는 길에 어느 음식점에 들어가게 되었는데 거기서 찍은 것이라고 말해 주었다. 그는 자기의 인생을 되찾게 해 준 지난여름을 한시도 잊지 못한다고 말했다. 그의 낡은 라디오에서는 찬양이 흘러나오고 있었다. 그는 극동방송을 즐겨 듣는다고 말했다. 그는 갑자기 생각난 듯 활짝 웃으면서 말했다.

"목사님, 극동방송에 나오신 적 있죠?"

그가 내가 어쩌다 한 번 극동방송에 나온 걸 알고 있는 것을 보면 분명 극동방송을 즐겨듣고 있는 것이 틀림없다는 생각이 들었다. 그는 다소 쑥스러워하면서 내게 선물 꾸러미를 내밀었다. 그가 손수 만든 가죽지갑이었다.

"목사님, 전 집사님, 자매님 하나씩 가지시구요. 우물가 형제자매들에게도 나누어 주세요."

손에 착 달라붙는 것이 변화된 원 형제만큼 마음에 꼭 들었다.

우리는 원형제의 집으로 올라갔다. 난곡동 달동네 꼭대기였다. 방은 매우 작고 좁았다. 방안 구석구석에 성구들이 붙어 있었다. 원 형제의 아내는 매우 밝고 아이들은 귀여웠다. 원 형제의 아내가 저녁상을 내왔다. 해물탕이었다. 우리는 즐겁게 식사를 했다. 차도 마셨다. 지난여름을 회고하면서 마음껏 웃었다. 우리는 즐겁다 못해 행복했다. 심방을 마치고 밖으로 나왔다. 흰눈이 펑펑 쏟아지고 있었다. 그것은 마치 절망과 가난에 울먹이는 달동네의 영혼들을 끌어안으시는 하나님의 품 같았다. (1998. 2.)

7장 해외 열전

1) 필리핀에서 생긴 일

상파울로의 기름 부으심

필리핀은 내가 최초로 선교 사역을 경험했던 나라이다. 나의 친구인 김성규 목사가 담임으로 있는 한길교회에서 파송한 홍승묵 선교사의 사역 가운데 CMC집회가 있다. 이 사역은 필리핀 북부에서 남부까지 차례로 도시를 순회하면서 대학생들에게 복음을 전하고 훈련하는 사역이다. 홍 선교사는 이 집회에 한국의 강사들을 초청해서 세웠는데 1996년에는 나와 김 목사가 강사로 가게 된 것이다.

집회는 상파울로 지역에서 있었다. 집회의 규모는 200명 규모였고 기간은 3박 4일이었다. 나는 첫째 날은 '인간의 죄와 하나님의 사랑'을, 둘째 날은 '예수님의 죽으심과 부활'을, 그리고 셋째 날은 '성령'을 주제로 삼았다.

첫 집회를 했다. 통역 설교였다. 첫 설교를 하고 난 나의 기분은 참담했다. 그들과 나 사이에 커뮤니케이션이 제대로 되지를 않았다. 뭔가 콱 막혀 있어서 감정과 성령의 흐름이 이루어지지 않았다. 아무리 생각해도 이 어려운 상황을 타개할 길은 보이지 않았다. 한국에서라면 팀 사역을 했기 때문에 찬양과 드라마의 도움을 받을 수도 있었을 것이다. 혹 설교에 부족함이 있다 하지라도 어느 정도 다른 프로그램에 의해 보충이 되기도 한다. 더 정확하게 말하자면 하나님은 그날 사용할만한 프로그램을 사용하셨다. 어떤 날은 찬양을 들어 사용하였고 또 어떤 날은 드라마를 사용했다.

그러나 그곳은 필리핀이고 나 혼자 왔고 오직 하나님만 의지할 수밖에 다른 길은 없었다. 난 금식하며 하나님께 엎드렸다.

둘째 날 집회는 첫째 날보다 조금 나아지기는 했지만 여전히 마음이 무거웠다. 무더위 속에서 금식하는 것은 한국에서보다 한층 힘들었지만 나는 하나님께 간절히 매달렸다. 하루 종일 하나님 앞에 머물면서 이 집회를 축복해 달라고 강청하고 또 강청했다.

마지막 집회 시간이 가까워 왔다. 나는 다른 사역자들의 도움을 받아야겠다는 생각이 들었다. 인간이란 자기의 한계를 알면 겸손해지는 법인가? 나는 김 목사와 홍 선교사 그리고 필리핀 목사와 함께 집회장에 꿇어 엎드렸다. 학생들은 식사하느라고 즐거웠지만 우리는 이 집회를 하나님께서 반드시 축복해 달라고 부르짖으며 기도했다. 아마 이러한 간절한 기도는 하나님을 움직이기도 했겠지만 학생들의 마음에 어떤 파문을 일으켰을 것이다.

마지막 날 설교의 본문은 사도행전 1자 8절의 말씀이었다. 설교를 시작하자 어제와는 다른 성령의 분위기가 느껴졌다. 나는 성령에 대해서, 그리고 어떻게 하면 성령 충만을 받을 수 있는지에 대해서 사도행전의 사례들을 일일이 열거하며 설교했다. 그날 설교는 전날과는 달리 교감과 교통이 아주 잘되었다. 한 사람도 졸거나 딴 짓을 하는 사람이 없었다. 나는 오늘 하나님의 성령이 사도행전 1장 8절과 똑같은 것은 아니지만 놀랍게 임하게 될 것이라고 선포했다. 설교를 마치자 그들을 여러 그룹으로 나누어 기도하도록 하고 우리 교역자들은 그들을 돕기 위해 안수하기 시작했다. 나는 너무나 간절했기 때문에 창자가 끊어지는 고통으로 성령을 부어 달라고 기도했다.

한참 기도를 하고 있는데 뭔가 이상한 느낌이 들었다. 뒤를 돌아다보니까 이미 성령의 강력한 임재가 시작되고 있었다. 어떤 학생은 하나님을 찬양하고 있었고 어떤 학생은 엉엉 울면서 회개를 하고 있었고 어떤 학생은 바닥을 구르며 울부짖고 있었다. 귀신이 정체를 드러내고 있는 학생도 있었다. 일단 성령의 임재가 나타나자 안수하기 위해 손을 대면 쓰러지는 것이었다. 더 놀라운 것은 집회가 야외에서 이루어지고 있어서 구경하러 온 사람들도 많았는데 성령의 임재가 얼마나 강력한지 가까이 다가갔을 뿐인데도 성령의 권능에 의해 쓰러지는 것이었다. 나는 그런 일이 내 사역에서 없었던 일이기 때문에 매우 놀라지 않을 수 없었다.

이때 은혜를 받은 한 교회는 1년 만에 급속한 성장을 가져와 250명이 모이는 교회가 되었고 2년 후에 다시 그 지역을 찾았을 때는 큰 극장을 빌려 예배를 드리고 있었다.

주여 잘못했습니다

1998년의 필리핀 단기 선교는 퍽 재미있으면서도 위태했다. 두 분의 목사님들을 모시고 가게 되었는데, 한 분은 일명 청진기 손을 가지신 분인데 사람에게 손만 대 보면 어디가 아픈지 금방 알아맞힐 뿐만 아니라 치유 은사가 있는 분이었고 한 분은 영어를 무척 잘하는 분이었다.

필리핀의 사역자들을 섬기는 마지막 집회였다. 나는 이 사역을 영어를 잘하는 조 목사에게 맡겼다. 그리고 우리는 이 집회를 위해 중보 기도를 해야 마땅함에도 불구하고 팍상한 폭포를 관광하러 갔다. 팍상한 폭포를 올라가는데 죄송한 마음이 많이 들었다. 필리핀 사람들이 카누를 끌고 상류까지 올라간다. 너무 안쓰러워 제대로 관광하기가 어려웠다. 팍상한 폭포는 막상 가 보면 기분이 팍 상한다고 한다. 우수갯소리로 그래서 '팍상한' 이라고 이름 붙였다고 했다. 그곳에 이르는 협곡에 비해 폭포는 별 것이 아니었다. 아무튼 우리는 관광을 마치고 집회장으로 갔다. 백여 명 정도의 필리핀 사역자들이 집회에 참석하고 있었다.

마지막 집회의 마지막 시간이었다. 분위기는 집중되어 있었다. 조 목사는 하나님의 능력에 대해서 설명하면서 금이빨을 통해 하나님 자신이 영광을 나타내실 것을 선포했다. 나는 '아이쿠' 했다. 그의 선포는 다른 누가 아니라 내게 받아들여지지 않았다. '이빨을 치료하는 것이면 혹 모르지만 하나님이 금이빨을 만드셔야 할 이유가 무엇이란 말인가?' 이런 질문이 꼬리를 물었다. 조 목사는 누구든지 앞으로 나오면 기도해 주겠노라고 공개적으로 초청했다. 나는 마음이 너무나 조마조마해서 견딜 수가 없었다. 두 젊은이가 앞으로 나갔다. 조 목사는 그들을 붙잡고 간절히 기도했다. 그에게 의심은 조금도 없어 보였다. 기도가 끝나자 서로의 어금니를 확인하도록 요청했다. 서로 입을 벌리고 어금니를 확인했으나 아무 일도 일어나지 않았다. 다시 기도를 했지만 결과는 마찬가지였다. 이렇게 되니까 분위기가 이상하게 되어 버렸다. 이 분위기를 수습하기 위해 어떻게든 해야 했다. 조 목사가 당황하고 있는데 홍 선교사가 나섰다. 모두 일어서서 기도할 것을 요청했다.

나는 신실하신 하나님의 이름이 부도가 났다는 생각이 들어 견딜 수가 없었다. 중보 기도를 하지 못한 것과 믿음의 마음을 합해 주지 못한 것을 자책했다. 모두 한마음이 되어 집회를 섬겼어야 하는데 리더인 내가 하나님의 이름을 부도나게 만든 장본인이라는 생각이 든 것이다. 나는 견딜 수 없어서 가슴을 찢으며 그 자리에 무릎을 꿇었다. 내가 무릎을 꿇고 절규하자 우리 모두는 같은 마음이 되어 무릎을 꿇었다. 바로 그 순간에 성령께서 임재하셨다. 순식간에 필리핀 사람들이 쓰러지기 시작했다. 어떤 사람들은 바닥에 구르고 어떤 사람들은 울고 어떤 사람은 찬양했다.

지금도 그때의 상황을 생각하면 진땀이 난다.

2) 태국에서 생긴 일

아버지의 마음

태국 수린 지역에서의 전도 집회는 나로 하여금 하나님 아버지의 마음을 깨닫게 하는 소중한 경험이다. 어떻게 보면 내가 복음 전도자로 세워지는 데 대천 집회에서 부름을 받은 것과 포천 목욕탕에서 순종한 것과 태국 수린 지역에서 아버지의 마음을 만나게 된 것은 가장 중요한 사건들이다.

1998년 11월 태국 수린 집회에는 우물가 단기 선교 팀을 데리고 갔었다. 이 팀에는 일곱 살인 아들 주호도 포함되어 있었다. 나는 주호가 세계를 다니면서 복음을 전하라고 주호라고 지어 주었다. 주호는 '주님은 광대하시다' 라는 뜻이다. 한자를 우리 가문의 돌림자로 사용하지 않아서 아버님께 책망을 받기도 했던 이름이다.

주호는 사역 기간 내내 나를 무척 잘 도와주었다. 설교를 하고 들어오면 나의 발바닥을 그 고사리 손으로 안마해 주기도 했고 일직 일어나서 나를 깨워 주었다. 떠날 때는 짐이 되면 어쩌나 고민을 했는데 막상 가보니 훌륭한 동역자가 되었다. 그것은 주호가 곁에 있으니까 나의 마음이 안정되었고 또 아버지의 마음을 가지고 사역할 수 있었다. 그러한 것 말고도 나에게 정말 도움이 되었던 게 있다. 다른 사람은 나를 도울 수 없었지만 오직 주호만이 할 수 있었던 것이 있다.

첫 집회를 학교에서 가졌다. 첫 집회를 마치기까지는 늘 해 왔던 것처럼 그렇게 집회를 하면 된다고 생각했다. 좀 쉬고 잘 먹고 싶은 꾀도 생겼다. 태국 음식은 내 입맛에 너무나 잘 맞았다. 그런데 첫 집회를 마치고 강단을 내려가니까 주호가 내게 달려와서 한마디 했다.

"아빠, 설교 되게 못했다. 하나도 재미없다."

머리를 한 대 얻어맞은 아찔한 기분이었다. 나는 그것이 하나님의 준엄한 책망으로 들렸다. 나는 그 즉시 설교가 마칠 때까지 금식을 결심했다. '내가 금식하므로 한 사람이라도 더 구원할 수 있다면' 그런 생각이 들었다. 내 설교에 대해서 하나님과 주호 외에 누가 충고해 줄 수 있었겠는가? 하나님은 만물을 통해 말씀하신다. 나귀를 통해서도 말씀하셨다. 어떤 경우는 어른보다 어린이를 통해서 더 잘 말씀하실 수 있다. 왜냐 하면 아이들은 단순하기 때문이다. 하나님이 주시는 마음에 가감이 없다.

학교와 노방에서 많은 사람들이 주님께 돌아왔다. 1천 명도 넘는 사람들이 구원을 받았다. 우리는 마지막 집회가 있는 학교로 이동하고 있었다. 버스는 흥분과 감격의 도가니였고 영적 포만감으로 왁자지껄하였다. 이제 우리의 사역은 다 끝난 것이나 마찬가지였다. 성공적인 사역을 자축하는 분위기였다.

그런데 하나님이 갑자가 나를 찾아오셨다. 하나님은 내게 한 그림을 보여 주셨다. 그것은 누가복음 15장의 돌아온 탕자에 대한 것이었다.

한 아버지가 있었다. 그에게는 아들이 둘 있었다. 두 아들 다 아버지께 유산을 받아 가지고 집을 나갔다. 그런데 세월이 흘러 거지가 된 큰아들이 먼저 돌아왔다. 아버지는 너무나 기뻐서 소를 잡고 마을 사람들을 불러 잔치를 성대하게 베풀었다. 잔치는 끝나고 밤이 되었다. 마을 사람들은 돌아갔고 종들도 잠자리에 들었다. 가축들도 죽음으로부터 면제된 것을 감사하면서 잠이 들었다. 돌아온 아들도 참으로 오랜만에 비단침대에 들어 깊은 잠에 떨어졌다. 세상은 모두 깊은 잠에 떨어졌다. 그런데 어디선가 한 노인의 흐느끼는 울음소리가 들렸다. 그 울음소리는 집 밖에서 들려오는 것이었는데 다름 아닌 아버지였다. 그 늙은 아버지는 마을 어귀를 바라다보며 아직 돌아오지 않은 아들을 그리워하여 울고 있었던 것이다.

큰아들이 돌아와서 잔치가 벌어졌다. 돌아온 아들 때문에 기뻐한다면 그것은 이웃의 마음이거나 종의 마음이다. 그러나 돌아오지 않은 아들 때문에 울고 있다면 그것은 아버지의 마음이다. 이것이 아버지의 영성과 종의 영성의 차이인 것이다.

나는 하나님이 주신 이 메시지를 전했다. 금식을 선포했다. 아버지의 마음을 가지고 기도하기 시작하자 울음이 터졌다. 버스 안이 울음바다가 되었다. 마지막 한 영혼까지 구원해 달라며 울부짖었다.

학교에 도착해서 집회를 준비하는데 벌써 하나님은 역사하고 계셨다. 학생들이 별처럼 초롱초롱한 눈으로 무엇인가를 기대하고 갈망하는 분위기가 가득했다.

드디어 집회가 시작되었다. 찬양과 드라마가 올려졌다. 학생들은 찬양을 따라하는 데는 서툴렀으나 드라마에 감동을 받았다. 뒤이어 설교를 하러 앞으로 나가자 성령의 강력한 임재를 느낄 수가 있었다. 메시지는 스펀지처럼 잘 빨아들여졌고 소통은 너무나 잘 되었다. 나도 온몸을 던져 설교를 했지만 학생들도 온몸으로 설교를 들었다. 자주 폭소가 터졌다. 거의 설교가 마칠 즈음 기차가 기적을 울리며 지나갔다. 나는 그들에게 강력하게 도전했다.

"여러분 가운데 한 사람이 저 기차와 충돌한다면 틀림없이 죽을 겁니다. 죽으면 하나님 앞에 서서 심판을 받습니다. 어떤 사람은 지옥으로 갑니다. 그러나 어떤 사람은 천국에 갈 것입니다. 천국 가는 사람은 예외

없이 예수를 믿는 사람들입니다. 예수를 믿지 않으면 단 한 사람도 천국에 들어갈 수 없습니다."

나는 열쇠 뭉치를 꺼냈다.

"여기 열쇠 뭉치가 있습니다. 여기 있는 열쇠는 거의 비슷해 보이지만 내 아내와 부모님이 계시는 아파트를 열 수 있는 것은 오직 하나 이것뿐입니다. 세상에는 종교가 많지만 천국 문을 열 수 있는 유일한 열쇠도 예수님뿐입니다. 유사품에 속으면 안 됩니다."

나는 그들에게 예수님을 영접하도록 구원 초청을 했다. 놀라운 기적이 일어났다. 500명 정도의 학생들이 그 자리에 있었는데 80% 이상의 학생들이 훌쩍이면서 예수님을 영접한 것이었다. 그런 것을 두고 기적이라고 해야 할 것이다. 그들에게 영접 기도를 시킨 다음 나는 우물가선교회 사람들에게 학생들을 끌어안고 기도해 줄 것을 부탁했다. 그것은 하나님께서 주신 마음이었다. 우물가사람들이 그들을 끌어안고 기도하기 시작하자 학생들이 울기 시작했다. 우리도 함께 뒤엉켜 울고 말았다. 그들은 성령의 은혜로 왜 우는지 모르면서도 울었지만 우리는 하나님 아버지의 마음이 또 다시 느껴져서 울었던 것이다.

우리는 그곳을 더나 시골 교회로 가서 늦은 점심을 먹는데 학생들 여럿이 그 먼 곳까지 몰려왔다. 헤어지는 것이 너무나 아쉬웠던 것이다.

그때 내가 깨달은 아버지의 마음은 지금까지 내 사역의 좌표가 되고 있다.

전쟁은 하나님께 속한 것이니
제대로 갖춘 것이라고는 하나도 없는, 그저 순종해야겠기에 따라나선 나의
걸음을 미리 예비하시고 계획하신 기쁘신 뜻대로 이끌어 가시는 살아 계신
나의 아버지 하나님을 찬양합니다.

태국에 온 지 만 7년!

전쟁터의 최전방과 같은 마귀와의 격렬한 격투가 벌어지는 사탄의 왕국 태국에서 숱한 밤을 눈물로 부르짖은 우리에게 전쟁은 하나님께 속한 것임을 확신시켜 주셨으며 끝까지 싸울 것을 명령하시며, 순간순간 지시하시고 간섭하시는 하나님의 존재하심으로 지금껏 견딜 수 있었음을 또한 고백합니다.

IMF로 이해 선교에 적지 않은 어려움을 겪고 있었던 우리에게 하나님이 귀하게 훈련시켜 놓으신 우물가선교회 단기 선교 팀을 보내셔서 영적, 육적으로 지쳐 있는 우리를 일으켜 세워 주신 아버지의 따뜻한 손길을 생각하면 지금도 가슴이 뜨거워집니다.

1998년 11월 9일~14일은 태국 동부 수린 지역에 있었던 많은 영혼들에게 정말 잊을 수 없는 시간이었으며, 저 개인적으로도 너무나 감격스럽고 감사한 날들이었습니다. 많은 어려움으로 지쳐 선교를 포기하고 싶은 마음이 극에 달한 나머지 남편, 이 목사에게 바가지 긁는 일까지 서슴지 않고 틈만 나면 선교를 중단할 것을 종용한 나에게 하나님께서 "선교를 네가 하느냐?"라고 책망하시며 울고 있는 나의 등을 어루만지시며 "내가 너희를 도울 멋진 군대를 보내겠노라." 약속하시며 그 약속을 이루신 바로 그날이었기 때문에 더욱 그랬습니다.

태국 공항에서 단기 선교 팀들과 인사를 처음 나누었지만 전혀 서먹하지도 낯설지도 않은 느낌이 이미 하나님께서 준비시켜 주신 분들이라는 것을 알 수 있었습니다. 공항에 도착하자마자 선교지로 달리기 시작한 차 속에서도 지칠 줄 모르고 기도하며 찬양하고, 퀴퀴한 냄새 나는 태국 음식들을 만 6년이나 산 나보다도 더 맛있게 드시면서 "맛있다!"를 연발하시는 최재하 목사님과 선교 팀의 모습에서 감사의 눈물을 한없이 흘렸답니다(마음속으로!!!).

박빡한 선교 일정에도 지칠 줄 모르고 언제 부딪혀도 웃음을 잃지 않는 그 얼굴들을 잊을 수가 없습니다.

코끼리 축제가 열리는 그 먼지 나는 야시장에서 태국의 죽어가는 영혼들을 위해 목이 터져라 울며 기도하던 모습, 시끌벅적 요란한 그 시장통에서 물결처럼 스쳐 지나가는 것이 지극히 당연함에도 불구하고 그들의 발을 묶고 떠날 줄 모르게 만들어 버린 복음에 불타는 열정적인 찬양, 드라마, 부채춤, 메시지, … 여러 곳의 학교들을 방문해 예수님의 이름을 들어보지도 못한 많은 학생들을 예수님 때문에 울게 만들고, 주님을 영접하도록 하셨던 일을 모두모두 얼마나 감사했는지 모릅니다. 우물가 선교 팀이 다녀가신 후 선교지를 다시 방문했을 때 현지 전도사님들과 성도들로부터 우물가의 안부를 물으며 언제 다시 오시냐고 그리워하며 묻는 물음에서 그들 또한 잊을 수 없었으며 많은 은혜를 받았음을 느낄 수 있었습니다. 또한 기쁜 소식은 그때 전도 받은 사람들이 그 지역의 교회들을 찾아와서 교인으로 정식 등록한 숫자도 제법 많다고 하시는 말씀을 듣고 얼마나 기뻤는지 모릅니다.

우물가선교회의 단기 선교 팀을 통해 전쟁은 하나님께 속한 것임을 재확인시켜 주신 하나님을 찬양합니다.

복음의 불모지인 태국, 헐벗은 많은 난민들이 복적대는 땅, 2000년 4월 25일~28일까지 3박 4일 동안 수린 지역의 작은 교회들이 모여 성령 축제를 갖고자 합니다.

태국이 우물가선교회를 간절히 기다리고 있습니다.

2000년 2월 20일

태국 임마누엘선교교회

최영미 사모

2년이라고 하는 세월이 지났지만 그때의 감격이 아직도 생생합니다. 사모님의 편지를 읽고 있노라니 뭐라 표현할 수 없는 감격이 북받쳐 오릅니다. 무엇보다도 나를 감격스럽게 만드는 것은 사모님께서 기도하셨을 때 하나님께서 "내가 너희를 도울 멋진 군대를 보내겠노라."라고 말씀하셨다는 응답을 받으셨다는 데 우리가 바로 그 기도 응답의 멋진 군대였다니….

하나님의 인정을 받는다는 게 이렇게 황홀하고 기쁘고 만족스럽다는 사실을 다시금 발견합니다. 우물가 스태프들도 사모님의 편지를 읽고서 모두 흥분하고 있습니다.

지난번과 마찬가지로 정말 멋진 군대를 만들기 위해 지금 모병을 하고 있는 중입니다.

하나님을 깊이 사랑하는 자, 복음의 능력에 대한 확신을 가진 자, 그리고 성령과 민감하게 교통하는 자들로 이번 군대를 조직하려고 합니다. 뿐만 아니라 찬양, 드라마, 워십댄스, 중보 기도에 이르기까지 다양한 영역에 하나님이 부르시는 용사들을 찾고 있습니다.

그러나 지난번 사역을 돌이켜볼 때 풍성한 열매가 맺혔던 것은 오직 하나님의 은혜였다는 것을 고백하지 않을 수 없습니다. 하나님께서 태국을 사랑하는 마음을 주셨고 영혼에 대한 탄식의 눈물을 주셨고 복음을 선포했을 때 그들의 마음을 움직여서 예수 그리스도를 영접하도록 축복하셨습니다. 어찌 보면 모세의 마른 지팡이처럼 볼품없는 우리를 마다하지 아니하시고 사용해 주신 것입니다. 솔직히 저희 우물가는 이번 사역에 부름을 받으면서 감격과 함께 떨리는 마음 금할 길이 없습니다. 집회 현장에 성령님의 풍성한 임재와 함께 영혼들이 치유 받고 회복되어 물동이를 내던지고 헌신한 사마리아인처럼 복음 전도자들이 많이 일어나기를 소원합니다. 임마누엘선교교회의 간절한 기도를 요청합니다.

그럼 태국에서 뵙는 그날까지 안녕히 계십시오.

이규식 선교사님에게도 안부 전해 주시기 바랍니다.

2000년 3월 7일

우물가선교회 최재하 목사

3) 중국에서 생긴 일

1999년 중국에서의 단기 선교는 잔뜩 긴장한 가운데 이루어졌다. 공안 당국의 감시가 있는 나라였기 때문이었다. 우리를 안내하며 사역을 하기로 한 선교사는 우물가선교회의 전도 학교에서 훈련을 받은 사람이었다. 그러나 사실 그는 중국 선교에 대해서 잘 모르는 초년병이었다. 그래서 그와 동역하는 베테랑 선교사가 돕기로 했다. 우리는 지하 교회에서 일곱 번 집회를 하기로 되어 있었다. 그런 다음 백두산을 등정하는 것으로 일정을 잡았다.

수요일에 첫 집회가 잡혀 있었다. 그런데 수요일 우리가 일송정에 올랐을 때 그 베테랑 선교사로부터 우리가 선교하러 온 것이 공안 당국에 알려졌기 때문에 공안원에게 뇌물을 주지 않으면 집회를 하기 어렵게 되었다고 전해 주었다. 얼마 전 한 선교 단체에서는 복음을 전하다 공안 당국에 붙잡혀서 벌금을 물고 문제가 심각해졌다는 이야기도 해 주었다. 무척 부담이 되었다.

우리는 함께 모여서 하나님의 음성을 듣기로 했다. 하나님께서는 우리에게 원칙을 고수하도록 감동을 주었다. 언제든지 길이 어두우면 우리가 취해야 할 태도는 원칙 중심으로 판단하고 행동하는 것이다. 원칙을 고수한다 할지라도 너무 캄캄하다 보면 잠시 비틀거릴 수는 있다. 그러나 실족하는 것으로 끝마치지는 않는다. 원칙을 고수하면 머지않아 환한 터널의 끝을 만나게 되는 것이다. 원칙을 고수하다 실패했다면 부끄러움도

덜할 것이다.

그 상황에서 우리가 원칙대로 행한다는 것은 무엇일까? 뇌물을 주면서 복음을 전하는 것은 공의로운 주님의 방법은 아닌 것이다. 우리는 이렇게 결정했다.

첫째, 복음을 전하기 위해 뇌물은 주지 않는다. 둘째, 그날에 잡혀 있는 집회는 취소하기에는 너무나 시간이 촉박하므로 약속대로 섬긴다. 셋째, 만약 공안원에게 적발되어 벌금을 물게 된다면 약속된 기간 동안 금식하며 땅 밟기 및 중보 기도 사역을 하고 감옥에 들어가게 된다면 그곳이 바울과 실라처럼 전도한다.

우리는 시간이 되어 집회가 예정되어 있는 K교회로 이동했다. 결정은 그렇게 했지만 솔직히 나는 두렵고 떨렸다. 나는 하나님께서 지켜 달라고 간절하게 기도했다. 집회가 시작되기 전에 무슨 일이 생길 것만 같아 나는 사회자에게 나를 소개할 때 한국에서 온 최 선생이라고 소개를 하고 설교라는 말 대신 인사 말씀 하시겠다고 말해 달라고 부탁했다.

찬양이 시작되었다. 그런데 하나님은 우리의 결단을 축복하시는 것 같았다. 이미 하나님의 기름 부으심이 시작되었다. 여기저기서 사람들이 울기 시작했고 방언이 터졌다. 치유가 있었다. 사회자가 기도를 시키자 성도들은 뜨겁게 기도했다. 사람들은 점점 모여들었고 아이들은 창틀에 매달렸다. 나는 은근히 겁이 났다. 공안원들이 곧 들이닥쳐서 집회를 방해 놓을 것 같았다. "우리를 사랑하사"라는 드라마가 끝나자 사회자는 약속한 대로 나를 최 선생이라고 소개했다. 나는 정중하게 인사를 한 다음 설교를 시작했다. 설교의 내용은 복음이었다. 그들은 마치 마른 땅이 물을 빨아들이듯 말씀을 사모하고 있었다.

집회가 끝나자 아니나 다를까 공안원이 오더니 나를 한 쪽으로 데리고 갔다. 두 사람이었는데 그들은 집회를 다 지켜 본 것 같았다. 그들은 먼저 내 여권을 빼앗더니 심문했다.

"중국에서 외국인의 종교 행위가 금지된 것을 아십니까?"

"예."

"그런데 왜 이곳에 왔습니까?"

"오늘은 수요일입니다. 수요일은 예배를 드리는 날입니다. 나는 그리스도인입니다. 그래서 이곳에 예배를 드리러 온 것입니다."

"어느 곳에 머물고 있습니까?"

"이곳에서 가까운 ○○장에 머물고 있습니다."

"여기 중국에 머무는 동안에는 이런 교회 말고 ○○교회에 가시기를 바랍니다. 그곳에 가는 것은 얼마든지 좋습니다. 이런 교회에서 집회를 해서는 안 됩니다."

"알았습니다."

그들은 나를 풀어주었다. 여권을 받아 가지고 버스로 돌아오자 단원들이 나를 지켜 달라며 부르짖고 있었다.

나는 공안원들에게 "알았습니다."라고 대답을 했으나 그 약속을 지키지는 못했다. 왜냐 하면 우리는 약속된 집회들을 취소했으나 하나님께서는 신비하고 놀랍게도 다른 집회들을 준비해 주셨고 공안원들이 전혀 단속할 수 없도록 동에 번쩍 서에 번쩍 하는 계획을 짜 주셨기 때문이다. 그리하여 무려 여덟 군데의 지하 교회를 다니며 은혜 충만한 집회를 인도할 수 있었다.

4) 네팔에서 생긴 일

네팔은 다시 가 보고 싶은 나라이며 기회가 되면 선교지로 선택하고 싶은 나라이다. 나는 일주일 동안 네팔에 단기 선교를 다녀왔으나 매료

되었다. 무엇보다도 나의 어린 시골 추억을 떠올리게 만드는 것들이 많았다. 맨발로 걸어다니는 것이랄지 물소를 타고 한가롭게 거니는 것이랄지 시골장의 풍경은 다시는 돌아갈 수 없는 나의 과거로 나를 옮겨다 주었다.

네팔은 입헌 군주 국가이며 세계의 손꼽히는 빈국 중 하나이다. 종교는 힌두교가 지배적이다. 90% 이상이 힌두교를 신봉한다. 아침에 힌두교 성전에 가 보면 그들의 종교성이 얼마나 대단한지 놀라게 된다.

우리는 몇 교회를 순회하며 집회를 가졌다. 물론 집회는 언제나 그랬던 것처럼 은혜를 부어 주셨다. 그러나 우리 속에는 그 집회만 가지고는 만족할 수 없는 불이 가슴에 타오르고 있었다. 본래 일정에 짜여진 집회가 끝나자 히말라야 산을 보기 위해 포카라라는 도시로 갔다. 포카라는 호수가 있는 무척 아름다운 도시였다. 히말라야를 보려면 날씨가 맑아야 했고 이른 새벽에 전망대를 올라야 되었다. 그런데 저녁부터 날씨가 흐렸다. 내일 비가 내릴지도 모른다는 우울한 소식을 동역자 선교사님이 전해 주었다. 부디 날씨가 개게 해 달라고 기도하고 잠이 들었다.

다음 날 새벽이었다. 하나님이 응답하셨는지 날씬 맑았다. 우리는 전망대로 차를 타고 올라갔다. 이미 전망대는 세계 각국의 사람들이 히말라야 산의 그 아름다운 자태를 기대하며 어둠을 응시하고 있었다. 마침내 태양이 솟아올랐고 찬란한 햇살이 히말라야 정수리에 부어졌다. 아, 안나푸르나! 그것은 보석이었다. 눈이 부셨다. 나는 차라리 눈을 감았다. 사람들이 일제히 탄성을 질렀다. 히말라야는 그런 찬사를 받기에 충분한 자격이 되었다.

자매들은 두 팔을 펴고 찬양을 부르기 시작했다. 외국인들이 신기한 듯 바라보았다. 찬양을 부르던 한 자매가 네팔 사람을 붙잡고 복음을 전했다.

조금 있으니까 구름이 몰려왔다. 곧 히말라야가 구름 속으로 완전히 자취를 감추었다. 그제야 사람들은 전망대를 내려가기 시작했다. 우리는 그곳에 앉아 아침 QT를 시작했다. 그날의 본문은 시편 118편이 선택되었다. 매일 한 사람씩 돌아가며 본문을 정하면 함께 묵상하고 받은 바 은혜를 나누었다. 깨달은 말씀을 나누는데 하나같이 복음을 전하자는 것이었다. 그런데 동역자 선교사는 줄곧 노방에서 복음 전하는 것을 반대해 왔다. 이유는 단기 선교 팀들이 지금까지 노방에서 복음을 전한 적이 없었고 노방에서 복음을 전하면 무슨 일을 당하게 될지 모른다는 것이었다. 또한 선교사들의 모임에서는 노방에서 복음을 전하는 것을 금지하는 입장을 가지고 있다는 말도 했다.

그러나 이미 우리 안에는 불이 활활 타고 있었고 QT 말씀이 너무나 분명했기 때문에 나는 선교사에게 물었다.

"솔직히 대답을 좀 해 주셨으면 좋겠습니다. 우리가 노방에서 복음을 전하면 선교사님에게 어떤 해가 옵니까? 우리가 핍박을 받는 것은 감수할 수 있습니다만 선교사님의 선교 사역에 지장이 된다면 그건 곤란합니다."

선교사는 망설이다가 결심을 굳힌 듯 말했다.

"한번 해 보죠. 제가 특별히 어려워질 일은 없습니다."

할렐루야! 가장 어려운 장벽 하나를 넘어선 것이다.

우리는 포카라에서 오후에 복음을 전하기로 했다. 짐을 정리하고 점심을 먹기 위해 식당으로 이동하고 있었다.

그런데 정 자매가 컨디션이 안 좋아 보여서 신경에 쓰였다.

"괜찮니?" 하고 물었더니 말이 없다. 그런데 공 자매가 그것을 오해했다. 식당에 앉아 식사를 기다리고 있는데 공 자매가 내 앞으로 오더니 흥분을 감추지 못했다.

"목사님, 정말 목회자가 맞습니까? 한 영혼이 목사님 때문에 저렇게 힘들어하는데 어떻게 가만 내버려두시는 겁니까?"

내가 무슨 말을 하려고 했지만 자매는 틈을 주지 않고 퍼부어댔다. 자매는 나의 말이 귀에 들어오지 않는 것 같았다. 우리가 이미 복음을 전하기로 결정했기 때문에 사탄이 우리 내부에 문제를 일으켜 막으려고 역사한다는 생각이 들었다. 일단 그런 판단이 들자 나는 침묵했다. 나는 더 이상 어떤 말이나 설명도 이 상황에 도움이 되지 않는다는 판단이 들었다. 모래알을 씹듯이 점심을 먹고 나자 나는 우리 팀을 한 곳으로 불렀다. 그런 상태에서는 복음을 전할 수 없다. 우리는 팀으로 복음을 전하기 때문에 하나가 되지 않으면 하나님의 역사도 일어나지 않는다. 마침 식당에 적절한 홀이 준비되어 있었다.

우리 팀이 다 모이자 나는 상황을 설명했다. 그리고 정 자매가 무엇 때문에 힘들어했는지 사실을 말해 주기를 부탁했다. 왜냐 하면 사탄은 거짓 가운데서 역사한다. 진실을 밝히면 금방 힘을 잃는다. 진실을 열어 놓는다는 것은 하나님께서 역사하시도록 문제의 현장에 하나님을 초청한다는 것과 같은 뜻이 되는 것이다.

예상했던 대로 정 자매가 힘들어하는 것은 나 때문이 아니라 다른 이유 때문이었다. 오히려 교회의 직원으로 임명이 되면서 팀으로부터 소외감 같은 것을 느끼게 되었고 다른 사람들과의 관계가 어려워졌기 때문이었다. 그렇게 진실을 드러냈으니 마치 수술을 하려고 환부를 열어 놓은 것과 같았다. 공 자매를 포함해서 단원들을 치료하고 수습해야 했다. 그것을 수습하는 데 두어 시간이 걸렸다. 선교사님은 조급한 듯 자꾸만 들락거렸다. 그도 그럴 것이 카투만두까지 돌아가야 하는데 네팔의 도로 사정이 워낙 좋지 않아서 얼마가 걸릴지 장담할 수가 없었던 것이다. 비라도 내려서 산사태가 나면 그 길이 복구될 때까지 무작정 기다려야 했다. 다른 길은 없는 것이다.

우리는 가다가 적절한 곳에서 복음을 전하기로 하고 서둘러 포카라를 떠나지 않으면 안 되는 상황이 되었다. 포카라를 뒤로하고 떠나는데 복음을 전하지 못해서 애간장이 탔다. 그야말로 미칠 것 같다는 게 그런 경우를 두고 하는 말인지 모르겠다. 또 하나는 공 자매가 자기 때문에 포카라에서 복음을 전하지 못했으니 얼마나 상처가 클까 하는 것이 걱정이 되었다. 그 자매를 위해서라도 반드시 복음을 전하지 않으면 안 된다는 생각이 들었다.

카투만두로 올라가는 길은 마치 영구차를 타고 올라가는 기분이었다. 그 뜨겁던 분위기는 완전히 가라앉아 있었고 어느 누구도 입을 여는 사람이 없었다. 점점 시간은 흐르고 복음을 전할 수 있는 적절한 장소를 찾을 수는 없었다. 저녁 무렵이 되어서 우리는 한 휴게소에서 저녁 식사를 하기 위해 멈추었다. 나는 어떻게든 공 자매를 도와야겠다는 생각이 들어 "괜찮니?" 하고 물었더니 "절 가만히 내버려 두세요. 시간이 필요해요. 죄송해요." 하고 말했다.

휴게소는 제법 넓었다. 길 건너편에는 인도인들을 풀어놓은 관광버스가 몇 대 멈추어 서 있는 것이 보였다. 복음을 전하기 위해 광장으로 나가려고 하는데 선교사가 우리를 만류했다. 가다가 더 좋은 곳이 있다는 것이다. 차들이 밀려서 늘어서 있는 곳에서 하면 된다는 것이다. 나는 그 제안이 성령의 인도를 받는 것이 아니라는 것을 직감했다. 지금 전하지 않으면 기회가 없다는 생각이 들었다. 만약 복음을 전하지 못한다면 공 자매의 상처는 영영 치료할 길이 없게 되는 것이다. 그곳에서 복음을 전하기로 결정을 내리자 말할 수 없는 두려움이 압박감으로 엄습했다. 아마도 내가 이 세상에 태어나서 느껴 본 가장 큰 두려움이었으리라. 온갖 곳 다양한 사람들에게 복음을 전해 봤지만 그렇게 두려웠던 적은 없다. 그러한 두려움은 나뿐만 아니라 다른 단원들에게도 동일한 것이었다. 그런 경우에 나는 어떻게 해야 하는지 알고 있었다. 리더의 태도가 중요하다. 나는 단원들에게 "여기서 죽는다." 그렇게 선언하고는 휴게소 광장으로 나가 십자가에 못 박히신 주님처럼 두 팔을 벌렸다. 그리고는 이렇게 하나님께 기도했다. "저는 여기서 주님처럼 죽겠습니다." 제대로 포장도 되지 않는 맨바닥에 무릎을 꿇었다. 동역자들이 따라와 함께 무릎을 꿇었다. 눈물이 쏟아지기 시작했다.

얼마나 기도했는지 고개를 들자 깜짝 놀랐다. 수백 명의 사람들이 우리를 둘러 진 치듯이 모여 있는 것이 아닌가! 기대했던 인도인들은 차를 타고 가 버렸으나 어디서 모여든 것인지 아무리 생각해도 그렇게 많은 사람들이 모일 것 같지 않았는데 모여 있는 것이다.

우리는 집회를 시작하기로 했다. 마임인 "구속"을 공연하기 위해 인간의 역을 맡은 한명헌 형제가 땅에 엎드렸다. 나도 함께 땅에 엎드렸다. 기도를 시작하자 또 눈물이 걷잡을 수 없이 쏟아졌다. 나는 통곡하며 울부짖고 있었다.

"주님, 이들을 대신하여 나의 목숨을 바칩니다. 이들을 구원하여 주옵소서."

그들을 위해 내 한 목숨 불살라도 조금도 아까울 것 같지 않았다. 훗날 한명헌 형제는 이런 간증을 했다. "구속"을 하려고 엎드렸는데 땅이 마치 큰 파도처럼 자신을 향해 덮쳐 오더라는 것이다. 도무지 일어설 수가 없는데 어디선가 통곡하며 울부짖는 기도 소리가 들려오더라는 것이다. 듣고 보니 나의 기도 소리였다는 것이다. 그러자 자신을 삼킬 듯이 덮쳐 오던 땅이 잠잠해져서 마침내 구속을 할 수가 있었다는 것이다. 사탄은 마지막 한 순간까지 복음을 전하지 못하게 훼방했으나 하나님은 승리하셨다. 오히려 그러한 훼방은 복음을 한층 능력 있게 만드는 결과를 가져오게 했다. 하나님께서 사탄의 공격을 허락하실 때에는 놀라운 하나님의 영광이 준비되어 있다고 믿으면 틀림없다.

"우리가 알거니와 하나님을 사랑하는 자 곧 그 뜻대로 부르심은 입은 자들에게는 모든 것이 합력하여 선을 이루느니라"(롬 8:28)

"구속"을 끝내고 복음을 전하기 위해 내가 일어섰다. 우리는 영어로 복음을 전했다. 나도 그랬지만 네팔 사람들도 완전히 하나님의 감동에 사로잡혀 있는 듯했다. 모두 완전히 숨죽인 채 설교에 몰입되어 있었다. 그래서 나는 그들이 모두 영어를 알아듣는 사람들인 줄 알았다. 그런데 복음을 다 전하자 한 네팔 사람이 다가와서는 "이들은 영어를 모릅니다." 하고 말해 주는 것이었다. 누구냐고 물었더니 자기는 학교 영어 교사이며 외국에서 유학을 하다가 기독교인이 되었노라고, 그러나 기독교인의 표를 내지 못하고 살았는데 이제 용기를 가지게 되었다고 말해 주는 것이었다.

그는 자진해서 우리의 통역자가 되었다. 동역자 선교사도 통역을 할 수는 있었지만 그는 전면에 나서지 않기로 약속했었다. 다시 한 번 복음을 세밀하게 전할 수 있었다.

집회가 끝나자 그가 우리를 자신의 집으로 초대했다. 그의 집으로 가는데 군중들은 우리를 떠나지 않고 계속 따라오는 것이었다. 우리는 그가 대접하는 바나나를 먹으면서 믿음의 교제를 나눌 수가 있었다.

그 집회를 기회로 우리는 카투만두에서 여러 차례 복음을 전할 수 있었다. 버스 정류장에서, 학교 운동장에서, 공원에서 복음을 전할 수 있었다. 어디 가든지 엎드려 기도하면 사람들은 모여들었고 많은 사람들이 주님을 영접했다.

그 다음 해, 동역자 선교사가 우리 모임에 와서 이런 말을 해 주었다.

"그때 우물가선교회에서 복음의 문을 연 후 네팔에서는 노방 전도하는 일이 시작되었습니다. 그 다음 해는 제가 섬기는 교회에서 왔는데 더 많은 영혼들이 구원받았습니다."

복음의 문을 여는 그 일에 쓰임받은 것이 영광스럽고 감사하다.

5) 캄보디아에서 생긴 일

캄보디아 사역은 정원일 선교사와 함께 했다. 그는 광염교회가 지원하는 광염대학교를 섬기는 것을 중심으로 사역하고 하고 있었다. 우리는 우리의 좋은 동역자 이규식 선교사가 시무하는 사랑의 교회에 잠시 들렀다가 캄보디아로 이동했다. 국경을 넘자 태국과 캄보디아는 너무나 달랐다. 캄보디아 사람들의 가슴 속 상처만큼이나 산하도 황폐하게 느껴졌다. 비포장 도로를 달려서 마침내 광염신학교가 있는 시스폰에 도착했다. 광염신학교 학생들이 우리를 맞았다. 그들과 함께 교회를 방문해서 집회를 가졌다.

다음 날 우리는 광염신학교를 떠났다. 그들과 하루였지만 정이 폭 들어서 단원들은 쉽게 헤어지지를 못했다. 그러나 어쩌겠는가? 우리는 세계 8대 불가사의 중에 하나인 앙코르와트로 가서 땅 밟기를 한 다음 육로로 프놈펜으로 이동해서 캄보디아 교회의 지도자들을 접견한 다음 메콩 강을 타고 올라올 계획이었다. 정 선교사가 짜 놓은 스케줄은 땅 밟기 수준이었다. 사역보다는 캄보디아의 실상을 둘러보는 것에 역점을 두고 있었다. 나 역시 모험과 여행을 좋아하기 때문에 캄보디아에 대한 호기심으로 그러한 일정이 싫지는 않았다.

우리는 앙코르와트를 땅 밟기하고 광장에서 워십댄스와 찬양을 하고

프놈펜으로 떠나기 위해 서둘지 않으면 안 되었다. 프놈펜으로 가는 길은 험하였다. 얼마를 달려갔는데 갑자기 차가 멈추어 섰다. 그런데 아무리 기다려도 버스는 움직일 줄 몰랐다. 어떻게 된 것인지 그 연유를 묻자 정 선교사는 얼굴이 벌개가지고 말했다.

"안 가겠다는 것입니다. 너무나 길이 험하기 때문에 하루 밤을 자고 다음 날 가자고 합니다. 그렇게 되면 모든 일정이 뒤죽박죽이 되고 말 것이며 돌아올 시간을 맞추기가 어렵습니다. 어떻게 하면 좋죠?"

나는 문득 발람의 나귀 생각이 났다. 버스 운전사를 통해 하나님이 어떤 뜻을 전하고 있는지도 모른다는 생각이 들었다. 버스로 올라가서 상황을 설명하고 우물가 식구들에게 하나님의 뜻이 무엇인지 함께 듣기로 했다. 하나님께서는 우리 모두에게 관광이나 정탐보다는 사역에 충실하기를 원하셨다. 우리는 광염신학교로 돌아가서 학생들과 함께 동역하는 것이 좋겠다는 의견이 모아졌다. 정 선교사에게 물었다.

"우리가 다시 광염신학교로 돌아가는 것이 가능합니까? 일정이 취소되어도 문제가 되는 것은 없습니까?"

정 선교사는 매우 미안해하며 말했다.

"그래도 되겠습니까?"

"물론이죠. 하나님의 뜻이 우리의 뜻입니다."

그는 우리에게 캄보디아를 전체적으로 보여 줄 수 없는 것이 아쉬웠겠지만, 사실 우리 팀에게는 사역을 충실히 하는 것보다 더한 즐거움은 없는 것이다.

우리가 시스폰의 광염신학교로 돌아온 것은 밤늦은 시간이었다. 학생들이 좇아 나와서 펄펄 뛰며 우리를 반겨주었다. 헤어지는 줄만 알았다가 다시 만나니 한층 반가운 것 같았다. 우리 단원들도 좋아했다.

그 밤에 우리는 사역 회의를 가졌다. 새벽에는 모두 모여서 새벽 기도회를 하고 오전에는 학생들을 훈련하고 오후에는 노방 전도를 하고 밤에는 집회를 하기로 계획을 세웠다.

새벽 기도회 시간에 하나님은 참 많은 은혜를 주셨다. 그런데 둘째 날에 내가 그만 실수를 저질렀다. 캄보디아 교역자에게 간증을 부탁했는데 너무 오래 시간을 끄는 것이었다. 했던 이야기를 반복하고 또 반복했다. 나는 견디다 못해 그의 간증을 중지시켰다. 그런데 바로 그 순간 영적 분위기가 갈라지고 막히는 것을 느낄 수가 있었다. 성령께서 탄식하는 것을 느낄 수 있었다. 나는 캄보디아 사역자를 섬기지 못한 것을 회개했다. 그에게 다가가 무릎을 꿇고 용서를 구하고서야 성령께서는 탄식을 푸셨다.

우리는 그들을 섬기기로 했다. 그들의 발바닥과 어깨를 지압해 주면서 진심으로 섬기자 여기저기서 눈물이 쏟아졌다. 지압을 받는 사람이나 하는 사람이나 서로를 부둥켜안고 울었다. 우리는 그날 모든 국적과 언어와 교양을 뛰어넘어 하나가 되었다.

오전에는 그들을 훈련했다. 개인적으로 어떻게 복음을 전해야 하는지 가르쳤고 드라마와 마임도 가르쳐 주었다. 그들은 즐겁고 진지하게 따라했다. 오후에는 그들과 함께 10여 개의 팀으로 나누어 전도하러 나갔다. 전도를 하면서 주민들을 저녁 집회에 초청했다. 처음에는 우리가 복음을 전하고 그들이 통역을 하거나 중보 기도를 했으나 점차 그들이 전하고 우리는 뒤로 물러나 중보 기도를 했다. 노방에 나가 전도를 할 때도 마찬가지였다.

학생 중에 다리를 저는 여학생이 있었다. 그녀는 몸은 불편했지만 유난히 예수님을 사랑하고 영적으로도 아주 민감했다. 태국으로 돌아오는 국경에서는 그 여학생에게 복음을 전하게 했는데 얼마나 간절하던지 울면서 전하는 것이었다.

캄보디아 사람들은 순수해서 그 마음이 옥토 같았다. 복음을 들은 사람들은 거의가 예수님을 영접했다. 팀마다 다르기는 했지만 한번 나가면 결신자를 열 명 이상씩 거두어 왔다. 뿐만 아니라 노방이나 학교에 들어가 사물놀이를 시작하면 사람들이 수백 명씩 몰려들었다. 그러면 드라마를 하고 복음을 전하고 예수님을 영접하도록 초청했다.

저녁 집회 시간이 되었다. 사물놀이패가 한 바퀴 도시를 돌면서 사람들을 집회장으로 끌어왔다. 실내가 좁아 교회 마당에서 집회를 열었는데 집회장이 금방 가득 메워졌다.

중보 기도 팀은 오후 내내 엎드려 기도하고 있었다. 설교는 김태현 간사에게 맡겼다. 설교를 맡겨 놓고도 염려가 되었다. 한 사람이라도 더 구원해야 하는데 잘 해낼 수 있을까? 김 간사는 물론 그의 아내도 하나님께서 자신들을 사용해 주시도록 금식하고 있었다.

그러나 나의 염려는 괜한 것이었다. 설교는 능력이 있었고 결신자 초청을 하자 그 자리에 참석한 사람들의 거의 대부분이 주님을 영접했다. 하나님은 누구를 통해서도 일하시는 분이시다.

집회의 마지막, 찬양 시간이었다. 콜-힘-업(call him up)이라는 워십 찬양은 매우 역동적이었다. 뛰며 춤추며 하나님을 찬양하는 내용으로 구성되어 있다. 예수님을 찬양하고 높이는데 이보다 힘 있는 것을 나는 아직 만나 보지 못했다. 은혜가 충만하게 임한 데다가 노래와 몸짓을 겸하여 온 몸으로 하나님을 찬양하니 타는 불에 기름을 끼얹는 꼴이 되었다. 우리는 뛰며 춤을 추며 '지저스'를 외쳐댔다. 하늘이 열린다는 것이 그런 경우를 두고 하는 말인지도 모르겠다. 그 도시를 덮고 있던 영적인 중압감이 완전히 떠나가는 해방감을 느낄 수 있었다.

"지저스! 지저스! 지저스! 지저스! 지저스! …"

예수 이름이 멈출 줄 모르고 캄보디아 시스폰 하늘에 메아리쳤다.

집회를 끝내고 무대 뒤쪽으로 갔다. 설교를 맡았던 김태현 간사의 부인인 이현순 간사가 엉엉 울고 있었다. 부인으로서 남편이 설교하는데 얼마나 조마조마했겠는가? 사모들이 심장병 안 걸리는 건 하나님의 큰 축복이다. 이제 긴장과 염려는 다 사라졌고 집회는 대성공을 거두었으니 감격이 북받친 것이다.

내가 말했다.

"결혼 잘 했지? 멋진 남편이지?"

그녀가 눈물로 범벅이 된 채 활짝 웃으며 고개를 끄덕였다.

6) 터키에서 생긴 일

터키는 두 얼굴을 가진 나라이다. 가을의 하늘은 너무나 맑고 평화로웠다. 그런 도시에서 영원히 살았으면 좋겠다는 생각이 들 만큼. 이스탄불은 도시 전체가 박물관과 같았다. 보스포루스 해협을 가운데 두고 동쪽은 아시아 서쪽은 유럽이었다. 이 두 대륙을 보스포루스 대교가 있는데 다리 위에는 강태공들이 망중한을 누리고 있었다.

이스탄불에 첫발을 내딛자 모슬렘의 강력한 영적 기운을 느낄 수가 있었다. 정서적으로는 안락하고 평화로움을 느꼈으나 영적으로는 에너지를 빨아들이는 블랙홀 같은 도시였다. 첫날 도시를 정탐하고 왔더니 무력감에 빠졌다. 기도하려고 눈을 감았더니 하늘에 무엇인가 잔뜩 덮고 있는 어둠의 권세를 느낄 수가 있었다. 답답하고 기도가 되지 않았다. 우리 팀들이 기도를 하려고만 하면 동일하게 모스크의 돔이 눈앞에 어른거리면서 기도를 방해했다. 그렇게 가다가는 사역이고 뭐고 안 될 것 같았다. 우리는 아침 금식을 결정했다. 이미 숙박과 함께 옵션으로 들어 있는 아침식사를 포기하기는 것도 아까운 일이었지만, 시차 때문에 한국적 시간에 익숙해져 있는 체질을 두고 볼 때는 두 끼를 금식하는 것 같은 효과를 가져왔다. 어째든 영적인 일은 영적인 것으로 상대할 수밖에 없다. 우리가 영적 전투에 패하지 않으려면 금식 밖에 도리가 없었다.

우리는 낮에는 노방에서 집회를 했다. 보스포루스 해협의 항구와 같이 사람들이 많이 모이는 곳을 찾아가서 집회를 했다. 모슬렘 국가이기 때문에 무척 조심스러웠지만 우리가 그곳에 도착하기 전에 이미 그곳 선교사들에게 노방 전도에 대한 적극적인 마음을 주셨다. 우리의 프로그램은 사물놀이와 부채춤 그리고 드라마와 메시지였다. 우리가 공연을 시작하자 사람들이 몰려들기 시작했다. 순식간에 군중이 모여들었다. 어디를 가나 한국의 사물놀이와 부채춤은 사람들의 관심과 주목을 끌어들였다. 사물놀이는 소리로, 부채춤은 그 색깔의 현란함으로 사람들을 매료시켰다. 방해받지 않고 집회를 마치는 경우도 있었지만 대부분 집회가 한창 무르익어 가면 경찰들이 와서 제재를 했다. 신고하지 않은 집회는 허락할 수 없다는 이유였다. 한번은 우리를 잡아가려고 차를 대기 시켜 놓고 조사할 것이 있다며 거칠게 나왔다. 그런데 우리의 집회를 보기 위해 모인 사람들이 경찰을 둘러싸고는 경찰과 싸워 주었다. 아무리 경찰이지만 수많은 사람들이 몰려들어 따지자 기가 꺾이는 모양이었다. 그 사이 우리는 무사히 빠져나올 수가 있었다.

저녁에는 유럽 사이드와 아시아 사이드 교회를 빌려서 전도 집회를 했다. 이 집회에 10여 명의 사람들이 결신을 했다. 그 숫자가 다른 나라에 비해서는 비교가 안 되는 숫자였으나 그곳에서는 대단한 숫자라고 선교사가 말해 주었다. 결신한 사람들 중에는 유수한 방송국의 여자 PD도 있었고 또 어떤 두 젊은이는 선교사의 제자가 되기로 결정했다. 나는 그날 예수님을 영접한 사람들을 위층으로 불러 다시 한 번 복음을 전하며 구원의 확신을 점검하고 안수 기도를 해 주었다. 나는 그 여자 PD를 기도해 주면서 세 가지를 기도했는데, '믿음 좋은 신앙인이 될 것'과 '그 나라의 지도자가 될 것'과 '방송 매체를 통해 복음이 널리 전파되는 데 쓰임 받는 사람이 될 것'을 위해 축복해 주었다. 그 다음으로 관절염을 앓는 남성이 올라왔는데 성경의 증거들을 보여 주면서 하나님께서 고칠 것을 믿는지 물었다. 그는 그렇다고 대답했고 나 역시 믿음을 가지고 관절염이 치유되도록 명령했다.

믿음이 아주 좋은 한 청년이 있었다. 그는 한때 폭력 조직 중간 보스였는데 하나님을 믿고 변화된 사람이었다. 그런데 그의 아버지가 죽어가고 있었다. 후두암이었다. 동역자 선교사가 아무리 전도를 해도 예수님을 받아들이지 않는다고 했다. 우리는 생명이 얼마 남지 않은 그를 전도하기로 했다.

몇 사람이 그의 집으로 갔다. 다른 단원들은 숙소에 남아서 중보 기도를 하기로 했다.

그는 침상에 누워 있었는데 후두를 뚫어 놓고 그곳으로 계속해서 피를 토해 내고 있었다. 내가 인사를 하고 다가가 어깨를 만지려 하자 나의 손을 뿌리쳤다. 우리를 거부하는 표정이 역력했다. 동역자 선교사가 우리를 소개하면서 아버님을 사랑해서 위로 공연을 보여 드리려고 여기까지 왔노라고 설명을 해 주었다.

우리는 집회를 시작했다. 한 사람을 위해서 "구속" 팀이 동원된 것은 처음 있는 일이었다. 그는 쿨럭거리며 침대에 누워 "구속"을 보았다. 단 한 영혼을 위해 집회를 하고 있는데도 수천 명이 있는 것처럼 우리의 마음은 너무나 진지했고 간절했다. 병든 한 이름 없는 그 노인이 천하만큼 소중하게 느껴졌다. "구속"이 공연되는 내내 나머지 사람들을 간절히 중보 기도를 했다. "구속"이 끝나고 동역자 선교사가 복음을 전했다. 이어 결신하도록 요청하자 너무나 기쁘게 예수님을 받아들이는 것이었다. 나는 너무나 기뻐서 그의 등을 어루만져 주었다. 그런데 이번에는 내 손을 꽉 잡는 것이었다. 나는 그의 손을 꼭 잡고 하나님의 치유와 도우심을 구하는 간절한 기도를 드렸다.

새벽에 숙소로 돌아왔다. 자지 않고 기다리고 있던 자매가 말했다.

"목사님 승리했죠? 저녁 내내 기도하느라고 우리 모두 허리가 끊어지는 줄 알았어요."

하나님은 참으로 신실하신 분, 우리의 기도와 땀을 실망시키시지 않으셨다.

터키에서 돌아와 얼마 지나지 않아 편지와 선물 상자가 도착했다. 선물 상자에는 그림과 시계가 들어 있었는데, 자기의 아버지를 전도해 준 것에 대한 감사 표시였고 편지는 동역자 선교사가 보낸 것인데 이런 내용이 적혀 있었다.

"…류머티즘 관절염 환자가 완전히 치료되었습니다. …"

얼마 전 한 우물가 형제가 최근에 터키를 다녀온 단기 선교 팀의 리더인 어느 전도사님에게서 들었다며 이런 내용을 전해 주었다.

"작년에 한국에서 한 단기 선교 팀이 왔는데 노방에서 사물놀이와 부채춤을 하는 팀이었답니다. 그들이 복음을 전할 때 경찰들이 제재를 하면 시민들이 나서서 막아 주곤 했는데, 노방에서 예수를 믿게 된 어떤 형제는 지하에 교회를 세웠고 또 그들에게서 은혜를 받은 어떤 형제는 기독교 서점을 열었고 어떤 여성 PD는 지하에서 복음 방송을 송출하는 방송을 하고 있답니다."

단기 선교는 장점이 있는가 하면 단점도 있다. 일단 단기 선교 팀은 장기 선교사들처럼 오래 헌신하지는 못한다. 그러나 단기이기 때문에 많은 인력을 동원할 수가 있고 단기간 안에 집중해서 사역을 할 수가 있다. 성령의 기름 부으심을 소망하며 몰입할 수가 있다. 1주일이면 거꾸로 매달아 놓아도 견딜 수 있는 기간이 아닌가.

이제 세계화 시대가 되어 단시 선교를 한 번쯤 다녀오지 않은 사람이 없을 정도이다. 그런데 단기 선교 팀들이 주의해야 할 것이 두 가지 있다. 하나는 아무 준비가 없이 가기 때문에 막대한 재정을 소비하고 빈손으로 돌아오는 경우가 많다. 적어도 단기 선교를 나가려면 한국에서 전도라도 할 수 있는 사람이 되어서 가야지 자기 나라에서도 입을 못 여는 사람이 어떻게 타문화권에 가서 입을 열겠는가? 또 하나는 다음 팀이나 장기 선교사들을 위해 조심하고 신중하게 사역하라는 것이다. 뜨거운 열정 때문에 성령을 앞서는 일이 있어서는 안 될 것이다. 열심히 사역한다는 것이 복음을 막아 놓는 실수를 범할 수도 있기 때문이다. 가장 좋은 방법은 장기 선교사들의 지도를 받거나 협력하여 사역을 하는 것이다. 하나님은 함께 일하는 것을 기뻐하신다.

3부
도시 부흥을 꿈꾸며

1장 도시 부흥이란 무엇인가?

선지자 요나가 니느웨에 도착했다. 그가 하나님의 말씀을 선포했다.

"40일만 지나면 니느웨는 멸망한다!"

놀라운 기적이 일어났다. 니느웨 사람들이 금식하며 거친 베옷을 입고 회개했다. 왕도 베옷을 입고 회개했다. 왕이 조서를 내렸다.

"어느 한 사람도 무엇을 먹어서는 안 된다. 짐승까지도 풀을 뜯어먹거나 물을 마셔서는 안 된다. 사람이든 짐승이든 모두 베옷을 입고 오직 하나님께 힘을 다하여 부르짖어야 한다. 그리고 각자 자기의 악한 길에서 돌아서고 폭력과 강탈에서 손을 떼어야 한다."

니느웨처럼 전 도시가 회개하는 것, 그것이 도시 부흥이다.

베드로가 열한 제자와 함께 앞으로 나가 군중들에게 외쳤다.

"… 하나님께서는 나사렛 예수를 통해서 놀라운 기적을 베푸셨습니다. 이것은 하나님께서 모든 사람 앞에 예수가 자기가 보낸 분임을 증거하려고 행하신 일입니다. 하나님께서는 미리 작정하신대로 그분을 여러분의 손으로 로마 정부에 넘겨 십자가에 못 박아 죽이는 일을 허락하셨습니다. 그런 뒤에 하나님께서는 그분을 죽음의 고통에서 해방시켜 다시 살아나게 하셨습니다. …"

이 설교를 듣고 믿은 사람들은 다 세례를 받았는데 그 수가 무려 3천 명이나 되었다. 다음번에는 구원받은 자가 남자만 5천 명이었다.

예루살렘처럼 무더기로 예수님을 믿고 구원받는 것, 그것이 도시부흥 이다.

1904년이었다. 웨일스 지방이 온통 불타고 있었다. 온 나라는 하나님 으로부터 멀리 떠나 있었다. 교회에는 거의 사람들이 없었고 나라 구석 구석에 온갖 죄가 가득 차 있었다. 갑자기 하나님의 영이 돌풍처럼 온 도 시를 휩쓸었다. 교회는 사람들이 초만원을 이루어 발도 들여놓지 못할 정도였다. 집회는 아침 열 시에 시작해서 밤 열두 시까지 계속되었다. 매 일 3회씩 예배를 드렸다. 이반 로버츠(Evan Roberts)가 인간 도구였는 데 설교는 별로 하지 않았다. 찬송, 간증, 기도가 집회의 주요 성격이었 다. 불량배들이 회심하고 술주정꾼과 절도범과 도박꾼들이 구원을 받았 고 수많은 사람들이 변하여 존경받는 사람들이 되었다. 극장가는 고객이 없어서 문을 닫게 되었고….(『구령의 열정』/오스왈드 스미스 지음/ 생명 의출판사)

웨일스처럼 구원받은 사람들의 삶이 바꾸고 도시 환경까지 변화되는 것, 그것이 도시 부흥이다.

콜로라도스프링스(Colorado Springs)는 1985년까지만 해도 '목회자 들의 무덤'이라는 별명이 붙을 정도로 영적으로 사악한 도시였다. 아침 이면 사탄 숭배자들이 제단에다 바친 것으로 보이는 손과 발목이 절단된 채 죽은 고양이들이 즐비하게 놓였던 곳이다. 교회의 문 앞에 부적이 붙 어 있는 것이 발견되기도 했다. 사탄 숭배자들은 목회자들의 가정이 깨어지도록 금식하며 기도했다. 심지어는 마녀들의 모임에 아이들을 데려가서 희생 의식의 광경을 지켜보도록 했으며 그때 역사하는 사탄의 능력을 목격하도록 했다. 교회는 성장하지 않았고 목회자들은 고통 속에 신음하다가 목회 현장을 떠나곤 했다. 그러나 10년 후에는 54개의 선교 단체가 이곳으로 몰려왔으며 사탄주의자들의 마녀 집회도 현저하게 감소되었다. 1985년에는 수천 명이 이 의식에 참여했었는데, 1990년도에 들어와서는 기껏 다섯 곳으로 줄어들었고 사람들은 거의 참여하지 않게 되었다. 오히려 사탄 숭배주의자들은 자신들이 핍박을 받고 있다고 주장하는 사태가 벌어졌다. 괄목할 만한 이러한 현상에 대해 워싱턴포스트지는 "이제 콜로라도스프링스는 개신교의 바티칸이 되었다"고 보도했다. .

콜로라도스프링스처럼 사탄의 세력이 떠나가고 도시의 영적인 분위기가 완전히 변화되는 것, 그것을 도시 부흥이라고 한다.

콜롬비아의 칼리는 세계 최대의 마약 도시였다. 신비 주술의 영에게 조종을 당하고 있는 도시였다. 그런데 6만여 명의 그리스도인들이 90일 밤을 축구장에 모여 철야 기도를 하였을 때 수십억 달러의 마약상들이 일망타진되고 사람들이 교회로 몰려왔다. 현재는 92%가 예수 그리스도를 믿고 변화되었다. 이전에는 예수 그리스도에 대해 말하는 것은 최악의 주제였으나 이제는 누구에게나 최상의 주제가 되는 도시가 되었다.

콜롬비아 칼리처럼 예수 그리스도에 대해 말하는 것이 최고의 화제가 되는 것, 그것이 도시 부흥이다.

도시 부흥은 단면적이라기보다는 총체적이다. 회개하고 영혼이 구원받고 영적인 주도권이 교회에 있고 사회 구조까지 변화되며 예수님에 대해 흥미롭게 이야기를 나눌 수 있는 도시가 되는 것이 도시 부흥의 결과인 것이다.

　도시 부흥은 인간이 할 수 있는 것이 아니다. 하나님께서 하신다. 그러나 하나님의 백성들과 함께하시기를 원하신다. 하나님의 마음을 헤아릴 줄 아는 사람을 불러 그 일을 시작하신다.

2장 도시 부흥은 왜 와야만 하는가?

1) 아버지의 마음

도시 부흥은 반드시 와야만 한다. 돌아오지 않은 아들을 향한 아버지의 눈물 젖은 기다림 때문이다. 도시는 아직 돌아오지 않은 아들이 머물러 있는 곳이다.

둘째 아들은 아버지를 졸라 유산을 받아 가지고 먼 나라로 갔다. 거기서 그는 아버지의 유산을 다 탕진했다. 그런데 그 먼 나라는 어디인가? 탕자는 그 먼 나라의 어느 곳에 가서 살았을까? 탕자의 형에 의하면, 탕자는 아버지의 살림을 창기와 함께 먹어 버렸다고 한다. 그러니까 탕자는 먼 나라 중에서도 창기와 함께 먹고 마시며 쾌락을 즐길 수 있는 곳으로 갔던 것이다. 이 시대에 쾌락이 집중되어 있는 곳은 어디인가? 도시이다. 시골이나 산골이 아니다. 도시에는 마음만 먹으면 하나님으로부터 받은 유산을 순식간에 탕진하게 만드는 온갖 창기들이 다 갖추어져 있다. 도시에서는 방탕한 생활이 가능하고 창기들을 쉽게 구할 수 있다. 또 다른 탕자들과 어울릴 수 있는 곳이다.

아버지의 마음은 어디에 가 있었을까? 큰아들일까? 일꾼들일까? 가축들일까? 들판일까? 모두 아니다. 아버지의 몸은 집에 있었으나 그 마음은 먼 나라에 가 있었을 것이 분명하다. 왜냐 하면 아버지의 마음은 집 나간 탕자에게 가 있었기 때문이다.

너무나도 사이가 좋은 젊은 부부가 살았다. 남편이 너무 갑자기 간암으로 세상을 떠났다. 그녀가 슬픔을 딛고 일어서서 말했다.

"목사님, 남편이 세상을 떠나기 전에는 천국에 대해 막연했어요. 그런데 요즘은 하루에도 수십 번씩 천국을 생각한답니다. 거기 제가 사랑하는 남편이 가 있기 때문이죠."

이 시대 하나님의 마음은 어디에 가 있는 것일까? 하늘이 아니라 이 땅이다. 이 땅 가운데서도 사람들이 많은 도시일 것이다. 도시 가운데서도 창기들이 있는 도심이며 유흥가일 것이다.

내가 너무 비약했는가?

2) 예수의 이름이 천대받고 있다

만약 당신의 보모나 남편 혹은 아내가 근거 없이 멸시를 당한다면 얼마나 화가 나는가? 예수 그 이름, 그 아름다운 이름이 세상 사람들에 의해 조롱당하고 있는데도 화가 나지 않는가? 그렇다면 당신은 그리스도인이 아니다. 복음을 전해 본 사람들이라면 교회는 물론 예수의 이름이 너무 값싸게 취급되고 있다는 것을 깨닫게 될 것이다.

나는 그게 너무 속상했다. 가슴이 쓰라렸다. 매주 강남에 나가 우물가 선교회가 찬양을 하며 복음을 전하는데 한번은 어떤 노인이 와서 따지는 것이었다.

"나도 교회에 다니는 사람이요. 길 건너편에 있는 교회에 다니는데 꼭 이래야만 되는 거요?"

나는 화가 났다. 그가 교회에 다니는 사람이라고 했기 때문에 더욱 화가 났다. 나는 참고 물었다.

"혹시 아들을 두셨나요?"

"아니 아들은 없고 딸이 있지."

"만약 그 딸들이 선생님을 부끄러워한다면 기분이 어떠시겠습니까?"

"아니, 우리 딸들은 그럴 리가 없어."

"그러시겠죠. 딸들이 아빠를 자랑스러워해야 기쁘지 않겠어요? 저들은 하나님의 딸들입니다. 지금 선하신 하나님을 자랑하고 있는 겁니다. 그 갸륵한 효심을 방해해서 되겠습니까?"

"아, 그런 거군요!"

"함께 찬양할 수 있다면 좋겠지만 그럴 수 없다면 기도라도 해 주세요."

노인은 다음에는 꼭 기도하겠노라고 대답했다. 우리는 하나님의 자녀들이다. 당연히 그 이름에 합당한 자랑을 돌려드려야 하지 않겠는가?

하나님은 개인과 마찬가지로 한 도시나 국가를 통해서도 영광 받으시기를 원하신다. 그래서 도시는 형성될 때부터 하나님의 기쁘신 뜻에 따라 구속적 은사가 주어진다.

"도시가 형성되려면 최소한 그 도시가 영혼의 특성에 따라 진전되어야 할 것이다. 이러한 영적 특성이 아마도 한 도시의 기본을 이루게 되는 핵심일 것이다."(토인비)

사람의 제일 된 목적이 "하나님을 영화롭게 하고 그를 영원토록 즐거워하는 것"이라면 역시 도시의 존재 목적도 같은 것이 될 것이다.

"모든 도시가 하나님을 찬양하게 하라!"

3) 참사랑

그는 남루하고 지친 모습으로 내게 왔네
나는 그에게 빵과 돈을 주었네
그는 배가 고프고 돈이 떨어지면 오고 또 오고 하였네.

그는 남루하고 지친 모습으로 내게 왔네
나는 그에게 그리스도를 주었네
이제 그는 구걸하러 다시 내게 오지 않는다네.

사랑은 위대하다. 그러나 그리스도가 없는 사랑은 모래땅에 물을 붓는 것과 같다. 현대인들에게 가장 필요한 것은 예수 그리스도이다. 예수 그리스도가 없는 삶은 여전히 배고프고 목마른 것이다. 수가성 여인은 다섯 명의 남편이 있었고 그것으로도 모자라 한 남자와 불륜의 관계를 맺고 있었다. 그녀는 사랑을 구하고 구했으나 만족할 수 없었다. 삶의 문제에 대해서 여전히 목말랐다.

주님의 해답은 무엇인가?

"내가 주는 물을 먹는 자는 영원히 목마르지 아니하리니 나의 주는 물은 그 속에서 영생하도록 솟아나는 샘물이 되리라"(요 4:14)

"…누구든지 목마르거든 내게로 와서 마시라 나를 믿는 자는 성경에 이름과 같이 그 배에서 생수의 강이 흘러나리라"(요 7:37-38)

현대 도시인들은 영혼의 갈증을 해결하기 위해 미쳐 가고 있다. 일에, 돈에, 컴퓨터에, 섹스에, 술에, 마약에, 복권에, …미쳐 가고 있는 것이다.

우리가 인생의 문제에 있어서 더 이상 구걸하지 않게 되는 유일한 길은 예수님을 모셔들임으로 우리의 내면에 생수의 강이 흐르도록 하는 것이다. 우리 안에 생수의 강이 흐르고 있는데 목말라할 사람이 있겠는가? 예수만이 현대 도시인들의 유일한 해답이다.

4) 복음 전도의 효율성

도시는 교회가 그물을 던져야 할 깊은 곳이다.

2000년부터 인류 사상 최초로 도시 거주 인구는 농촌 거주 인구보다 많아졌다. 20C 초 도시 인구는 10%에 지나지 않았다. 그러나 2020년에는 65% 이상이 도시에 살 것으로 UN이 전망하고 있다. 유럽, 북미, 중남미에서는 이미 인구의 75% 이상이 도시에 살고 있다. 우리나라의 인구는 4700만이고 도시 인구 비율은 78%이다. 점점 인류는 도시로 집중되고 있다.

세계에 100만 이상의 도시가 300개 있고 400만 이상의 도시가 42개이다. 인구 1000만은 1950년까지는 뉴욕 한 개뿐이던 것이 2015년에는 26개가 생길 것으로 전망하고 있다.

하나님의 관심은 영혼이다. 멸망 받을 영혼들이다. 하나님은 한 사람이라도 더 구원하기를 원하신다.

사탄의 관심도 역시 영혼이다. 어떻게 하는 것이 하나님의 가슴에 못을 박는 것인지 사탄은 너무나 잘 안다. 그들의 사명은 하나님이 귀히 여기는 것을 죽이고 파멸하는 것이다. 되도록 많은 영혼이 지옥에 떨어지도록 만들며 또한 하나님의 형상을 따라 창조된 인간으로 하여금 하나님을 대적하게 만드는 것이 임무이다. 심지어는 하나님의 자녀들이 하나님을 대적하도록 유혹한다.

하나님의 관심은 우리의 관심이다. 하나님을 우시게, 마귀를 웃게 만들 것인가? 아니면 마귀를 울게, 하나님을 웃으시도록 할 것인가? 하나님의 눈물에 무관심하면서 하나님의 자녀라고 말할 수 있는가?

그러려면 고기들이 모여 있는 깊은 곳에 그물을 던져야 하는 것이다. 도시야말로 우리가 복음의 그물을 던져야 할 깊은 곳이다(눅 5:1-11). 훈련이나 교육은 질적인 것에 역점을 두지만 구원은 다르다. 한 영혼이라도 더 지옥에서 천국으로 옮겨야 하기 때문이다. 예수님은 열두 제자를 선택했다. 수가 많으면 교육적 효율성이 떨어지기 때문이다. 그러나 오순절 이후 베드로가 설교했을 때는 단 한 번에 3천 명이 믿고 세례를 받았다. 도시였기 때문에 그것이 가능했다.

베드로는 지난밤에도 수없이 깊은 곳에 그물을 던져 보았을 것이다. 그러나 고기는 잡히지 않았다. 평상시와는 매우 다른 것이었다. 예수님께서 고기가 숨도록 어떤 조처를 취했는지도 모른다.

그런데 같은 장소에서 같은 방법으로 어떻게 그렇게 많은 고기가 잡힐 수 있었던 것일까? 그물이 찢어질 만큼 고기가 잡혔으니 역시 평상시와는 매우 다른 것이었다. 아마도 예수님께서 고기가 한 곳으로 모이도록, 뿐만 아니라 도망가지 못하도록 모종의 조처를 취하셨을 것이 틀림없다. 그렇지 않고서야 어떻게 단 한 번의 투망으로 두 배 가득 고기가 잡힐 수 있었겠는가?

하나님은 도시로 사람들을 모으고 계신다. 내가 14년 동안 사역을 했던 강남역은 하루 20~30만의 유동 인구가 출입하는 곳이다. 저녁에 나가 보면 서초 1번가는 거리가 발 디딜 틈이 없을 정도이다. 이곳을 놓고 기도할 때 처음에는 음란하고 퇴폐한 거리가 청소될 것만을 구했다. 그러나 영적인 안목을 갖게 되면서는 기도 내용이 달라졌다. 이 거리에 부흥이 일어나고 더 많은 사람들이 몰려와 구원받게 될 것을 구했다. 영적인 안목을 가지고 그 도시를 통해서 하나님이 하실 일을 보아야 한다. 하나님 나라가 보이고 영혼이 가슴에 들어오면 그때 모든 사물이나 현상을 보는 눈이 열린다.

단 한 번 그물을 던짐으로 두 배에 고기가 가득 채워지는 것과 같은 부흥의 날을 생각하면 가슴이 뛴다. 그날에는 예배당마다 빈 자리가 없어 난리가 날 것이다. 물밀듯이 들어오는 신자들을 감당할 수가 없어 비명을 지르며 성도를 끌어왔던 이웃 교회에 30배, 60배, 100배로 그 빚을 갚게 될 것이다.

5) 선교 전략적 관점

도시는 정치 경제 문화의 중심지이다. 어떤 도시의 영향력은 초국가적이다. 뉴욕의 증권가의 영향력은 전 세계를 손아귀에 넣고 주무르기에 충분하다. 현대는 세계화 시대이다. 국가와 국가 간 보다도 도시와 도시 간의 교류가 훨씬 빠르고 자유롭다.

하나님은 세계 복음화를 이루기 위해 도시를 선택하셨다.

성령 강림이 왜 갈릴리에서 일어나지 않고 예루살렘에서 일어났는가? 그리고 왜 평범한 날이 아니고 오순절 날에 온 것일까? 물론 언약적 의미가 있는 것이 사실이지만, 더 중요한 것은 전 인류를 구원하시려는 하나님의 선교적 전략과 깊은 관련이 있다. 예루살렘은 많은 사람들이 모여 사는 도성이다. 뿐만 아니라 유월절이나 오순절은 세계 도처에 흩어져 살고 있는 유대인 디아스포라들이 예루살렘으로 몰려오는 명절인 것이다. 이때 인구는 270만 정도가 되었다.

"우리는 바대인과 메대인과 엘람인과 또 메소보다미아, 유대와 가바도기아, 본도와 아시아, 브루기아와 밤빌리아, 애굽과 및 구레네에 가까운 리비야 여러 지방에 사는 사람들과 로마로부터 온 나그네 곧 유대인과 유대교에 들어온 사람들과 그레데인과 아라비아인들이라 우리가 다 우리의 각 방언으로 하나님의 큰일을 말함을 듣는도다 하고"(행 2:9-11)

위의 성경 말씀을 보면 3개 대륙에 흩어져 있던 이스라엘 디아스포라들이 몰려왔음을 알게 된다. 이처럼 하나님께서 성령 강림의 때와 장소를 선택한 이유는 복음의 불이 그들에게 옮겨 붙고 그들에 의해 순식간에 3개 대륙으로 확산되기를 원하셨기 때문이다.

지금 서울에는 다민족이 모였다. 인도, 중국, 태국, 캄보디아, 방글라데시, 러시아, 미얀마, 네팔, 파키스탄, …

"주여 이곳입니다. 부흥을 주소서!"

6) 하나님의 심판

도시는 세상은 점점 더 악해져 가고 있다. 소돔과 고모라가 되어 가고 있다. 이전에는 꿈도 꾸지 못했던 죄악들이 새롭게 만들어지고 있다. 차마 입에 담기조차 어려운 죄악들이 강남에 넘쳐 나고 있는 것이다.

우리나라의 매매춘 여성 인구는 속성상 정확한 조사가 불가능하다. 그래서 추정치를 가지고 말할 수밖에 없는데 YMCA의 향락문화시민운동 보고서(1988년)는 120만으로, 한국여성민우회(1995년)도 120만으로, 형사정책연구원(1990년)은 658,003명으로, 한국여성개발원(1998년)은 514,907명으로 추산했다.

그런데 더 심각한 것은 매매춘 여성들의 나이가 어려지고 있다는 것이다. 서울경찰청이 집계한 "2000년 원조 교제 사범 현황"에 의하면, 여고 2~3학년인 17세가 34.5%로 가장 많았고, 이어 18세가 25.9%, 15세가

13.8%, 16세가 10.3% 순이었고 특히 14세 이하도 16.1%나 되었다.

이러한 성적 타락의 중심지가 바로 도시이다.

'아버지와 딸'

김 부장은 오늘 일본인 바이어를 만나는 날이다. 바이어들을 접대하자면 집에 늦게 들어갈 것이기 때문에 저녁 7시에 집으로 전화를 했다. 전화를 받은 것은 아내였다. 김 부장은 이어 접대로 늦어질 거라고 간단히 말한 뒤 아이들은 들어왔냐고 묻는다. 아내는 대답한다.

"큰애는 서클 모임이 있다고 전화가 왔고 작은애는 도서관에 갔어요."

김 부장은 행복하다. 딸 둘인데 모두 예쁘고 착하며 공부도 잘한다. 큰 애는 명문여대에서 영문학을 전공하고 작은애는 고 1인데 여간 공부를 잘하지 않는다. 김 부장은 딸만 있어도 아들 있는 친구들이 전혀 부럽지 않다.

김 부장은 바이어를 데리고 강남 서초동에 있는 에마누엘이라고 하는 술집으로 갔다. 그가 에마누엘을 찾는 것은 웨이터 홍길동을 잘 알기 때문이다. 김 부장이 일본인 바이어들을 대리고 (디.까.룸)에마누엘로 들어섰다. 홍길동이 달려와,

"아유 부장님 오세요?" 하며 90도로 인사를 올린다.

"비싼 손님들이니까 잘 모셔야 돼."

김 부장은 위엄을 갖추고 말한다. 그들을 룸으로 자리를 잡았다. 웨이터 홍길동이 메뉴판을 내민다. 김 부장은 30만 원짜리 양주를 주문한다. 홍길동이 김 부장 귀에 대고 속삭인다.

"기가 막히게 쫙 빠진 영계가 들어왔는데요, 올릴갑쇼?"

김 부장의 머리가 급히 돌아간다.

'영계면 비싸겠지! 그러나 이번 흥정은 큰 건이니까 이놈들의 입을 영계로 틀어막아야지."

홍길동이 기가 막히다는 영계를 데려왔다. 고개를 치켜든 김 부장은 너무나 놀라 비명을 지를 뻔했다. 세 영계 중에 자기의 큰딸이 끼어 있지 않는가. 김 부장은 큰애를 밖으로 끌고 나가 생전 처음으로 뺨을 쳤다. 그러자 김 부장을 노려보던 큰애는

"왜 때려요? 다들 하는 짓인데 나라고 그런 짓 못 하란 법이 어디 있어요. 어차피 인생이란 즐기는 게 아니겠어요!"

김 부장은 하늘이 노래지면서 그 자리에 무너지고 말았다.

이 글은 내가 1990년 초 유흥가 선교를 시작하면서 듣고 구성한 글이다. 그러나 이제는 훨씬 더 악해졌다. 도시 전체가 유흥가화되었다. 과거에는 매춘을 연구할 때 객관적 외부 상황에 의한 매춘 결정론을 받아들였다. 그러나 이제는 내부적, 자발적 매춘 요인론이 더 받아들여지고 있는 실정이다. 무슨 말인가 하면, 현대 매춘은 피치 못할 환경 때문이 아니라 그들 나름대로 좋아서 한다는 뜻이다. 이제는 '아버지와 딸'을 이렇게 고쳐 써야 할 판이다.

'신 아버지와 딸'

김 부장은 따지고 보면 그는 아무 문제도 없는 사람이다. 강남에 40평 아파트에다가 여우 같은 아내에 예쁜 딸도 둘이나 있다. 열 아들 부럽지 않은 딸들이다. 큰애는 명문대에서 영문학을 공부하고 있고 작은애는 고 1인데 여간 공부를 잘하지 않는다. 그러나 그는 무료하고 따분하다.

저녁 8시.

김 부장은 아내에게 아무 습관적으로 전화를 걸었다.

"나 오늘 바이어 접대로 늦어질지도 몰라. 애들은?"

"큰애는 모임이 있어 늦는다고 전화가 왔고 작은애는 도서관에 갔어요."

김 부장은 K호텔로 갔다. 그는 같은 호텔을 반복해서 가는 법은 없다. 같은 파트너를 두 번 만나는 법도 없다. 굳이 이유를 따지자면 안전을 위해서다. 샤워를 하고 불을 껐다. 침대에 누웠다. 약속한 시간이 되자 문이 열리고 joy112가 들어섰다. 김 부장이 joy112에 대해서 아는 것은 딱 두 가지, 여자라는 것과 고 1이라는 것.

그들은 말 한 마디 없이 어둠 속에서 정사를 가졌다. 김 부장은 지갑을 열고 수표 2장을 joy112에게 건넸다. 그런데 joy112가 실수를 해서 수표를 떨어뜨리고 말았다. 수표 한 장이 나비처럼 날아서 어디론가 날아갔다. joy112는 아무 생각 없이 전등 스위치를 눌렀다. 김 부장이 놀라 소리쳤다.

"불 켜지 마!"

그러나 이미 늦었다. 전등불이 대낮처럼 들어왔다.

다음 순간 김 부장은 비명을 지르다 쓰러졌다.

joy112는 바로 김 부장의 둘째 딸이었던 것이다.

얼마 전 신문과 방송에 누드 카페에 대해서 보도된 바가 있다. 보도된 바에 의하면, 주인은 모 연예인이었고 회원제로 운영을 했는데 한 번 누드 카페에 입장하는 데 30만 원을 회비로 내야 했고 얼굴에는 가면을 쓰고 몸은 완전히 발가벗어야 했다. 그곳에 출입하던 사람들 중에는 사회지도층에 해당하는 사람들이 많았다. 서민들이 어떻게 입장료만 30만 원을 내고 출입할 수 있었겠는가? 그런데 그 누드 카페는 바로 우리 동네 주택가에 위치해 있었기 때문에 나는 보도되지 않은 숨겨진 이야기를 알고 있다. 그곳에서 일하던 종사자 가운데는 너무나 평범한 중학교 1학년 여자아이가 포함되어 있었다.

지난 5일 오후 8시쯤, 경기도 이천의 한 펜션에서 중년 부부 일곱 쌍이기가 바뀌었다. 속옷 차림으로 노래방 기계 반주에 맞춰 다른 사람의 배우자와 야한 춤을 추면서 몸을 더듬기 시작했다. 이윽고 서로 짝을 이뤄 빈방을 찾아 나섰다. 경찰이 적발한 부부 스와핑의 현장이다. 회원들은 대부분 30~40대로 직업은 의사, 중소 기업 사장, 공무원, 교수들이었다. (중앙일보 2003년 10월 15일)

이러한 부부들은 전국적으로 6천여 쌍이나 된다.

이런데도 말세가 아니라고 하겠는가!

성적인 죄악은 모든 죄악의 척도라고 할 수 있다. 성적인 타락이 어떤 수위에 도달하게 되면 하나님은 반드시 심판의 칼을 치켜들었다.

소돔과 고모라는 하나님의 심판을 받았다. 소돔과 고모라가 심판을 받을 수밖에 없는 첫번째 이유는 성적 타락 때문이다. 천사들이 소돔을 방문했을 때 소돔의 남자들은 그들이 천사인 줄 모르고 그들과 동성애를 가지려 했다. 롯과 두 딸이 소돔을 피해 동굴에 숨어 살면서 종족을 보존하기 위해 아버지에게 포도주를 먹이고 동침했다. 어떻게 그런 발상을 할 수 있었을까? 아마도 패역한 소돔의 문화에 익숙하거나 오염되었기에 가능했으리라.

소돔과 고모라가 심판받을 수밖에 없는 두 번째 이유는 부자들이 가난한 자들을 돌아보지 아니했기 때문이다.

"네 아우 소돔의 죄악은 이러하니 그와 그 딸들에게 교만함과 식물의 풍족함과 태평함이 있음이며 또 그가 가난하고 궁핍한 자를 도와주지 아니하며 거만하여 가증한 일을 내 앞에서 행하였음이라 그러므로 내가 보고 곧 그들을 없이 하였느니라"(겔 16:49-50)

지금 우리는 소돔과 고모라처럼 매우 위험한 도시에서 살고 있는 것이다. 유황불이 떨어지기 전에 먼저 성령의 불이 임하게 하라.

3장 도시 부흥은 어떻게 오는가?

1) 소명 받기

도시 부흥은 우리의 사명이다. 전도가 사명이기 때문에 도시 부흥도 사명이다.

산상수훈을 설교하는 자리에서 예수님은 그 제자들에게 "너희는 세상의 소금"(마 5:13)이며 "너희는 세상의 빛이라"(마 5:14)고 그 정체성을 일깨워 주셨다. 여기서 동일하게 강조하는 것은 세상이다. 우리가 발을 딛고 살아가는 죄악 가득한 이 세상에서 소금과 빛이 되라는 것이다. 세상을 복음으로 구원하라고 하시는 것이다.

사역자들은 불꽃이다. 불의 특징은 무엇인가? 옮겨 붙는다는 것이다. 적절한 조건만 맞으면 온 세상을 불태울 수도 있다.

나는 농촌에서 태어나 농촌에서 자랐다. 아마 서너 살쯤 된 것 같다. 너무 어렸을 때의 것이기 때문에 당연히 기억의 저편으로 사라졌어야 함에도 불구하고 뚜렷이 남아 있는 것을 보면 굉장히 충격을 받은 듯싶다.

그때는 농촌이 재래식 부엌을 사용했고 보통 산에는 땔감으로 사용하기 위해 가을에 풀이나 나무들을 베어서 쌓아 놓은 것들이 있었다. 바로 마을 뒤에는 산이 있었고 그 산에 그런 땔감을 쌓아 놓은 더미들이 몇 개 있었다.

나는 그 나무더미에 올라가 놀곤 했는데 하루는 바로 옆집에 사는 친구가 불장난을 한 것이다. 그 나무더미에 성냥 한 골을 그어 댄 것이다. 마른 땔감이니 오죽 잘 타겠는가? 게다가 바람이 세차게 불고 있었으니 그 불은 순식간에 나무더미를 태우고 번지고 번져 산 전체를 불태웠다.

한 어린아이의 손에 쥐어진 성냥골에 의해 엄청난 일이 벌어지고 만 것이다. 성냥은 불이 붙지 않거나 옮겨 붙지 않은 상태에서는 하찮은 것에 불과하다. 그러나 불이 켜져 일정한 조건만 갖추어진다면 그것은 온 세상에 불을 지를 수 있다고 확신한다.

온 산이 불타는 것도 하나의 불씨로부터 시작되는 것처럼 부흥에 대해서도 나는 그렇게 생각한다. 우리는 온 도시가 활활 불타 그 무엇도 감히 끌 수 없게 된 것을 부흥이라고 말한다. 그러나 그것은 이미 누군가 한 사람 혹은 소수에 의해 타오르기 시작한 것이 옮겨 붙은 것에 불과한 것이다.

콜롬비아 칼리는 마약의 도시였다. 무법천지의 도시, 하루라도 살인 사건이 터지지 않는 날이 없는 폭력의 도시였다. 그러한 도시에 포토 폴리오라는 하나님의 사역자가 부름을 받고 칼리로 들어갔다. 폴리오는 이곳에서 도시가 변화될 것을 놓고 중보 기도자들과 함께 온밤을 새워가며 부르짖기 시작한다. 이것은 마약 상인이나 폭력 조직들과의 전쟁이었을 뿐만 아니라 그 배후에 신비주의를 통해 역사하는 사탄과의 전쟁을 의미하는 것이었다. 폴리오는 결국 그들에 의해 사살된다. 사탄은 폴리오를 사살함으로 타오르기 시작한 불꽃을 제거하려 했으나 그 불은 이미 사람들에게 옮겨 붙은 후였다. 폴리오의 죽음은 오히려 교회들을 연합하게 만드는 결정적 계기가 되었다. 칼리의 그리스도인들은 벨로드롬에 모였고 기도했고 찬양했다. 칼리는 한 사람으로부터 시작한 작은 불꽃에 의해 온 도시가 부흥의 불바다가 된 것이다. 이전에는 예수님에 대해서 말하는 것이 부끄러운 일로 여겼으나 부흥이 오자 예수님을 어느 자리에서든 자연스럽게 자랑할 수 있는 영적 분위기가 되었다. 마약상들은 구속되고 사탄 숭배자들은 떠났고 도시의 92% 사람들이 예수를 믿고 구원받게 되었다.

나는 한국에는 왜 이런 부흥이 오지 않는지 탄식했고 강남에 부흥이 오기를 소원하며 오랫동안 몸부림쳤던 사람이다. 우물가선교회의 젊은 이들과 함께 아침마다 이 도시에 부흥을 달라고, 부흥이 오면 우리를 그 중심부에 설 수 있는 축복을 달라고 부르짖었다. 14년 동안은 매주 강남을 변화시켜 달라고 우물가선교회가 기도했고 3년 동안은 강남의 변화와 부흥을 소망하는 수백 명의 중보 기도자들과 함께 간절히 기도했다. 그리고 1년 반 동안은 아침마다 10여 명의 'JF(Jesus Feet) 용사들'과 함께 거리를 뛰면서, 사람들을 만나면 인사를 나누었고 휴지를 주웠고 술집에 이르러서는 주인과 종사자들을 구원해 주시고 건전한 업종으로 바뀌게 해 달라고 기도했다. 점집들 앞에 서서는 어둠의 세력들은 떠나고 점주들은 변화되어 선교사가 되고 점집을 드나드는 사람들은 모두 구원받게 해 달라고 기도했다.

나는 글을 쓰는 지금 많은 사람들로부터 전화를 받는다.

"지금 사랑의교회에 큰일이 벌어지고 있습니다. 아침마다 강남 변화를 위해 부르짖고 있습니다. 토요일에는 천 명의 젊은이들이 거리로 나가 청소를 하고 기도하고 찬양합니다. 그 동안 뿌린 씨를 거두는 것 같습니다. 기쁘시죠?"

기쁜 정도가 아니다. 심장이 터질 것만 같다. 강남 변화를 위해 우리가 눈물의 씨를 뿌렸기 때문이 아니다. 나는 이 땅에 부흥만 온다면 죽어도 여한이 없겠다. 누구에 의해 부흥이 오느냐 하는 것은 그다지 중요하지 않다. 하나님이 하시는 일이기 때문이다. 그리스도의 이름이 높아질 것이기 때문이다. 어디에 부흥이 오느냐 하는 것도 그렇게 중요한 것은 아니다. 부흥이 오면 그 불은 천지 사방으로 옮겨 붙게 될 것이기 때문이다. 중요한 것은 부흥이 와야 한다는 것이다. 그리고 부흥이 오면 사람들이나 교회의 이름이 화제가 되는 것이 아니라 오직 예수님이 화제가 되어야 한다.

"…그의 천사들을 바람으로, 그의 사역자들을 불꽃으로 삼으시느니라…"(히 1:7)

우리 그리스도인들이 불꽃이라는 것을 잊지 말자. 우리를 꺼뜨리려는 사탄의 계략과 인간의 시기나 무관심이 있는 것도 사실이다. 내가 강남의 부흥을 소망하며 부르짖고 있을 때 가장 힘들었던 것은 나를 이해하고 도와 함께 나서야 할 사람들이 침묵하거나 혹은 방해했을 때이다. 그것은 힘든 일이었다. 도시 부흥을 성급한 믿음의 눈으로 바라보려고 하면 좌절할 수 있다. 오히려 도시 부흥이 사명이기 때문에 하라. 옳은 일이기 때문에 하라. 사명이나 옳은 일에 대해서는 결과를 계산하지 않는 법이다.

누가 도시 부흥에 부름 받은 사람인가?

만약에 당신이 도시에 속해 있다면 당신은 그 도시의 부흥에 부름 받은 사람이다.

2) 도시의 영적 도해와 실례

도시를 변화시키는 일에 부름 받았다는 것을 알았다면 적을 알아야 한다. 손자는 그의 병법에서 "지피지기면 백전백승"(적을 알고 나를 알면 백 번 싸워 백 번 이긴다.)이라고 했다. 나는 이 말을 바꾸어 사용하고 싶다. "지기지피면 백전백승"이다. 우리는 예수의 권세를 가진 사람들이다. 우리는 예수님께 기도할 수 있는 사람들이다. 우리는 불을 가진 사람들이다.

우리 자신을 알았다면 이제 적을 알아야 한다. 그래야 전략이 나온다. 적은 누구인가? 도시이다. 도시를 알려면 도시를 연구해야 한다. 어떻게 도시를 연구하는가? 두 가지 측면에서 조사가 이루어져야 한다. 하나는 사회과학적인 관점이고 또 하나는 영적인 관점이다. 그래야 도시를 온전히 이해할 수 있게 되는 것이다.

도시를 사실대로 알려면 영적 도해를 해야 한다. 영적 도해는 "세상을 외양대로가 아니라 실제대로 보려는 시도"(피터 와그너)이며 "원수를 찾아내기 위한 도구, 즉 영적인 정탐 활동이다."(해롤드 카발레로스)

가나안의 영적 구조

가나안은 약속의 땅이었다. 하나님은 이방인의 손에서 그 땅을 회수하여 이스라엘에게 주었다. 그러나 이스라엘은 싸움에서는 승리하였으나 정복하는 일에서는 실패했다. 하나님의 영광을 그토록 많이 경험한 민족이 어떻게 가나안에 정착해서 가나안을 다스리는 그 일에 실패했는가? 이스라엘의 실패의 증거는 북이스라엘의 멸망과 바벨론 포로이다. 왜 그들은 바벨론이라고 하는 하나님의 채찍을 맞아야 했는가? 하나님을 떠났고 죄악의 수렁에 빠졌기 때문이다.

사탄이 가나안을 장악하기 위한 방법은 돈과 섹스였다. 사탄은 가나안에 두 개의 덫을 놓았다. 이 덫은 두 개이며 동시에 하나이다. 가나안의 신은 풍요의 신이다. 바알을 숭배하면 풍요를 약속한다. 동시에 바알을 숭배하는 의식의 한 방법으로 섹스를 접목시켰다. 인간의 가장 강력한 욕망은 부에 대한 욕망과 성욕이다. 하나님과 재물을 겸하여 섬길 수 없다고 예수님은 말씀하셨고 하나님의 심판을 받은 도시들은 성적으로 부패했다. 노아 시대에 하나님의 아들들은 사람의 딸들의 미모를 보고 아내로 취했다. 하나님의 명령을 헌신짝처럼 버린 것이다. 소돔과 고모라의 죄악상은 이성간의 관계를 넘어서서 동성애로 변질되었다.

사탄은 전쟁에서는 실패했지만 풍요와 섹스라는 덫을 통해 여전히 가나안을 장악하고 있었던 것이다.

사탄의 방법은 그때나 지금이나 크게 다르지 않다. 온 세상은 주님의 것이다. 주님이 통치하신다. 이 세상의 역사는 하나님께서 써 내려 가신다. 사탄은 이미 하나님께 패배했다. 십자가 위에서 그 권세를 잃었다. 그럼에도 불구하고 이 세상에서 어떤 영향력을 놓지 않기 위해, 다시 이 땅을 되찾기 위해 술수를 쓰고 있다. 그 방법이 바로 돈과 섹스인 것이다. 돈과 섹스의 노예가 되도록 함으로 실제로는 자신의 영향권에 묶여 있도록 만든다.

강남의 영적 도해

강남도 가나안처럼 두 단어로 요약할 수 있다. 하나는 돈이고 하나는 성적인 타락이다. 이제 강남은 거대한 부동산 투기장과 사창가로 변모되어 가고 있는 것이다.

그러나 그게 전부인가? 아니다. 인간의 실존도 눈에 보이는 모습이 전부가 아니다. 도시도 마찬가지이다. 눈에 보이는 것 배후에 영적인 것이 있다. 이들을 사용하고 조정하는 영적인 실체가 있는 것이다.

"우리의 씨름은 혈과 육에 대한 것이 아니요 정사와 권세와 이 어두움의 세상 주관자들과 하늘에 있는 악의 영들에게 대함이라"(엡 6:12)

나는 서정적인 사람이다. 한적한 시골에 살기를 좋아한다. 그러나 하나님의 사역자들은 자신의 정서나 이익 때문에 주거지를 정할 수는 없다. 내가 강남의 반포 1동으로 이사갈 때의 이야기다. 주변에 아파트도 많았지만 나는 사탄의 진 안으로 들어가기를 원했다. 그래야 전쟁을 충실히 수행할 수 있을 것 같았다. 이사를 들어가기 전에 꿈을 꾸었다. 어떤 것은 개꿈이지만 어떤 꿈은 하나님이 주신다. 하나님이 주시는 꿈은 뭔가 다르다. 선명하고 명확해서 잊혀지지 않는다.

어떤 건물을 사서 들어가게 되었는데 건물 안으로 들어가 보니 주인이라는 자가 가부좌를 하고 앉아 있는데 이마에 부적을 붙이고 있는 것이었다. 개인적인 경험이긴 하지만 하나님은 나에게 반포 1동의 영적인 실상을, 더 나아가서는 강남의 실상을 보여 주신 것이라고 생각한다.

내가 14년 동안 사역한 강남을 도해하면 이런 모양이다.

"흉측하고 거대한 손"

선한 손은 다른 사람을 섬기며 위로하며 생산적이다. 그러나 악한 손은 인간을 파멸시킨다. 사탄은 그 흉측하고 음란한 손으로 강남을 장악하고 있다. 강남을 장악하고 있는 사탄의 손가락은 여섯 개이다. 정치, 경제, 교육, 문화, 매스컴, 가정이 그것이다.

그런데 사실 손가락 개개는 아무 힘이 없다. 이 손가락에 힘을 주는 것은 손아귀이다. 이 손아귀는 어디를 말하는가? 바로 죄악의 온상이라고 할 수 있는 유흥가이다. 이 유흥가를 통해 사탄은 강력한 힘을 행사한다. 유흥가를 움직이는 것은 돈과 섹스이다. 그곳에서 이루어지는 거래는 그것이 밀실 정치이든 로비이든 돈과 섹스에 결부돼 있다. 돈은 손가락들을 오므리게 만들고 섹스는 펴게 만든다. 이 작용을 통해 사탄은 날카로운 손톱으로 이 사회를 갈기갈기 찢어놓고 있는 것이다.

그런데 이 손아귀 자체만으로는 또 아무 힘이 없다. 이 손아귀에 힘을 주는 것은 손목이다. 이 손목의 역할을 하는 것이 가나안에서는 바알이었으나, 한국 사회에서는 대표적인 것이 무속 신앙이라고 할 수 있다. 무속 신앙은 바로 무속인과 역술인들이다. 무속인은 영적이고 역술인은 이론적이다. 그러나 동일하게 사탄의 사제들이다. 우리나라 무속인과 역술인은 30만을 넘는다. 기독교인 성직자들보다 훨씬 많다. 강남에서 손목의 역할을 하는 점집꾼이 진을 형성하고 있다. 반포 1동과 영동시장이다. 이곳에 60여 개의 점집들이 진을 구축하고 있다. 이곳으로부터 어떤 영향력이 유흥가로 흘러들어가고 있는 것이다.

그런데 또한 이 손목 자체만으로는 아무 힘이 없다. 이 손목에 힘과 운동을 하게 하려면 머리에서 명령을 내려야 하는 것이다. 머리와 같은 역할을 하는 존재가 있으니 바로 사탄이다. 사탄이 그의 사제인 무속인과 역술인을 사용해서 이 세상에 영향력을 흘려보내고 있는 것이다. 뿐만 아니라 사탄은 무속인과 역술인들에게 영적인 능력을 공급함으로 이 같은 일을 지속하고 확장한다.

이러한 영적 구조를 가지고 사탄은 강남을 장악하며 속박하고 있는 것이다. 여기 독자들의 이해를 돕기 위해 실화를 바탕으로 재구성한 이야기가 있다.

강 보살은 산 기도를 마치고 1주일 만에 집으로 돌아왔다. 이번 산 기도는 좋았다. 주신인 산신할아버지가 강 보살을 충만케 해 주었기 때문이다. 산 굿을 하는데 몇 시간씩 산신할아버지와 뛰고 며칠씩 금식을 했는데도 배가 고프지 않았다. 이제 내려가면 무슨 일이든 일어날 것 같았다.

수진은 너무나 불안하다. 김 부장의 마음이 멀어지는 것 같기 때문이다. 김 부장은 그녀의 주고객이며 애인이다. 그는 강 보살이 산 기도를 하고 내려왔다는 이야기를 듣고 찾아가기로 했다. 강 보살이 말했다.

"굿을 해! 산신할아버지가 도와줄 거야."

"요즘 돈이 없어요."

"깎아 줄게. 오백만 원만 내."

김 부장에게 핸드폰으로 전화가 왔다. 수진이었다. 수진이는 마농이라는 룸 살롱에서 일한다. 그는 전화를 받지 않았다. 이제 마음잡고 살아야 되겠다 는 생각을 했기 때문이다. 가정이 불안해서 그랬을까? 중 1짜리 딸 선애의 일기를 우연히 보았는데 살기 싫다고 빼곡히 적혀 있었다. 또 수진에게서 전화가 왔다. 마음이 약해졌다. 다시는 전화하지 말라고 말하려고 전화를 받았다. 그런데 전화 통화를 하다가 더 마음이 약해졌다. 남녀 관계란 그런 것인가? 김 부장은 그날 마농에 가서 술 한 잔을 하고 수진이와 정사를 가졌 다. 김 부장은 호텔을 나오면서 수진에게 말했다

"수진아, 어떤 값을 치르더라도 널 포기하진 않겠어."

김 부장의 아내는 화가 났다. 회사도 핸드폰도 전화를 받지 않았다. 드디어 12시다. 김 부장이 들어왔다. 김 부장의 아내가 소리쳤다.

"당신 왜 이제 들어와요?"

'왜 아내는 수진이처럼 야들야들할 수 없는 걸까?' 김 부장이 맞받아 쳤다.

"일찍 들어오면 뭘 해. 당신 얼굴만 보면 짜증나는데!"

"오라! 어떤 기집년하고 바람난 모양이네!"

이렇게 시작된 싸움은 가구가 부서지고 주먹이 오갔다.

김 부장의 딸 선애는 문을 걸어 잠그고 유서를 썼다

"우리 집은 지옥이에요. 엄마 아빠 모두 미워요. …"

이것은 사탄이 일하는 하나의 예일 뿐이다. 사탄은 결국 자신이 구축한 영적 구조와 사악한 진을 통해 이 사회에 추악한 영향력을 흘려보내고 있는 것이다.

그러나 우리는 기억하라.

"…여자의 후손은 네 머리를 상하게 할 것이요…"(창 3:15)

예수님께서 이미 사탄의 머리를 깨뜨리셨다.

3) 중보 기도

나는 시골에서 자랐다. 어려서부터 부모님을 따라 논과 밭에 나가 일을 도왔다. 그런데 내가 잡초를 제거하는 방법과 전문가인 부모님의 방법은 현저하게 달랐다. 나는 잡초를 잡아뜯었고 부모님은 더디지만 잡초의 뿌리를 제거하셨다. 물론 부모님은 네게 잡초의 뿌리를 제거하도록 지도하셨으나 나는 급한 마음에 눈속임만 했다. 당장은 내가 앞서가는 것 같았지만 며칠이 지나면 내가 일한 곳은 잡초가 새파랗게 올라왔다.

우리의 영적 정쟁도 마찬가지이다. 죄의 뿌리가 되는 영적인 문제들과 전면전을 벌이는 것이 우선되어야 한다.

영적 도해가 끝나 도시의 영적 실체를 분별하게 되면 먼저 영적 전쟁에 돌입하게 된다.

첫째, 중보 기도는 전략적이어야 한다. 예수님은 십자가 위에서 마귀의 머리를 깨뜨리셨다. 모든 원수들을 다 상대한 것이 아니다. 그러므로 중보 기도자들은 먼저 도시를 지배하고 있는 우두머리가 어떤 영인지 분별하는 것이 매우 중요하다. 영적인 강자를 정복하면 그 밑의 세력들은 쉽게 와해되고 말기 때문이다.

두 번째로 중보 기도자들은 구체적이어야 한다. 콜로라도스프링스를 주님의 품에 안겨드리는 데 중추적 역할을 한 테드 헤가드 목사는 전화 번호를 보고 사람들의 이름을 불러 가면서 기도를 했다고 한다. 나는 "강 남을 변화시켜 주세요." 그렇게 기도하지 않았다. 나는 술집의 이름들과 가능하면 주인들의 이름을 파악했고 특히 점집들에 대해서는 점집의 이 름뿐만이 아니라 점주의 이름 그리고 그들이 모시고 있는 주신의 이름까 지 정보를 캐내어 기도했다.

세 번째는 집중해서 기도해야 한다. 영적 전쟁은 사생결단을 하는 씨 름이기 때문에 집중해서 온 힘을 쏟지 않으면 안 된다.

케냐의 키암부는 악령에 사로잡혀 있고 가난과 범죄와 알코올 중독자 가 넘치는 도시였다. 아무도 그 도시를 좋아하지 않았다. 공무원들은 그 도시로 발령을 받지 않으려고 뇌물을 정기적으로 상납했다. 교회들은 성 장이 막혀 있었고 기껏해야 20~30명이 모였다. 이 도시에 순회 전도자 이던 토마스 무디 목사 부부가 보냄을 받았다. 그들은 그 도시가 안고 있 는 모든 문제의 뿌리는 사탄의 세력이라고 생각했다. 그들은 6개월 동안 기도에 집중하며 하나님께 영적인 실체를 보여 달라고 기도했다. 하나님 께서는 그리스도인으로 위장한 마마 제인이라는 무당을 보여 주었다. 그 녀에게 도시의 영적인 분위기가 사로잡혀 있었고 정치인 경제인들까지 그녀에게 지속적으로 영향을 받고 있었다.

드디어 토마스 무디 목사님을 중심으로 하는 중보 기도자들과 마마 제 인 간에 영적인 싸움이 벌어졌다. 중보 기도자들은 하나님의 권세를 주 장하며 마마 제인이 구원을 받든지 이 도시를 떠나든지 하게 해 달라고 기도했다. 마침내 마마 제인은 모든 능력을 잃고 그 도시를 떠나게 되었 다. 그녀가 떠나고 도시에는 하나님의 놀라운 능력이 운행하게 되었다. 도시는 완전히 변화되었다. 케냐에서 가장 범죄율이 낮은 살기 좋은 도 시가 되었고 창녀, 깡패, 술주정뱅이들이 예수를 믿고 변화되었으며 술집들은 개조되어 교회가 되었다. 교회들은 부흥했고 토마스 무디 목사가 담임하는 교회는 5천 명 이상이 모이는 큰 교회가 되었다.

키암부 변화의 비밀은 기도에 있었다. 집중적인 기도를 통해 어둠의 조종자인 정사를 몰아내고 하나님을 움직인 데 있는 것이다.

하나님은 응답하는 분이시다. 기도는 반드시 이루어진다. 그것이 "그의 나라와 그의 의"를 위한 것이라면 더욱 그렇다. 하나님의 뜻에 맞는 기도는 부도가 나는 법이 없다.

나는 강남을 변화시키기 위해 중보 기도의 용사들을 모았다. 부목사의 위치에 있기 때문에 중보 기도자들을 모으는 것에 한계가 있었지만 기회가 주어지면 성도들에게 강력하게 도전하였다. 강남은 거대한 골리앗과 같았다. 때로는 좌절도 들어왔다. '계란으로 바위 깨기지!' '부목사가 맡겨진 일만 잘하면 되지!' 별별 생각이 다 들었다. 그러나 나는 하나님을 믿었다. 그분의 능력과 선하심을 믿었다.

다음은 중보 기도팀장을 맡았던 홍명덕 집사의 고백이다.

3년 전, 저희는 부패하고 타락한 서초 1번가를 향한 안타까운 아버지의 마음을 목사님(최재하)을 통하여 알게 하셨고 그 땅을 향한 비전을 보게 하셨습니다. 목사님과 20명의 집사들은 매주 토요일 오후 '서초 1번가의 변화'를 위해 기도하며, 서초 1번가를 지배하는 견고한 진(반포동, 논현동 점집들)들이 무너질 것과 사랑의교회 각 부서들의 연합을 놓고 간절히 기도하였습니다. 또한 저희들은 모든 성도가 함께 동참하기를 원하시는 아버지의 마음을 깨닫고 수요 설교(목사님)를 통하여 이 안타까움을 전했는데, 140명의 성도들이 중보 기도자로 헌신하였고, 매주 수요예배 후에 우리는 모여 이 땅을 변화시켜 달라고 부르짖었습니다.

…신실하신 주님께서는 우리의 기도를 세밀하게 들으시고, 작년 성탄절에

는 각 부서들이 연합하여 전도와 문화 축제를 갖게 하셨고, 서초구청으로 하여금 '걷고 싶은 거리'로 계획하게 하시고, 밀실의 검은 거래를 드러내시고 삐끼들을 정리해 주시고 반포 1동의 거리를 서낭당길에서 목장길로 바꾸시고 점집들과 이곳의 유흥업소가 현저히 감소되게 하셨습니다.

더욱 감격스러운 것은 사랑의교회 '특별새벽기도'를 통하여 영적 전쟁을 선포하고 3백 명, 7천 명의 중보 기도자를 세우시고 젊은이들을 깨워 서초 1 번가를 향해 전진하게 하셨습니다.

기도한 대로 응답하시는 주님,

응답을 통해 믿음의 용량을 키워 주시는 주님,

큰일을 행하시는 주님을 찬양합니다.

이외에도 많은 응답과 변화를 주셨다. 그러나 아직도 응답되지 않은 것이 있다. 반드시 응답되어야 할 것이 있다. 부흥이다. 아직 부흥은 오지 않았다. 그러나 갈멜산의 구름은 떠올랐다.

하나님에게 불가능이라는 것은 없다. "기도는 세계를 움직이는 손을 움직이게 한다."(웨스턴) 그러므로 우리는 믿음의 위대한 기도를 드려야 한다.

주님께서는 "…믿는 자는 나의 하는 일을 저도 할 것이요 또한 이보다 큰 것도 하리니…"(요 14:12)라고 말씀하셨다. 예수님은 창조주 하나님이 아닌가? 그런데 피조물인 우리가 어떻게 감히 그것이 가능하단 말인가? 이 말씀이 예수님이 하신 것이 아니라 인간이 했다면 불경죄에 걸려 돌 세례를 맞게 되는지도 모른다. 그러나 주님 자신이 말씀하신 내용이다.

이것은 우리가 예수님보다 질적으로 더 큰 일을 하게 된다는 뜻이 아니다. 예수님께서 이 땅에 계셨을 동안에는 육신에 제한되셨다. 그러나 하나님의 보좌에 오르셨을 때는 만유의 구주가 되셨다. 여호와 하나님처럼 전지전능 무소 부재하시게 된 것입니다. 기도는 바로 그분을 일하시게 만드는 것입니다. 그러므로 믿는 자들은 예수님이 지상에서 했던 일보다 큰 일을 할 수 있게 되는 것이다.

"그러므로 기도는 세상이 꿈꾸는 것보다 더 큰 일을 이루어 낸다. 그러므로 그대의 기도의 음성이 샘처럼 솟아나게 하라."(테니슨)

이러한 영적 법칙을 알았던 도슨 도르트맨의 기도문을 나는 사랑한다.

"당신은 내가 '왜 그리스도인들에게 당신이 이번 주 동안에 하나님께 구한 것 중 가장 큰 것이 무엇입니까?' 라고 묻는지 아십니까? 나는 진정 그들에게 일깨워 주기를 원합니다. 그들의 기도는 바로 우주 만물의 창조주이시고 우리 아버지이신 하나님께 드리고 있다는 것을. 그분은 홀로 그분의 손 안에 세계를 붙들고 계시는 분이십니다. 그런데 당신은 무엇을 구했습니까? 땅콩을, 장난감을, 액세서리를 달라고 구했습니까? 아니면 당신은 대륙을 구했습니까? 젊은이들이여! 그것은 진정 비극이라고 말하고 싶습니다. 전능하신 하나님께 그렇게 하찮은 것들을 구하다니요. 물론 하나님께 구하기에 너무 하찮은 것이란 없습니다. 그러나 또한 하나님께 구하기에 너무나 큰 것도 없습니다. 이제 우리 크신 하나님께 좀더 큰 것을 구하도록 합시다. 너는 내게 부르짖으라. 내가 네게 응답하겠고 크고 비밀한 일을 네게 보이리라."

이 시대에 진짜 크고 비밀한 일은 무엇인가?

도시 부흥이다.

4) 땅 밟기

땅 밟기는 골방에서 하던 기도를 세상으로 이끌어내는 것이다.

이동원 목사는 "사탄의 공격으로부터 우리의 이웃을 지키기 위해 혹은 교회적 복음화 사역을 준비하면서 기도 경호 임무를 수행하는 것이 중보 기도자의 한 가지 임무이지만, 때로는 우리가 더욱 적극적으로 기도를 토하여 적진으로 들어가서 침공하는 것도 중요합니다. 그리고 중보 기도의 능력을 교회 건물 벽 안에 제한하지 않고 바깥세상으로 끌어낼 필요가 있습니다."라고 말했다.

땅 밟기는 예수 그리스도의 권세를 주장하는 사역이다. 우리가 밟는 땅에서 어둠의 세력이 떠날 것을 명령하는 사역인 것이다. 뿐만 아니라 그곳을 밟는 영혼들이 구원받을 것을 중보 기도하는 사역이다.

헤르메스는 적잖은 나라의 사업가들이 존승하는 신의 이름이다. 세계의 주요 주식 시장들 중의 몇 곳에서 그 신상을 찾아볼 수가 있다. 동경 주식시장에서 피터 와그너를 포함한 사역자들이 헤르메스를 예수 그리스도의 이름으로 꾸짖었다고 한다. 그 일이 있은 지 얼마 후 1990년 11월에 동경주식시장의 부정 사건이 연이어 폭로되고 일본의 주가가 폭락했으며 일본 경제는 최악의 길을 걷게 되었다.

나는 JF의 용사들과 함께 1년 반 동안 이 사역을 해 왔다. JF(Jesus Feet)란, "…무릇 너희 발바닥으로 밟는 곳을 내가 다 너희에게 주었노니"(수 1:3)라는 약속의 말씀을 의지하여 거리를 뛰며 기도하는 사역이다. 주일만 빼고 매일 10여 명의 용사들이 아침 6시 30분부터 도시(서초 1번가와 반포 1동)를 뛰며 기도했다.

우리는 술집과 점집 앞에 서서 그들이 구원받기를 위해 간절히 기도했고 그들을 붙잡고 있는 악한 사탄의 영들이 떠날 것을 명령했다. 더 이상 악한 영의 능력이 역사하지 못하도록 예수 이름의 권세를 주장했고 고객들이 출입하지 못하도록 천사를 보내 막아 달라고 기도했다.

그 결과 많은 술집들이 망하거나 업종 변경을 하였다. 그리고 반포 1동에 있는 30개의 점집들 중에 18개의 점집들이 떠났고 10개의 점집들이

멋모르고 들어왔다가 보따리를 사는 중이다. 이곳에 사탄과 영적 전투를 하면서 발견한 놀라운 사실이 몇 가지 있다.

첫째는 반포 1동과는 달리 영동시장 쪽은 변화가 적었다. 왜냐 하면 영동시장 쪽은 중보 기도는 했지만 땅 밟기를 하지 못했다.

둘째는 점집들은 아무렇게나 흩어져 있는 것이 아니라 일정한 형태를 취하면서 진을 구축하고 있다는 것이다. 우리가 땅 밟기를 하는 곳은 점집들이 사라졌지만 우리가 땅 밟기를 하지 않는 곳으로 점집들이 이동하거나 생겨나는 것을 볼 수 있었다.

처음 JF를 하게 된 것은 믿지 않는 사람들의 대화 때문이었다. 일곱 개의 점집이 몰려 있는 곳 중앙에 교회가 있었다. 그런데 그 교회 목사님이 암으로 돌아가셨다. 그것을 보고 동네 사람들이 목사가 무당에게 영적인 싸움에서 진 것처럼 이해를 하고 있었다. 그런 이야기를 전해 듣자 참을 수 없을 만큼 의분이 솟았다. 나는 교회가 들었던 그 건물을 붙잡고 하나님의 영광을 되찾게 해 달라고 기도했다. 지금은 어떻게 되었는지 아는가? 일곱 개의 점집 중에서 두 개가 남아 있을 뿐이다. 할렐루야!

5) 섬기기

왜 우리는 도시 부흥을 꿈꾸는가? 도시 부흥을 위한 영적 전투에 몰입하다 보면 착각을 할 수가 있다. 우리가 척결해야 하는 것은 사탄의 세력이며 죄악이다. 우리가 사탄을 물리치고 죄악을 척결하는 것은 솔직히 말하자면 우리의 몫이 아니다. 그것은 심판자 하나님의 몫이다. 우리는 사탄을 심판하는 하나님의 심판 집행자는 아니다. 우리는 훨씬 더 하나님을 대신한 구원의 통로이다. 이렇게 전쟁을 하다 보면 전쟁 자체가 목적이 되어 버릴 수 있다. 전쟁은 수단이다. 그 전쟁을 수행해야만 사탄과 죄악의 포로가 되어 있는 영혼들을 구원할 수 있기 때문이다. 잊지 말자. 우리가 도시 부흥을 소원하는 목적은 하나님께 영광을 돌리는 데 있다. 우리가 도시 부흥을 소원하는 진정한 목적은 영혼을 구원하는 데 있다. 그러므로 죄는 미워하되 사람은 미워하지 말자. 사탄은 미워하되 사탄의 사제들을 미워해서는 안 된다. 도시 변화와 부흥의 목적은 영혼을 구원하고 하나님의 나라를 확장시키는 데 있다. 결코 교회의 우월성을 증명하는 데 있는 것이 아니다.

아침마다 땅 밟기의 종점인 공원에서 자연스럽게 기도회와 작은 집회가 이루어졌다. 그것이 이루어진 것은 아주 자연스런 결과였다. 공원에서 아침 운동을 하는 분들에게 음료수를 대접하고 어깨를 주무르고 섬겼더니 그러한 모임이 만들어졌다.

사람들은 복음을 거절하나 섬김 받는 것을 거부하지는 않는다.

"인자가 온 것은 섬김을 받으려 함이 아니라 도리어 섬기려 하고 자기 목숨을 많은 사람의 대속물로 주려 함이니라"(마 20:28)

6) 복음 전하기

복음을 전하는 것은 가장 중요한 것이다. 도시 부흥의 핵심이다. 도시 부흥의 목적은 영혼의 구원이고 도시의 구원이다. 복음을 전하기 위해 모든 노력을 기울여야 한다.

복음은 모든 사람에게 다 전해야 한다. 거북하거나 까다로운 상대라고 해서 포기를 해서는 안 된다. 몰아내고 물리치는 것이 목적이 되어서도 안 된다. 단순히 도시를 변화시키는 것이 목적이 아니다. 영혼을 구원함으로 이루어지는 도시 변화라야 진정한 변화인 것이다.

복음은 그 자체가 목적이 아니다. 복음을 듣고 사람들이 구원받아야 목적을 이루는 것이다.

그러므로 복음을 전할 때 먼저 기도를 통해 영적 주도권을 장악해야 한다.

1978년, 국제예수전도단(YWAM)은 아르헨티나 코르도바에서 복음을 전하려 했지만 아무 성과도 얻지 못했다. 그들 200여 명의 단원들은 한 수도원을 빌려 하루 종일 기도하며 금식했다. 하나님은 그들에게 도시를 지배하고 있는 정사에 관해서 보여 주었는데 교만을 통해 역사하는 사탄의 세력이었다. 그들은 겸손의 전략으로 맞서기로 했다. 다음 날 그들은 도심으로 나가 약 30명씩 그룹으로 나누어 상점, 술집, 노천카페, 고급 양장점들이 몰려 있는 중심가 길바닥에 무릎을 꿇었다. 그들은 길에 깔린 자갈에 이마를 대고 이 도시에 대한 주님의 계시가 나타나기를 기도했다. 드디어 그들에게 전환점이 찾아왔으며 도시를 장악했던 사탄의 장벽이 무너졌다. 복음을 전하자 결신자들이 생겨나기 시작했다. 성 마틴 광장에서 집회를 했던 그 저녁에는 하나님의 큰 낫이 군중 사이를 뚫고 지나갔다. 많은 사람들이 군중 앞에서 회개하며 무릎을 꿇었다.

다음으로는 복음을 전하는 자에게 성령의 기름 부으심이 반드시 있어야 한다.

"형제들아 내가 너희에게 나아가 하나님의 증거를 전할 때에 말과 지혜의 아름다운 것으로 아니하였나니 내가 너희 중에서 예수 그리스도와 그의 십자가에 못 박히신 것 외에는 아무것도 알지 아니하기로 작정하였음이라 내가 너희 가운데 거할 때에 약하며 두려워하며 심히 떨었노라 내 말과 내 전도함이 지혜의 권하는 말로 하지 아니하고 다만 성령의 나타남과 능력으로 하여 너희 믿음이 사람의 지혜에 있지 아니하고 다만 하나님의 능력에 있게 하려 하였노라"(고전 2:1-5)

"성령은 방법 가운데 임하시지 않고 사람과 함께하신다. 그분은 기계에 기름을 붓지 않으시고 사람에게 기름 부으신다. 그분은 조직을 통해 일하시지 않고 사람을 통해 일하신다. 그분은 건물 안에 계시지 않고 사람 안에 거하신다."(채드윅)

7) 시민운동

우리 집 입구에 '목장길 51-3'이라는 표지판이 붙어 있다. 이것을 볼 때마다 얼마나 기쁜지 모른다. 만약 우리가 침묵했다면 '서낭당길 51-3'이라는 표지판이 우리 집에 붙어 있을 것이다. 반포 1동의 '서낭당길'이 변하여 '목장길'로 된 것은 기도 때문이기도 하지만 기도로 멈추지 않고 시민운동을 벌인 결과이다. 중보 기도 시간에 기도하고 우리는 모든 가능한 통로를 통해 구청에 개명해 줄 것을 요청했다.

교회는 사회 각 영역에 정책이 정의롭게 세워지도록 최선을 다해야 한다. 먼저는 정책을 결정하는 위원회에 의식 있는 그리스도인들이 들어가도록 노력해야 한다. 뿐만 아니라 시민운동을 통해 감시하거나 압력을 행사해야 한다.

정책 결정은 매우 중요하다. 어떤 경우는 교회가 수십 년이 걸려서 이룰 수 있는 일을 한 순간의 정책 결정으로 이루어낼 수도 있기 때문이다.

만약 회사 접대비에서 유흥 접대비나 골프비를 제하는 정책을 국가가 추진했다면 당연히 고급술집들의 매출은 현저하게 감소되었을 것이고 문을 닫는 술집들이 많이 생겨났을 것이다. 아마도 수요와 공급의 법칙에 의해 유흥 산업은 크게 감소되었을 것이 분명하다. 이러한 일은 교회가 금주 운동을 벌여 술집을 문 닫게 하는 데 걸리는 시간과는 비교할 수 없는 것이 될 것이다.

지금은 인터넷 시대이다. 인터넷을 통한 시민운동을 펼쳐나가야 할 것이다. 그래서 건강한 생각을 가진 그리스도인들의 생각이나 판단이 정책에 영향을 미치도록 시민운동에 참여해야만 한다. 침묵한다면 주권을 가진 이 사회의 구성원으로서 직무 유기이며 범죄 행위라고 할 수 있을 것이다.

아침에 JF를 하면서 보면, 매춘을 유도하는 야하기 이를 데 없는 전단들이 땅에 쫙 깔렸다. 어떤 차는 차 한 대에 10여 장씩 꽂혀 있는 것을 목격하게 된다. 하루는 초신자인 김선정 자매가 분노하는 일이 일어났다. 초등학교 1학년인 딸아이가 그것을 가지고 와서 무엇이냐고 묻는 일이 생긴 것이다. 김 성도는 어쩌면 좋겠느냐고 질문했다. 경찰에 신고하면 어떤 조처가 있지 않겠느냐고 했더니 다음 날 경찰에 신고를 했다고 한다. 그런데 경찰서는 접수는커녕 직접 전화를 해 보라는 말만 하더라는 것이다. 그래서 직접 전화를 걸어 주택가에 그런 전단을 뿌리면 어떡하느냐고 따졌다는 것이다. 그래서 그랬는지 그 후로는 그러한 전단이 많이 줄어들었다.

낮 뜨거운 전단이여, 지구를 떠나라!

8) 연합

하나님이 일하시는 방식은 연합이다. 하나님은 삼위가 일체가 되어 인간 구원을 이루신다. 성부는 구원을 계획하시고 성자는 성취하시고 성령은 적용하시는 분이시다. 삼위 가운데 단 한 분이라도 침묵하신다면 아무도 구원받을 수 없다.

성령은 연합과 일치가 있는 곳에 힘차게 역사하신다. 서로 신학적 관점이 다르고 경험도 다를 수 있다. 물론 교파나 교단이 다를 수 있다. 그러나 예수 그리스도를 진정 구주로 고백하는 사람들이라면 연합하지 못할 이유가 없는 것이다.

하나님은 교회들이 연합할 때까지 침묵하실지도 모른다. 깨어진 물동이에 물을 붓는 것은 어리석은 일이 되기 때문이다.

그리스도인들이 하나 되지 않으면 세상에 대해서 설득력이 없다. 하나 되지 못하는 교회를 누가 믿으려 하겠는가? 세상과 차별이 없는 교회에 무슨 매력을 느낄 것인가?

세상은 하나 되지 못하는 교회들을 우습게 본다.

세상은 하나 되지 못하는 교회들을 깔본다.

하나 되는 것을 방해하는 것은 무조건 사탄의 훼방인 것을 알라.

나는 한국 교회에서 연합을 깨는 주범 중에 하나가 성도들의 수평적 이동이라고 생각한다. 교회는 기존 신자가 아니라 불신자에게 관심을 가져야 한다. 신자들의 수평적 교회 이동이 까다로운 사회가 된다면 얼마나 좋을 것인가?

한국 교회에는 그 동안 연합을 위한 노력들이 간간이 있어 왔다. 그러나 이렇다 할 성과가 없다. 당연히 그럴 수밖에 없다. 명분은 있었으나 실리가 현실적이지 못하였기 때문이다. 이제 연합을 이루려면 실리를 따라 연합해야 한다. 그것이 바로 도시 부흥과 지역 사회 변화를 위한 연합이다. 이 연합은 연합의 구성원인 교회들에게 직접적인 열매가 돌아가는 것이기 때문이다.

콜로라도스프링스를 하나님의 품에 돌려드린 테드 헤가드 목사가 그 도시에 들어가 지하에 새 생명교회를 개척하자 이단이라고 하는 비난이 있었다. 그것도 그 도시 교회의 지도자적 위치에 있는 교회의 목사로부터 공개적으로 말이다. 그런데 테드 헤가드 목사는 기도하는 가운데 그를 찾아가 무릎을 꿇고 자신의 멘토가 되어 달라고 부탁하게 된다. 그 목사는 테드 헤가드가 왜 이 도시에 왔는가를 물었고, 도시 변화와 부흥에 대한 꿈을 말하자 그는 손을 덥석 붙잡고 "형제여 그것은 내가 소원하는 것이다."라고 말하면서 쾌히 동지가 되어 줄 것을 허락했다고 한다.

이렇게 시작된 연합은 한 도시를 '개신교의 바티칸'으로 바꾸는 데 결정적인 역할을 하게 되었다.

4장 부흥은 온다

예수님은 주기도문에서, 하나님의 이름이 거룩히 여김을 받게 달라고 기도할 것과 하나님의 나라가 속히 임하게 해 달라고 기도할 것과 하나님의 뜻이 하늘에서 이루어진 것같이 땅에서도 이루어지게 해 달라고 기도할 것을 가르치고 있다.

하나님의 이름이 거룩히 여김을 받고 하나님의 나라가 속히 임하고 뜻이 하늘에서 이루어진 것같이 땅에서 이루어지는 것, 그것이 부흥이 아니고 무엇이겠는가?

이것은 반드시 그리고 속히 이루어질 것이다. 수십억의 기독교인이 주기도문을 통해 하루에도 몇 번씩 기도하고 있지 않은가? 주기도문은 우리가 무엇을 기도할 것인가를 가르쳐 주는 것이기도 하지만 더 중요한 것은 주기도문 자체가 간구라는 것이다. 전 세계 기독교인들이 그렇게 자주 기도하는데 어떻게 응답이 안 될 수 있겠는가!

월드컵 16강전에서 우리는 이탈리아를 이겼다. 너무나 기뻤다. 건국 이래 최고의 실적이 아닌가? 그때 나는 바로 강남역 주변이 내려다보이는 아파트에 세 들어 살고 있었다. 폭죽이 터지고 고함이 쏟아지고 모든 시민들은 붉은 셔츠를 입고 거리로 뛰쳐나왔다. 나도 거리로 나갔다. 사람들은 어깨동무를 하고 춤을 추고 소리를 질렀다. 남녀노소 할 것 없이 심지어는 술집의 무희들도 거리로 뛰어나와 허리춤을 추며 흥을 돋우었다. 대한민국 사람이라면 모두 하나가 된 것이다.

그런데 나는 웬일인지 그 대열에 참여할 수가 없었다. 울고 울면서 그 거리를 걷고 또 걸었다. 16강에서 축구를 이긴 것 가지고 저 난리인데 왜 마귀의 세력과 사망 권세를 이기시고 부활하신 주님의 영원한 승리에 대해서는 잠잠해야만 하는가? 이 땅의 모든 백성들이 몽땅 거리로 쏟아져 나와 그 이름을 찬양하여야 하지 않겠는가!

나는 울면서 기도했다.

"주여! 이 거리가 붉은 악마 응원단이 아니라 예수님을 찬양하는 보혈의 붉은 응원단들로 뒤덮이게 하옵소서!"

그 순간 내 눈앞에 하나의 환상이 펼쳐졌다. 모든 믿는 자들이 거리로 쏟아져 나와 예수의 이름을 외쳐대는 거룩한 부흥의 물결이었다. 그 누구도 감히 막을 수 없는 거대한 물결이었다. 거기엔 남녀노소의 차별도 직업의 귀천도 학력의 차이도 내 교회 네 교회의 구별도 없었다. 모두가 한마음 한뜻 되어 손에 손을 맞잡고 예수의 이름만 찬양하고 있었다.

정말로 그런 날이 속히 와야 하지 않겠는가!

그날에는

-최재하

그날에는

모든 사람들이 거리로 뛰쳐나와 예수님을 찬양하리라

그날에는
길 막혀도 짜증내는 운전자 없고
모르는 사람들과도 악수를 하며
노인 아이 남자 여자 모두 손잡고 춤추리라

그날에는
장로교 감리교 순복음 구분이 없고
우리 그리스도인들만 있게 되리라

그날에는
내 목사님 네 목사님 구별이 없고
우리 예수님만 있게 되리라

그날에는
큰 교회 작은 교회 구분이 없고
오직 하나님 나라만 있게 되리라

그날에는
사탄과 사망 권세 이기신 주님이 좋아
창녀와 도둑들이 거리로 나오고
술집의 무희들도 깃발을 흔들어 찬양의 춤을 추리라

그날에는
부자들이 가난한 자들에게 지갑을 내주고
새벽이슬 같은 젊은이들이 즐겁게 헌신하리라

그날에는

아, 그날에는

부흥이 오는 그날에는

나는 죽어도 여한이 없겠다.